이탈리아역사
다이제스트100

16
이탈리아역사
다이제스트100

초판 1쇄 펴낸 날 ┃ 2024년 4월 19일

지은이 ┃ 김종법, 임동현
펴낸이 ┃ 홍정우
펴낸곳 ┃ 도서출판 가람기획

책임편집 ┃ 김다니엘
편집진행 ┃ 홍주미, 이은수, 박혜림
디자인 ┃ 이예슬
마케팅 ┃ 방경희

주소 ┃ (04035) 서울시 마포구 양화로7안길 31(서교동, 1층)
전화 ┃ (02)3275-2915~7
팩스 ┃ (02)3275-2918
이메일 ┃ garam815@chol.com

등록 ┃ 2007년 3월 17일(제17-241호)

© 도서출판 가람기획, 김종법, 임동현, 2024
ISBN 978-89-8435-596-5 (03920)

16
이탈리아역사
다이제스트100

ITALY

김종법 · 임동현 지음

가람
기획

머리말

　고대 로마 문명의 발상지이자 르네상스의 기원 그리고 가톨릭의 본산으로
서 이탈리아가 갖는 문화적 중요성은 아무리 강조해도 지나치지 않다. 그럼
에도 불구하고 한국에서 이탈리아의 역사를 다루는 문헌은 절대적으로 부족
한 것이 현실이다. 게다가 그동안 한국에서 이탈리아의 역사는 고대 로마나
르네상스와 같이 영광의 시기를 위주로 하거나 혹은 특정한 테마를 중심으
로 서술된 탓에 전체적인 흐름을 조망하기보다는 파편적인 정보만을 전달하
는 것에 그치는 경우가 대부분이었고, 문헌적인 근거를 결여한 설들이 실제
의 역사적 사실과 구분 없이 서술되는 경우도 있었다.

　이러한 한계와 오류를 극복하기 위해 이 책은 무엇보다 이탈리아를 전문
적으로 연구하는 학자들이 집필한 이탈리아 통사로 기획되었다. 피사 대학
에서 근대 지성사를 전공한 임동현 교수는 이탈리아사의 기원에서 왕정복고
까지의 내용을, 토리노 대학에서 현대정치사상을 전공한 김종법 교수는 이
탈리아 통일운동부터 유럽통합까지의 현대사를 다루었다.

　이 책의 집필 과정에서 가장 중점을 두었던 것은 학문적인 정확성이었다.
한국에서 유통되는 이탈리아의 역사와 관련된 여러 이야기들 가운데 문헌적
인 근거를 결여한 설들을 실제의 역사적 사실로부터 엄밀하게 구분했고 이
책을 통해 제시되는 사건의 추이와 연도를 여러 출처들을 통해 재확인함으
로써 기존의 문헌들에 포함된 오류를 바로잡았다.

　또한 이 책은 선사시대부터 오늘날의 유럽통합에 이르기까지 이탈리아 반
도에서 일어난 중요한 역사적 사건들을 전체적인 시각에서 빠짐없이 조망하
고 있다. 물론 선사 시대를 제외한다고 하더라도 약 3,000년에 이르는 시간
범위를 단 한 권의 책 안에 담는 것이 쉬운 일은 아니었다. 또 이에 따라 때

로는 요약적인 서술이 불가피한 경우도 많았다. 그럼에도 필수적인 사건들을 짧막하게나마 모두 소개하려고 노력했다.

그 밖에 이 책이 대중 독자들을 대상으로 집필된 교양서이기 때문에 지나치게 생소한 용어로 인해 읽는 데 어려움을 느끼게 만들거나 혹은 단순히 사건들이 지루하게 나열되는 서술 방식을 피하려 노력했다. 그보다는 고대부터 현대에 이르기까지 이탈리아의 역사를 특징짓는 주요 사건들의 맥락을 제시함으로써 개별적인 사건들의 인과관계를 입체적으로 전달하는 데 중점을 두었다.

모쪼록 이러한 노력을 통해서 이탈리아의 역사를 처음으로 접하게 되는 독자 여러분들께 신뢰할 수 있는 하나의 길잡이를 제공할 수 있었으면 하는 바람이다. 집필 과정에서 느꼈던 기쁨, 즉 이탈리아의 역사를 통해 유럽 문화의 정수로 다가가는 기쁨을 독자들과 함께 공유하고 싶다.

김종법 · 임동현

차례

제5장. 해상 공화국의 발전과 꼬무네의 성립

제6장. 르네상스와 종교개혁기의 이탈리아

제7장. 스페인 지배 시기

제1장
로마 이전의
이탈리아

ITALY

이탈리아(Italia)라는 명칭의 기원

　이탈리아라는 명칭의 어원학적 유래는 분명하지 않다. 이와 관련된 여러 가설들이 존재하지만 그 중 가장 설득력 있는 것은 다음 두 가지이다. 첫 번째는 트로이 전쟁 이전 칼라브리아(Calabria) 지방에 살았던 오이노트리아인들(Oenotrians)의 전설적인 왕 이탈로(Italo)에게서 유래했다는 설이다. 고대 그리스의 지리학자 스트라본(Strabon)과 할리카르나소스(Halicarnassus) 출신으로 로마에서 활동했던 역사가 디오니시우스(Dionisius)에 따르면 이미 기원전 5세기 초 시라쿠사(Siracusa) 출신의 역사가 안티오쿠스(Antiochus)는 오이노트리아인들이 살던 땅을 이탈리아와 동일시하고 있었다. 두 번째는 기원전 10세기 경 반도의 남부에 거주하던 오스크인들의 언어 가운데 "황소의 땅"이라는 뜻을 가진 비텔리우(Víteliú)로부터 기원했다는 설이다. 황소는 오스크인들을 포함하여 이탈리아 남부에 거주하던 여러 농경 부족들의 공통적인 상징이었다. 이로부터 기원전 6세기 고대 그리스인들은 오늘날 반도의 남부에 위치한 칼라브리아(Calabria)의 그리스 식민지를 가리켜 이탈로이(Italói)라고 불렀으며 이후 기원전 1세기부터 로마인들은 오늘날 이탈리아 반도의 여러 부족들을 통칭하여 이탈리아(Italia)라는 라틴어 단어를 사용하기 시작했다.

베네치아 공화국

교황령 국가

1861년과 1870년의 이탈리아 지도

어쨌든 이 책에서 사용되는 이탈리아라는 명칭은 크게 세 가지 차원의 의미를 갖는다는 사실을 염두에 둘 필요가 있다. 먼저 가장 흔히 쓰이는 것은 1861년 리소르지멘토(민족부흥운동, risorgimento)의 결과로 탄생한 근대 국가 이탈리아다. 1861년 3월 17일 여러 도시국가들로 분열되어 있던 이탈리아 반도가 통일된 후 이탈리아 왕국(Regno d'Italia)이 성립되었고 이후 1870년 교황령 국가와 베네치아의 영토가 이탈리아 왕국에 병합되었다. 그리고 세계대전과 파시즘 시기를 거쳐 마침내 1946년 오늘날의 이탈리아 공화국(Repubblica d'Italia)이 선포되었다.

또한 이탈리아는 문화적인 차원의 개념이기도 하다. 스스로를 고대 로마 제국의 후예라고 생각했던 르네상스 시기의 인문주의자들은 알프스 이북의 문명에 대한 문화적 우월감의 표현으로 스스로를 이탈리아인이라고 지칭했다. 이는 무엇보다 이탈리아 반도의 통일을 부르짖던 마키아벨리(Niccolò Machiavelli)가 『군주론』(Il Principe)에서 인용했던 인문주의자 페트라르카(Francesco Petrarca)의 시 「나의 이탈리아」(Italia mia)에 잘 표현되어 있다.

뛰어난 덕으로 폭정에 맞서니 무기를 손에 들면

싸움은 순식간에 끝나리라! 옛날 로마인의 용기가 이탈리아인 가슴에 살아있기에!

마지막은 장화 모양의 이탈리아 반도를 가리키는 지리적 개념으로서의 이탈리아다. 명칭이 가리키는 지리적 범위는 시대에 따라 변화되어 왔다. 기원전 6세기 그리스인들이 이탈로이라고 불렀던 곳은 이탈리아 반도의 남서부, 즉 오늘날의 칼라브리아 지역에 국한되어 있었다. 한 세기 반이 지난 기원전 5세기 초 시라쿠사(Siracusa) 출신의 역사가 안티오쿠스(Antiochus)는 이탈리아를 반도 남부의 모든 지역을 아우르는 명칭, 즉 오늘날의 칼라브리아뿐만 아니라 레지오(Reggio), 카탄자로(Catanzaro) 그리고 비보 발렌티아(Vibo Valentia)와 루카니아(Lucania) 남부를 포함하는 명칭으로 사용했다. 그리스인들은 이탈리아라는 명칭 안에 점점 더 넓은 지역을 포함시키기 시작했다. 이탈리아라는 명칭이 반도의 북부까지 확장된 것은 로마 시대에 이르러서였다. 기원전 81년 로마의 집정관 루키우스 코르 넬리우스 술라(Lucius Cornelius Sulla)에 이르러 오늘날의 리구리아(Liguria) 지역이 이탈리아에 포함되었고 기원전 45년 율리우스 카이사르(Gaius Julius Caesar)에 이르러 이탈리아의 범위는 북부의 다른 주들로 확장되었다. 이 시기에 이탈리아라는 명칭은 종종 로마제국과 동일시되기도 했는데, 그리스의 지리학자 스트라본은 "모든 이탈리아인은 로마인이다"라고 선언하였고 로마의 시인 베르길리우스(Vergilius)는 이탈리아를 로마의 기원으로 칭송하였다. 이후 기원전 27년 로마의 초대 황제 아우구스투스가 코르시카(Corsica), 사르데냐(Sardegna) 그리고 시칠리아(Sicilia)가 포함된 이탈리아 반도를 11개의 행정구역으로 구분함으로써 이탈리아라는 명칭은 마침내 오늘날과 유사한 지리적 범위를 갖게 되었다.

선사시대에서 역사시대로

이탈리아 반도에 거주하기 시작한 최초의 인류는 구석기 시대의 혈거인 (穴居人)들이다. 이들의 흔적은 섬 지역을 제외한 이탈리아 반도 전체에서 발견되는데 그 중 가장 오래된 것은 풀리아(Puglia) 주 테라 도트란토(Terra d'Otranto)에 위치한 로마넬리(Romanelli) 동굴 유적이다. 총 길이가 35미터에 이르는 로마넬리 동굴은 해안에 위치한 침식동굴로 이 동굴에 가장 먼저 거주했던 인류는 기원전 4만 년에서 3만 5천년 경 소멸한 네안데르탈인들이었다. 이들이 소멸한 후부터 기원전 1만 년까지 거주했던 현생인류는 예술적 표현을 통해 동굴 안에 자신들의 흔적을 남겨놓았다. 동굴의 벽면은 수많은 기하학적인 신과 도형으로 가득하며, 소를 비롯한 동물의 모습이 등장하기도 한다. 그 밖에 이탈리아 반도의 또 다른 대표적인 구석기 유적은 오늘날 리구리아(Liguria) 주의 그리말디

발치 로씨에서 출토된 비너스 입상

(Grimaldi)에 위치한 발치 로씨(Balzi Rossi)이다. 총 열다섯 개의 동굴로 이루어
진 발치 로씨에서 발견된 유물들은 다른 구석기 유적들에 비해 더 다채롭다.
동물을 묘사한 동굴 벽화는 물론이거니와 뗀석기, 목걸이와 같은 장신구 그
리고 죽은 자의 영혼을 기리는 종교적인 유물들도 출토되었다. 그러나 무엇
보다 이 유적을 세계적으로 유명하게 만든 것은 풍요와 다산을 상징하는 비
너스 입상이다.

신석기 시대가 되면 반도의 모든 지역과 섬으로까지 문명이 확산된다. 시
칠리아(Sicilia)의 원주민인 시쿨리(Siculi)와 엘리미(Elimi)가 등장한 것도 이 시
기이다. 이 시기에 이르러 목축과 토기 사용이 시작되었을뿐더러 최초의 문
자 기록이 남겨지기 시작했다. 즉 바로 이 시기에 이탈리아 반도는 선사시대
에서 역사시대로 이행하게 된다. 그러나 엄밀하게 말해 이탈리아 반도와 섬
전역에서 발견되는 유적과 유물들은 대부분 신석기 시대가 아닌 이후의 금
석병용시대에 속한 것들이다. 대표적으로 풀리아(Puglia) 주에서 발견되는 벽
감 형태의 돌무덤 돌멘(dolmen)과 사르데냐(Sardegna) 섬 전역에서 발견되는
뿔 모양의 석조 건축 누라게(nuraghe) 등이다. 그 밖에 반도 전역에서 공동묘
지 유적과 더불어 예술적인 표현으로 장식된 토기들이 발견되기 시작하며
강가의 습지대에 말뚝을 박아 지은 오두막 형태의 수상가옥이 등장하기도
한다.

청동기로 이행한 직후에는 인도유럽어족의 인구가 두 차례에 걸쳐 알프

스 북동부에서 이탈리아 반도로 유입되었다. 이들은 기존에 거주하던 인류와 더불어 이탈리아 민족의 시원을 이루게 된다. 오늘날 이탈리아 중부 라치오(Lazio) 지방에 정착했던 라틴인들(Latini), 반도의 남동부 풀리아(Puglia) 지역에 자리잡은 메사피인들(Messapi) 그리고 오늘날 베네토(Veneto)주에 정착한 베네티인들(Veneti)이 바로 인도유럽어족으로부터 기원한다. 한편 오늘날 토스카나(Toscana)에 해당하는 이탈리아 반도의 중서부의 에트루리아인들(Etruschi)과 북서부의 리구리아인들(Liguri)은 인도유럽어족과 무관하게 그 이전부터 반도에 거주하던 인류에 해당한다.

마그나 그라이키아

기원전 8세기 무렵이 되면 이탈리아 반도 곳곳에 여러 부족국가들이 탄생하기 시작한다. 고대 로마에 의해 통일되기 이전까지 이탈리아 반도의 지도는 정치적으로 다양한 민족과 부족들의 모자이크와 같은 형태를 보이고 있었다. 아드리아 해에 면한 반도의 북부 지역에는 일리리아(Illiria)의 인도유럽어족에서 기원하는 베네티족(Veneti)과 야피기족(Iapigi)이 그리고 포(Po) 강과 파다나(Padana) 평원 근처에는 켈트족의 한 부류인 갈리아족이 자리를 잡고 있었다. 이탈리아 중부에는 에트루리아족(Etruschi)을 포함하여 움브리족(Umbri), 피체니족(Piceni), 사비니족(Sabini), 라틴족(Latini), 삼니움족(Sanniti)을 포함한 여러 부족들이 거주하고 있었다. 섬으로 눈을 돌려보면 사르데냐(Sardegna) 남부와 시칠리아(Sicilia) 북서부에는 카르타고인들의 식민지가 건설되어 있었다. 한편 이탈리아 반도의 남서부와 시칠리아의 남부 해안에는 그리스인들의 식민도시가 존재했는데 이를 총칭하여 마그나 그라이키아(Magna Graecia)라고 부른다. 마그나 그라이키아는 '위대한 그리스'라는 뜻의 그리스어 메갈레 헬라스(Megale Hellas)를 라틴어로 옮긴 명칭이다. 그리스인들은 자신들이 건설한 식민도시들을 가리켜 '저녁의 땅'이라는 뜻의 헤스페리아

시폰토

카푸카
쿠마 나폴리
아스키아
파에스툼
엘레아

타란토

시바리

페텔리아
크로토네

타오르미나
카타니아

시라쿠사

카마리나

마그나 그라이키아 지도

(Esperia)라고도 불렸는데, 이는 그리스 본토에서 보았을 때 이탈리아 반도
가 해가 지는 방향에 위치하고 있었기 때문이다. 어쨌든 오늘날 이탈리아 반
도의 카푸아(Capua), 나폴리(Napoli), 타란토(Taranto), 크로토네(Crotone), 벨리
아(Velia), 바리(Bari), 시바리(Sibari), 레지오 칼라브리아(Reggio Calabria), 앙코나
(Ancona) 그리고 시칠리아 섬의 시라쿠사(Siracusa), 아그리젠토(Agrigento) 등의
도시가 바로 마그나 그라이키아에 속해 있었다.

따라서 오늘날 이 도시들 곳곳에 고대 그리스의 유적들이 본토보다 더 온
전한 형태로 보존되어 있는 것은 놀라운 일이 아니다. 기원전 7세기 말부터
시칠리아 남부 해안에 위치한 셀리눈테(Selinunte)와 아그리젠토 그리고 시라
쿠사에 최초의 그리스 신전이 세워지기 시작했고 기원전 6세기에는 포시도
니아(Posidonia), 즉 오늘날의 파에스툼과 타란토에 거대한 도리아식 신전이
건설되었다. 신전의 내부와 외부를 장식하는 조각 표현 역시 건축의 발달과
보조를 같이 했다. 이와 관련하여 셀리눈테에 있는 헤라 신전의 메토프를 장
식하는 부조가 특히 유명하며 기원전 5세기 경 제작된 타란토의 데메테르
여신상은 예술적 표현에 있어 이전 세기보다 진일보한 양상을 보여준다.

기원전 6세기 무렵 마그나 그라이키아에는 지중해 세계에서 가장 발달

파에스툼의 그리스
신전

된 문명이 꽃을 피우고 있었다. 그리스 본토로부터 여러 철학자들이 이주
해왔는데 특히 크로토네에 정착하여 자신의 학파를 창설했던 피타고라스
(Pythagoras)와 더불어 오늘날 살레르노(Salerno) 인근 엘레아(Elea)에서 활동했
던 제논(Zēnōn)과 파르메니데스(Parmenides)의 이름이 가장 널리 알려져 있다.
이후 5세기가 되면 마그나 그라이키아 출신의 철학자들이 등장하기 시작했
다. 피타고라스의 철학을 계승한 필롤라오스(Philolaus)는 크로토네 출신이었
고 4원소설로 유명한 엠페도클레스(Empedocles)는 시칠리아의 아그리젠토
출신이었다. 고르기아스를 비롯한 소피스트들의 활동 무대도 역시 마그나
그라이키아였다. 문학 활동도 활발했다. 기원전 6세기 초 시칠리아 출신의
시인 스테시코루스(Stesichorus)는 트로이의 왕족 아이네아스의 지중해 여행
을 노래했다. 이후 기원전 5세기 전반 에피카르모스(Epicharmus)는 도리아 희
극을 그리고 기원전 5세기 후반 시라쿠사 출신의 소프론(Sophron)은 산문 대
화극인 미모스극을 창시했다.

　일반적으로 고대사의 많은 시기가 그러하듯 마그나 그라이키아의 초기 역
사에 대해서도 알려진 사실보다 그렇지 않은 사실들이 더 많으며 대부분이
신화적인 이야기들로 채워져 있다. 우리에게 익숙한 그리스 신화의 에피소
드들 가운데 많은 수가 마그나 그라이키아를 배경으로 한다. 예를 들어 오
늘날 나폴리(Napoli)에 그리스인들이 건설한 최초의 도시 팔레로(Phalero)는
황금양피를 찾아 떠난 이아손과 아르곤 원정대의 일원이었던 아테네인 팔

레로스(Phalerus)로부터 유래하는 것이다. 신화에 따르면 팔레로스가 오늘날 산타 마리아 해변을 등지고 있는 피초팔코네(Pizzofalcone) 언덕에 새로운 도시 팔레로를 건설했고 이를 기념하여 항국 중앙에

카프리 섬

탑을 세웠다고 전한다. 한편 79년 베수비오 화산의 폭발로 폼페이와 함께 화산재에 매몰된 헤르쿨라네움(Herculaneum)은 그리스 역사가 할리카르나소스의 디오니시우스가 전하는 바에 따르면 기원전 1,243년 이베리아 반도에서 돌아오던 헤라클레스에 의해 건설된 도시였다. 물론 오늘날에는 헤르쿨라네움이 기원전 7세기에 오스크인들에 의해 건설된 도시라는 고대 그리스의 지리학자 스트라본의 주장이 정설로 받아들여진다. 또한 오늘날 티레니아(Tirrenia) 해안의 카프리(Capri) 섬은 아름다운 노랫소리로 선원들을 유혹하여 바다로 뛰어들게 만드는 님프 세이렌이 살던 곳으로 알려져 있다. 신화에 따르면 인간 여성의 얼굴에 독수리의 몸을 가진 세이렌은 절벽과 바위로 둘러싸인 사이레눔 스코풀리(Sirenum Scopuli)라는 작은 바위섬에 살고 있었는데 고대의 그리스인들은 암초와 여울목이 많은 카프리 섬을 바로 사이레눔 스코풀리로 생각했다.

에트루리아

　마그나 그라이키아와 더불어 기원전 8세기 이탈리아 반도에 거주하던 여러 민족들 가운데 가장 강대했던 세력은 오늘날 토스카나(Toscana)에 해당하는 반도 중북부의 에트루리아인들이었다. 에트루리아인들의 기원에 대해서는 역사가들 사이의 견해가 일치하지 않는다. 여러 가설들 가운데 오늘날 가장 널리 받아들여지는 것은 본래 이탈리아 반도에 거주하던 인구에 소아시아와 북유럽에서 유입된 인구가 합쳐지면서 생겨난 민족이라는 설이다.

　기원전 7세기 무렵부터 에트루리아인들은 이웃의 도시들을 군사적으로 정복하고 식민지화하며 세력을 크게 확장해 나갔다. 그들은 오늘날 라치오(Lazio) 주의 여러 도시들을 정복한 후 계속 남하하여 기원전 7세기 후반 오늘날 캄파니아(Campania) 주에 이르렀다. 나폴리 북쪽의 카푸아(Capua)가 바로 이 시기 에트루리아인들에 의해 건설된 도시이다. 남쪽으로 진출한 후 약 한 세기가 지나 북쪽으로도 세력을 확장했는데 먼저 파다나 평원을 정복한 후 나아가 오늘날 트렌티노(Trentino) 지역까지 영역을 넓혔다. 뿐만 아니라 에트루리아인들은 북아프리카에 위치한 카르타고와의 연합을 통해 지중해 서부로 진출하여 코르시카 섬을 정복하기도 했다.

에트루리아인들이 건설한 문명은 기원전 9세기에 시작되어 이탈리아 반도 전체가 로마의 세력권 안으로 완전히 편입되는 서기 1세기까지 약 천 년의 시간 동안 지속되었지만 그들의 세력이 최대 범위에 이르렀던 기간은 그리 길지 않았다. 에트루리아인들이 이탈리아 남부로 진출하며 그리스인들에게 패퇴했던 것이 하나의 이유

기원전 8세기 에트루리아 영역

였다. 에트루리아인들이 그리스인들과 최초로 충돌한 것은 기원 전 524년의 일이었는데, 이때 쿠마(Cuma)의 아리스토데모스(Aristodemos)가 내륙 지역에서 에트루리아인들을 물리쳤고 기원전 474년에는 시라쿠사(Siracusa)의 지원을 받은 쿠마의 함대가 에트루리아인들의 함대를 패퇴시켰다. 그러나 더 근본적인 이유는 각지에서 일어나는 크고 작은 반란에 끊임없이 시달렸기 때문이었다. 그들이 건설했던 식민도시들은 본국과 경제적으로 그리고 종교적으로 얽혀 있었지만 정치적으로 종속적인 관계에 있지는 않았다. 사실 엄밀히 말하면 에트루리아인들은 단 한 차례도 통일국가를 형성하지 못했다. 마그나 그라이키아의 도시들과 마찬가지로 에트루리아인들의 영역 안에는 수많은 도시국가들이 존재하고 있었는데 방어적인 목적으로 동맹을 형성했던 경우를 제외한다면 그들 각각은 서로 독립적이었고 많은 경우 경쟁관계에 있었다. 후발주자인 로마인들이 에트루리아인들을 손쉽게 정복할 수 있었던 것도 바로 이 때문이었다.

에트루리아인들은 다신교 신앙을 가지고 있었고 여러 신들의 뜻을 해석하

볼테라의 에트루리아 유적

는 임무를 맡은 사제 집단이 존재했다. 그들은 천둥이나 번개와 같은 자연현상이나 제의를 위해 희생된 동물의 내장을 관찰함으로써 길흉화복을 점쳤다. 그 밖에 에트루리아인들은 표음문자를 사용하였는데, 그리스의 문자와 대단히 유사한 형태를 띠는 것으로 보아 그리스의 여러 도시들과 밀접한 교류관계에 있었던 것으로 추정된다. 무엇보다 그들은 기술적인 면에서 동시대의 다른 민족들에 비해 훨씬 더 발달된 단계에 도달해 있었다. 그들은 야금술의 전문가들이었고 도자기술도 뛰어났다. 무엇보다 그들은 도로와 수로, 신전과 공공건물에 이르기까지 고도로 발달된 건축기술을 가지고 있었다. 로마인들은 에트루리아인들을 복속시킨 후 그들의 최신 건축기술을 적극적으로 도입했는데 특히 오늘날 로마 건축의 특징이라고 알려진 아치 역시 에트루리아인들로부터 따온 것이다.

뿐만 아니라 에트루리아의 음악과 춤 그리고 극장 문화 역시 로마의 예술에 큰 영향을 미쳤다. 이탈리아사와 관련하여 오늘날 에트루리아인들이 갖는 중요성은 무엇보다 로마 문명의 형성과 발전에 대한 그들의 공헌에 있다.

제2장
고대 로마의
정치적 변천

ITALY

로마의 기원

    로마의 역사가 리비우스(Titus Livius)는 기념비적인 저작 『로마사』(Ab urbe condita)에서 도시국가 로마의 건국 연대를 기원전 753년으로 설정했다. 그러나 리비우스가 역사적으로 정확한 연대를 제시하고 있다고 생각하기는 어렵다. 많은 고대의 국가들과 마찬가지로 로마의 기원 역시 신화로 설명되고 있기 때문이다. 로마의 건국에 대해 전하고 있는 대표적인 문헌은 베르길리우스(Vergilius)의 『아이네이스』(Aeneis)와 플루타르코스(Plutarchos)의 『영웅전』(Bioi Paralléloi)이다. 기원전 1세기 로마의 위대한 시인 베르길리우스는 기원전 7세기에서 6세기 사이 마그나 그라이키아에서 활동했던 시인 스테시코루스(Stesichorus)에 의해 최초로 제시된 바 있는 아이네이아스 도래설을 한 편의 장편 서사시로 풀어냈다. 그에 따르면 아이네이아스는 트로이의 왕족 안키세스(Anchises)와 아프로디테 사이에서 태어났다. 트로이가 그리스 연합군에 의해 함락되었을 때 그는 아버지 안키세스 그리고 율리스(Iulis)라고도 불리는 아들 아스카니우스(Ascanius)와 함께 트로이를 탈출했다. 배를 타고 지중해 세계를 떠돌던 아이네이아스는 트라키아, 크레타, 델로스, 북아프리카의 카르타고 그리고 시칠리아를 거쳐 당시 그리스인들이 헤스페리아(Esperia)라고 불렀던 이탈리아 반도에 도착했다. 이들이 도착한 곳은 이탈리아 중부를 흐르는 테베레(Tevere) 강 유역으로, 당시 라티누스(Latinus)라는 왕이 다스리던 지역이었다. 아이네아이스는 라티누스의 딸 라비니아(Lavinia)의 약혼자였던 투르누스(Turnus)와 전쟁을 벌여 승리했고 그의 아들이었던 율리스가 이곳에 알바 롱가(Alba Longa) 시를 건설했다.

플루타르코스의 『영웅전』은 이후의 이야기를 전한다. 그는 로마의 건국자 로물루스(Romulus)를 아이네이아스의 후손으로 설정했는데 이는

베르길리우스

당대에 널리 퍼져 있던 학설을 그대로 받아들인 결과였다. 플루타르코스에 따르면 알바 롱가의 12대 왕 누미토르(Numitor)의 딸이자 왕녀인 레아 실비아(Rea Silvia)와 군신 마르스 사이에서 쌍둥이 형제 로물루스와 레무스(Remus)가 태어났다. 왕위를 탐내던 누미토르의 동생 아무리우스(Amulius)는 누미토르의 아들을 살해하고 레아 실비아를 베스타(Vesta) 신전의 무녀로 만들었다. 그리고 신하를 시켜 레아 실비아와 마르스의 두 아이를 강가에 던져 버리도록 했다. 그러나 신하는 아이를 담은 광주리를 강에 버렸고 강을 따라 떠내려 가던 광주리는 케르마누스라는 곳에 멈추었다. 쌍둥이 형제는 이곳에서 늑대의 젖을 먹으며 자랐고 이후 목동 파우스툴루스가 이들을 데려다 길렀다. 목동의 아들로 성장한 두 형제는 카피톨리움(Capitolium)이라는 언덕에 도시를 건설했는데 이것이 로마의 기원이다. 이후 두 형제는 지도자의 자리를 놓고 다툼을 벌였는데 이 과정에서 로물루스는 레무스를 살해하고 로마를 이끄는 유일한 지도자가 되었다.

오늘날의 관념에 비추어 볼 때 이 신화적인 이야기가 문자 그대로 역사적

늑대 젖을 먹는 로물
루스, 레무스 형제

사실이라고 받아들이기 어려운 것은 당연하다. 그러나 적어도 17세기까지 이 이야기의 진위 여부에 대한 의문은 제기되지 않았다. 로마의 위대한 역사가 리비우스가 기념비적인 저작 『로마사』(Ab urbe condita)에서 아이네아스 도래설과 로물루스 신화에 대해 서술해 놓았기 때문이었다. 물론 리비우스 자신은 이 이야기가 갖는 신화적 성격을 인정했지만 그와 별개로 유럽인들은 오랜 세월 동안 이 이야기를 반박할 수 없는 역사적 사실로 받아들였고 근대적인 역사비평이 대두되기 이전까지 제작된 수많은 연대기 안에서 로마의 건국과 관련된 인물들은 정확한 연대와 함께 등장했다.

초기 로마인들의 문명은 이탈리아 반도의 다른 부족들에 비해 대단히 낙후되어 있었다. 그들은 티레니아(Tirrenia) 해를 향해 나가는 테베레(Tevere) 강 하구에서 양을 키우는 목축업에 종사했다. 따라서 양을 키우는 축사를 중심으로 최초의 거주지가 형성되었다. 이후 에트루리아인들로부터 최신 건축기술을 도입함으로써 계속해서 성벽을 쌓고 도시를 확장해 나갔다.

사비니족 여인의 강탈

    로물루스가 팔라티노(Palatino) 언덕에 도시를 건설한 후 가장 먼저 착수했던 과업은 이웃한 사비니족(Sabini)의 여인들을 납치하여 겁탈하는 것이었다. 건국 나흘째 되던 날 벌어진 이 사건 역시 플루타르코스의 『영웅전』을 통해 전한다. 사비니족은 테베레 강 동부의 산악 지대에 살던 부족으로 플루타르코스에 따르면 스파르타(Sparta)에서 이주해 온 전사 기질이 다분한 사람들이었다. 로물루스는 먼저 콘수스(Consus) 신에게 바치는 성대한 제사를 벌여 사비니족을 초대했다. 그리고 축제의 와중에 그들을 습격하여 여인들을 납치하여 겁탈하고 남성들은 도망가게 내버려 두었다. 이때 붙잡힌 여인들의 수는 출처마다 차이가 있지만 어쨌든 헤르실리아를 제외한 모두가 처녀들이었고 이는 로물루스가 이러한 사건을 벌인 이유를 잘 설명해준다. 로물루스를 따라 로마를 건국했던 삼천 명의 무리들은 결혼 적령기의 전사 집단이었고 로마의 번영을 위해서는 후손들이 필요했다. 이와 관련하여 플루타르코스는 로물루스가 사비니족 여인들을 겁탈한 것은 "두 민족을 굳은 인연으로 맺어 화합하고 결속시키기 위한 목적" 때문이었다고 증언한다.

    어쨌든 사비니족은 사절을 보내 로물루스에게 여인들을 돌려보낼 것을 요

사비니 여인의 강탈을 다
룬 루벤스의 회화

구했지만 로물루스는 받아들이지 않았다. 이러한 행동이 인근의 모든 부족
들에게 위협이 된다고 생각했던 테베레 강 유역 카이니나(Cænína)의 왕 아크
론은 군사를 일으켜 로물루스를 공격했지만 아크론의 군대는 로마의 군대에
의해 패퇴되었고 도시마저 빼앗겨 버렸다. 결국 로마에 남겨진 사비니족 여
인들은 로마인들과 함께 생활하게 되었고 2년이 지나자 그들과 로마인들 사
이에서 많은 아이들이 태어났다. 목적을 달성한 로마인들은 일부 여성들을
돌려보냈는데, 그러자 사비니족은 곧바로 군사를 일으켜 로마를 침략했다.
그들은 단숨에 카피톨리노(Capitolino) 언덕을 점령했고 로물루스가 이끄는 로
마의 군대는 팔라티노(Palatino) 언덕에 자리 잡았다. 결국 두 부족은 언덕 아
래의 습지에서 충돌했고 우여곡절 끝에 로마의 군대가 승리를 거두었다. 치
열한 교전의 와중에 사비니족의 여인들은 싸움을 멈추라며 울부짖었는데 그
들의 입장에서 볼 때 로마의 군대는 자신의 남편이자 아이의 아버지였고 사
비니족의 군대는 자신의 아버지와 오빠였기 때문이다.

　로마의 건국에 대한 이야기와 마찬가지로 사비니족의 강탈 역시 문자 그
대로 역사적 사실이라고 받아들이기는 어렵다. 그럼에도 불구하고 플루타르
코스의 선도를 따라 오랜 기간 동안 ―그리고 오늘날까지도― 이 사건은 로
마 문명의 혼종성을 잘 보여주는 사례로 수없이 인용되었다. 플루타르코스
에 따르면 "로마는 언제나 로마에 정복당한 이들과 결합하고 뒤섞였다."

한편 이 사건이 갖는 극적인 성격은 이후 수많은 예술작품들의 모티브가
되게 만들었고 이러한 경향은 고전주의가 유행하던 17세기에 절정에 이르렀
다. 많은 예술가들이 고대의 역사와 신화를 작품의 주제로 택하면서 사비니
족이 강탈이라는 사건 역시 많은 주목을 받았는데 대표적인 사례로 페테르
파울 루벤스(Peter Paul Rubens), 니콜라 푸생(Nicolas Poussin), 피에트로 다 코르
토나(Pietro da Cortona) 그리고 조각가 잠볼로냐(Giambologna) 등을 들 수 있다.

왕정 로마

로마 최초의 왕은 로물루스였다. 그 뒤로 여섯 명의 왕 누마 폼필리우스, 툴루스 호스틸리우스, 앙쿠스 마르키우스 그리고 타르퀴니우스 프리스쿠스, 세르비우스 툴리우스, 타르퀴니우스 수페르부스가 로물루스의 뒤를 이었다. 처음 넷은 라틴족과 사비니족 출신이었고 마지막 셋은 에트루리아 출신이었다. 사비니인과 에트루리아 출신의 왕이 존재했다는 사실은 이 두 부족이 로마에 의해 정복된 이후 로마 사회에 완전히 동화되었음을 의미한다. 특히 에트루리아의 합병은 왕정 로마의 발전에 지대한 공헌을 했다. 에트루리아의 영향은 앞서 언급했던 산업적이고 기술적인 면에만 국한되어 있지 않았다. 로마인들은 에트루리아인들이 사용하던 알파벳을 도입하여 라틴 문자를 만들었고 초기의 종교 의식 역시 에트루리아인들의 관습을 모방했다. 예술과 문학 역시 마찬가지였다.

로마에서 왕의 권력이 절대적인 것은 아니었다. 로마의 왕은 정치적, 행정적, 군사적, 사법적으로 최고 권한을 행사했지만 관습법의 제한을 받았다. 또한 국가 종교의 수장으로서 국가의 제사를 주재하고 점복으로 길흉화복을 판단하는 사제들을 감독했다. 왕은 세습적인 지위가 아니었으며 귀족 가문

Θ	H	Z	V	E	D	G	B	A
[tʰ]	[h]	[ts]	[v]	[e]	[r/d]	[k]	[b]	[ɑ]

Ś	P	O	Ξ	N	M	L	K	I
[ʃ]	[p]	[o]	[s]	[n]	[m]	[l]	[k]	[i/j]

Ψ	Φ	X	Y	T	S	R	Q
[kʰ]	[pʰ]	[z]	[u/w]	[t]	[s]	[r]	[q]

에트루리아인들이 사용하던 알파벳

의 수장들이 선출했던 것으로 추정된다. 삼백 명의 귀족으로 구성된 원로원은 자문과 조언을 담당하는 기관이었다. 왕이 원로원의 조언을 받아들일 법적인 의무는 없었지만 이 경우 귀족 가문들의 증오를 사게 된다는 정치적 부담이 뒤따랐다. 이와 관련하여 로마의 마지막 왕 타르퀴니우스 수페르부스가 귀족 가문들에 의해 왕위에서 축출되었다는 사실을 상기할 필요가 있다. 또한 왕이 상습적으로 관습법을 무시할 경우 원로원이 이를 고발하여 처벌을 내릴 수도 있었다.

로마 시민의 대부분은 자유 시민들로 구성되어 있었고 쿠리아회(Comitia Curiata)는 이들을 대표하는 가장 오래된 민회(populus romanus)였다. 쿠리아는 군사적, 종교적 목적으로 결성된 씨족 단위의 집단으로 총 30개의 쿠리아가 저마다 하나의 투표권을 가지고 있었다. 왕정시기의 민회에는 실권이 없었다. 쿠리아회는 행정관의 임명이나 전쟁에 대한 승인 및 거부의 권한을 가지고 있었지만 대단히 제한적이었고 쿠리아회의 결정이 원로원에 의해 거부되는 일이 빈번히 발생했다. 왕이 쿠리아회를 소집한다면 그것은 시민들의 의견을 듣기 위해서가 아니라 자신의 결정을 알리기 위해서였다. 기원진 6세기 중엽 로마의 6대 왕 세르비우스 툴리우스의 군제 개혁 이후 켄투리아(Comitia Centuriata)회가 쿠리아회를 대체하는 새로운 민회로서 기능하기 시작한다. 세르비우스 툴리우스는 조세와 징병을 목적으로 로마의 시민들을 경제력에 따라 모두 6개의 계급으로 나눈 후 각 계층을 켄투리아(centuria, 백인대)라는 하위 부대로 편성했다.

　로마의 7대 왕 타르퀴니우스 수페르부스를 끝으로 왕정 로마는 종말을 고하게 된다. 그는 로마의 5대 왕 타르퀴니우스 프리스쿠스의 아들이었다. 타르퀴니우스 수페르부스는 로마의 6대 왕인 세르비우스 툴리우스의 딸과 결혼했지만 그 여동생인 툴리아와 재혼한 후 세르비우스 툴리우스 일파를 살해했다. 그는 원로원과 민회의 승인 없이 왕위에 올랐고 이때부터 로마의 시민들은 그를 타르퀴니우스 수페르부스, 즉 '오만한 타르퀴니우스'라고 부르기 시작했다. 왕위에 오른 뒤에도 폭정은 계속되었다. 그의 아들인 섹스투스가 친척 콜라티우스의 아내인 루크레티아를 겁탈하여 그녀가 스스로 목숨을 끊은 일이 벌어졌다. 이로 인해 귀족들의 반란이 일어났고 결국 타르퀴니우스 수페르부스는 왕위에서 쫓겨나 에트루리아로 망명했다. 폐위 후에 에트루리아 계 도시들의 지원으로 로마를 침공했으나 결국 실패로 끝났다.

공화정 로마

리비우스의 증언에 따르면 왕정 로마가 종말을 고한 것은 기원전 509년의 일이었다. 로마의 귀족들은 에트루리아 출신의 마지막 왕을 축출한 후 공화정을 성립시켰다. 공화정 체제에서 권력의 중심은 소수 귀족으로 구성된 원로원이었다. 왕이 가지고 있던 권한은 원로원에서 선출되는 2인의 집정관(consul)에게 양도되었다. 군사, 사법, 종교의 최고 권한을 가진 집정관의 임기는 1년이었다. 두 집정관의 권한은 동등했으며 서로 거부권을 행사할 수 있었다. 국가 비상시에는 1인의 독재관(dictator)이 절대적인 권한을 행사했고 독재관의 임기는 6개월이었다. 기원전 4세기 전반에는 정부 조직의 변화와 함께 법정관(praetor), 감찰관(censor), 회계감사관(quaestor) 등 여러 다른 관직들이 창설되었다. 로마의 모든 관직은 무보수의 명예직이었는데 이는 실질적으로 부유한 귀족들만이 관직에 취임할 수 있었음을 의미한다.

약 450년 동안 지속된 공화정 로마의 역사를 사회적인 측면에서 단순화시킨다면 귀족과 평민의 대립의 역사라고 할 수 있다. 언제부터인지는 정확히 알려지지 않았지만 예민과 노예들을 제외한다면 전통적으로 로마의 사회 계급은 귀족과 평민으로 뚜렷하게 구분되어 있었다. 귀족 계급은 선거권과 피선거권을 포함하는 정치적 권리인 공권(公權)과 법률적 권리인 사권(私權)을 가지고 있었다. 사권에는 통혼권과 사유권이 포함된다. 반면 평민은 공권에서 배제되어 있었고 사권만을 인정받았다. 귀족과 평민 사이의 결혼은 금지되었으며 병역과 납세는 전적으로 평민의 의무였다.

시간이 지날수록 이러한 상황에 대한 평민들의 불만이 커져갔다. 로마는 건국 이후 계속된 정복전쟁을 통해 영토를 확장시켜 왔고 이 과정에서 중요한 공헌을 했던 군대의 구성원들이 바로 평민들이었기 때문에 귀족들은 그들의 요구를 언제까지나 무시할 수만은 없었다. 평민의 권리 신장을 위한 첫 걸음은 기원 전 494년의 성산사건이었다. 전쟁을 위한 평민들의 군대가 성산에 모여 농성을 벌였고 이에 따라 평민을 대표하는 관직인 호민관(tribunus)이 창설되었다. 호민관의 권한은 대단히 제한적이었다. 호민관은 집정관과 달리 군사적, 행정적 권한은 갖지 못했지만 원로원의 결의 사항에 대한 거부권(veto)을 행사할 수 있었다. 고대 로마의 문인 발레리우스 막시무스(Valerius Maximus)의 증언에 따르면 호민관은 원로원의 포고문을 꼼꼼하게 검토한 후 "C"라는 문자를 부기했는데, 이는 호민관이 포고문을 확인했다는 뜻이었다. 만일 포고문의 내용이 평민들의 권익에 위배되는 경우에는 거부권을 행사하였다.

로마 최초의 성문법으로 기원전 5세기 중엽에 제정된 12표법 역시 평민들의 권리 신장에 기여했다. 기존의 관습법은 귀족 계층의 이해를 대변하는 것이었기 때문에 평민들은 계속해서 성문법의 제정을 요구해왔다. 그로 인한 결실이 바로 12표법이다. 12표법은 그리스에서 기원한 것으로 알려져 있다. 리비우스의 증언에 따르면 기원전 454년 솔론의 법률을 배우기 위해 로마의 사절이 아테네로 파견되었고 이들은 3년 후인 기원전 451년 로마로 귀환했다. 곧 로마의 10인관이 12표법 가운데 처음 10개의 표를 공포하였고 이듬해 새로 임명된 10인관들이 나머지 2개의 표를 더하였다. 리비우스 이외에도 할리카르나소스의 디오니 시우스, 스트라본, 키케로, 디오게네스 라에르티우스 등 많은 고대 저자들이 비록 세부적인 내용에는 차이가 있을지라도 공통적으로 12표법의 그리스 기원설에 대해 증언하고 있다. 어쨌든 12표법의 가장 큰 역사적 의의는 법의 성문화를 통해 귀족들의 자의적 판결을 제한함으로써 평민들의 권익 확장에 기여했다는 점이다. 이를 가장 잘 보여주는 것이 바로 민회의 승인 없이 사형을 금지토록 한 9표의 내용이며, 기원전 1세기 로마의 문인 키케로는 『법률론』에서 바로 이 9표의 내용이 12표법의 조항들 가운데 가장 훌륭하다고 극찬했던 바 있다. 그러나 12표법으로 인해 귀족과 평민들의 완전한 평등이 달성된 것은 아니었다. 귀족과 평민 사이의 통혼 금지 규정을 포함한 차별적 규정들이 여전히 남아 있었다.

12표법을 시작으로 일련의 입법 과정을 거치며 평민들의 지위는 점차 향상되어 갔다. 기원전 445년의 카눌레이아 법(Lex Canuleia)으로 귀족과 평민 사이의 통혼이 가능해졌고 기원전 367년 리키니우스-섹스티우스 법(Lex Liciniae Sextiae)으로 집정관직이 평민에게도 개방되었다. 기원전 300년의 오굴니아 법(Lex Ogulnia)으로 평민이 사제직에도 취임할 수 있게 되었으며 마침내 기원전 287년 호르텐시우스 법(Lex Hortensia)에 따라 평민들의 정치적 권리가 완전하게 보장되었다. 그러나 이처럼 법적인 면에서 완전한 정치적 평등이 달성되었다고 할지라도 금권정치가 성행함에 따라 평민들이 그들에게 보장된 정치적 권리를 완전히 누리기는 어려웠다.

어쨌든 공화정 하에서 정치적 안정을 이룬 로마는 이탈리아 반도 내에서 급속도로 영토를 팽창해나가기 시작했다. 기원전 2세기에 활동했던 그리스 출신의 역사가 폴리비오스에 따르면 로마가 짧은 시간에 부국강병을 이루어 지중해 세계를 제패할 수 있었던 원인은 견제와 균형의 원리가 작동하는 공화정 체제의 우수성 때문이었다.

포에니 전쟁

공화정 로마는 라티움 지역의 부족들과 라틴 동맹을 결성한 후 동쪽으로 아에퀴족(Aequi), 북쪽으로 볼스키족(Volsci) 그리고 남쪽으로 삼니움족(Samnium) 등 주변의 부족들을 차례차례 정복해 나가기 시작했다. 이후 알프스 북쪽에서 남하하여 이탈리아 반도를 침입한 갈리아족(Galia)을 물리친 후 로마인들은 마침내 기원전 265년 포강 이남의 이탈리아 반도 전역을 자신들의 세력권 안에 넣게 된다.

이탈리아 반도를 통일한 이후 로마는 지중해로의 진출을 모색하기 시작했다. 당시 지중해의 제해권은 카르타고라고 하는 강대한 해상 제국이 장악하고 있었다. 아프리카 북부에 위치하고 있는 카르타고는 본래 고대 페니키아의 식민도시로 출발하여 서부 지중해를 장악한 후 해상무역으로 번영을 누리고 있었다. 로마가 지중해 세계로 진출하기로 결정한 이상 카르타고와의 충돌은 피할 수 없는 일이 되었는데, 이 충돌이 바로 포에니 전쟁이다.

포에니 전쟁은 총 세 차례에 걸쳐 진행되었다. 1차 포에니 전쟁의 무대는 지중해 세계의 곡창지대로 중요한 경제적, 군사적 거점이었던 시칠리아였다. 기원전 265년 시칠리아 남동부 시라쿠사이를 다스리던 아가토클레스

포에니 전쟁 이
전, 이후 로마의
영토 변화

(Agathokles) 왕의 용병대장이 해고되자 불만을 품고 메시나(Messina)를 점령
한 것이 발단이 되었다. 당시 시칠리아 서부를 지배하고 있던 카르타고는 메
시나를 구하기 위한 원군을 파견하였고 카르타고의 세력이 확산되는 것을
우려했던 로마가 사태에 개입했다. 전쟁 초기 수세에 몰렸던 로마는 기원전
241년 마침내 아에가테스(Aegates) 해전에서 카르타고의 해군을 격파한 후
기원전 227년 시칠리아를 속주로 편입시켰다.

　패전을 설욕하기 위해 절치부심하고 있던 카르타고가 로마에 반격을 가한
것이 바로 2차 포에니 전쟁이었다. 기원전 218년 한니발은 에스파냐 남부에
건설한 카르타고의 식민지 노바 카르타고(Nova Carthago)에서 로마와 동맹관
계에 있던 사군툼(Saguntum) 시를 공격한 후 알프스를 넘어 이탈리아 원정을

떠났다. 곳곳에 절벽이 가득한 험준한 지형으로 한겨울의 추위가 맹위를 떨치고 있던 알프스를 넘는 것은 결코 쉽지 않은 일이었다. 행군 과정에서 이미 한니발은 적지 않은 병력을 상실했다. 그러나 이탈리아 반도의 북부에 진입한 후에는 당시 로마와 전쟁을 벌이고 있던 갈리아족의 지원을 받을 수 있었다.

한니발은 이탈리아 반도 북부에서 로마의 군대를 거듭 패퇴시킨 후 로마를 우회하여 남부로 내려갔다. 로마의 군대는 한니발이 이끄는 카르타고의 군대에 연전연패를 거듭했는데 특히 기원전 216년 칸나에(Cannae) 평원에서 벌어진 전투에서 집정관 테렌티우스 바로(Gaius Terentius Varro)가 이끌었던 로마의 군대는 궤멸적인 타격을 입게 된다. 리비우스는 이 전투에서 로마군 보병 47,000명, 기병 3,000명이 전사했고 포로는 2만여 명에 이르렀다고 전한다. 칸나에 전투 이후 로마의 독재관이었던 파비우스(Quintus Fabius Maximus)는 한니발과의 직접적인 충돌을 철저하게 회피하는 전략을 썼고 이로 인해 한니발은 기원전 203년까지 약 15년 동안 이탈리아 반도를 마음껏 유린했다. 파비우스는 한니발과의 교전을 피하는 대신 한니발의 근거지였던 카르타고 본국과 에스파냐의 식민지를 공격하는 전략을 선택했다. 이리하여 기원전 204년 로마의 스키피오 아프리카누스(Publius Cornelius Scipio)는 카르타고 본국에 대한 공격을 단행했고 마침내 기원전 202년 자마 전투에서 급히 귀국한 한니발의 군대를 격파하는데 성공했다. 패장이 된 한니발은 소아시아로 망명하였고 카르타고는 재기가 불가능할 정도의 가혹한 강화조약을 체결해야 했다.

3차 포에니 전쟁은 로마의 확인사살이었다. 카르타고가 전후의 피해를 복구해나가기 시작하자 로마의 원로원에서는 카르타고의 처리를 두고 갑론을박이 벌어졌다. 카토(Marcus Porcius Cato)를 대표로 하는 주전론자들이 우세했다. 로마는 기원전 149년 아프리카의 누미디아(Numidia)로 하여금 카르타고를 공격하도록 사주했고 카르타고가 누미디아에 응전하자 조약 위반을 구실로 군대를 파병했다. 결국 기원전 146년 카르타고는 지도에서 사라졌고 모든 주민들은 노예로 전락했다.

포에니 전쟁 이후 로마의 영토는 크게 확장되었다. 이미 2차 포에니 전쟁이 끝난 시점에 로마는 이전에 카르타고가 누리던 지중해의 제해권을 완전히 장악했다. 이후 이집트의 셀레우코스 왕국과 그리스의 도시국가들을 세력권에 편입시켰던 마케도니아까지 격파하며 로마는 지중해 세계 전역을 아우르는 대제국으로 성장했다.

그라쿠스 형제의 개혁

공화정 하에서 달성한 귀족과 평민 사이의 평등이란 정치적 평등에 불과했다. 이전부터 존재하고 있던 경제적 불평등은 오히려 전쟁 이후 더욱 심화되었는데, 특히 포에니 전쟁 이후 토지 집중화 현상이 두드러졌다. 로마의 자영농들은 전쟁 기간 동안 군복무로 인해 자신의 농토를 돌보지 못했고 이탈리아 반도의 농경지 대부분이 한니발의 원정으로 인해 황폐화된 상황이었다. 이러한 상황에서 전후 농촌을 떠나는 사람들의 수가 증가했고 이들은 도시로 흘러들어 빈민층을 형성했다. 또한 지중해 세계의 대표적인 곡창지대였던 시칠리아로부터 값싼 곡물이 들어옴에 따라 자영농이 소규모의 토지를 경작하는 전통적인 방식의 농업으로는 더 이상 수익을 올릴 수 없었고 따라서 전쟁 포로의 노동력을 이용해 대규모의 토지를 경작하는 대농장(latifundia)이 성행하였다.

정복활동을 통해 로마에 병합된 토지가 소수의 귀족들에게만 분배되었던 것도 문제였다. 결국 로마를 위해 싸웠던 평민들은 로마가 지중해 세계를 제패하게 만든 주인공들이었지만 전후 어떠한 보상도 받지 못하는 상황에 놓여 있었던 것이다. 플루타르코스의 『영웅전』에 언급되는 티베리우스 그라쿠스(Tiberius Sempronius Gracchus)의 호소는 전후 평민들이 맞닥뜨렸던 비참한 상황을 생생하게 전한다.

> 이탈리아에 떠도는 야생 동물도 저마다 은신할 굴이나 집이 있습니다. 그러나
> 이탈리아를 위해 싸우거나 죽은 사람들은 공동의 공기와 햇빛을 향유하지만
> 아무것도 가진 것이 없습니다. 그들은 집도 없고 가정도 없고 처자식과 함께
> 유랑하고 있습니다. 장군들은 전쟁터의 병사들에게 적에 대항하여 묘지와 신당을
> 방어하라고 촉구합니다만 그것은 거짓말입니다. 왜냐하면 병사들 중에는 아무도
> 세습 재산을 가진 자가 없기 때문입니다. 그들은 오직 다른 사람들의 부와 사치를
> 위해 싸우다 죽을 뿐입니다. 그들은 세계의 지배자가 되었지만, 그들 자신이
> 소유한 땅은 단 한 조각도 없습니다.

자영농의 몰락은 군사력의 약화와 직결되는 문제였다. 로마 군대의 주축이었던 자영농이 빈민으로 몰락하면서 징병의 대상이 되는 인원이 감소했고 이것이 군대의 질적 저하로까지 이어졌다. 이러한 경제적 난국과 사회적 혼란을 개혁하려 시도했던 것은 기원전 2세기 호민관이었던 그라쿠스 형제, 즉 티베리우스 그라쿠스(Tiberius Sempronius Gracchus)와 그의 동생이었던 가이우스 그라쿠스(Gaius Sempronius Gracchus)였다. 티베리우스 그라쿠스는 부의 균등한 분배를 목적으로 하는 법률을 제정하여 로마가 획득한 페르가뭄의 왕 아탈로스(Attalus) 3세의 영토를 평민에게 분배하였다. 그리고 토지 소유의 상한선을 정하여 남는 토지를 국가에 반환하도록 하였고 이를 토지 없는 농민들에게 나누어 주었다. 로마의 귀족들이 이러한 조치에 반발했던 것은 당연하다. 결국 티베리우스 그라쿠스 일파는 로마의 귀족들에게 처참하게 살해당하고 말았다.

미완의 개혁은 동생 가이우스 그라쿠스에게 계승되었다. 가이우스의 개혁은 티베리우스의 개혁보다 더 근본적이고 급진적이었다. 가이우스의 개혁은 토지 분배뿐만 아니라 빈민 구휼까지 포함하고 있었다. 무엇보다 개혁의 성공을 위해서는 평민 계층의 광범위한 지지가 필요하다고 판단한 그는 원로원의 권한을 축소시키고 민회의 권한을 강화하는 한편 평민들의 정치 참여

그라쿠스 형제

를 확대할 수 있는 조치
를 실행에 옮겼다. 그러
나 가이우스의 일파 역시
폭동을 일으킨 귀족들에
의해 살해되고 말았다.

그라쿠스 형제의 개혁
은 결국 좌절되고 말았
지만 이 개혁이 이후 로
마의 역사에 미친 영향
은 적지 않다. 무엇보다
공화정 로마가 일인지배
체제로 전환되는데 큰 공헌을 했다. 귀족들의 폭력적인 반발과 탄압으로 인
한 실패를 경험했던 평민들이 개혁의 성공을 위해서는 물리적인 힘과 권력
이 필요하다는 생각을 하게 되었기 때문이다. 평민들은 군인 정치가에게 새
로운 기대를 걸기 시작했다.

제정의 성립

평민들의 지지를 한 몸에 받고 있던 마리우스(Gaius Marius)는 평민 출신이었지만 전쟁터를 오가며 경력을 쌓아 집정관의 자리에 오른 입지전적인 인물이었다. 오늘날 그는 공화정 로마가 제정으로 이행하는 결정적인 계기를 마련한 인물로 평가되는데, 기원전 107년 그가 집정관에 취임한 후 추진했던 군제 개혁 때문이다. 이전까지 로마의 군대는 민병으로 구성되어 있었다. 즉 자영농이 자신의 토지와 재산을 지키기 위해 사비로 무장한 후 군대에 지원하는 개념이었다. 그러나 마리우스는 토지가 없는 시민들을 정규군으로 징병했고 그들이 제대한 후에는 토지를 지급했다. 병사들의 무장도 국가의 비용으로 충당했다. 이로 인해 로마의 병사들은 자신에게 토지를 지급하거나 금전적인 보상을 제공하는 지휘관과 밀접한 관계를 갖게 되었다. 이러한 상황은 군인 정치가들의 정치적 영향력을 더욱 확대시켰고 일인 지배체제의 성립으로 나아가는 발판이 되었다.

술라(Lucius Cornelius Sulla)는 평민파였던 마리우스에 반대하여 원로원을 강화하려 했던 보수파 귀족들을 대변하는 인물이었다. 기원전 89년 소아시아 폰투스의 왕 미트리다데스(Mithridates)가 반란을 일으켰을 때 이를 진압하기

율리우스 카이사르

위한 군대의 지휘권 문제를 놓고 평민과 귀족 세력의 대립이 격화되었는데 최종 승자는 원로원과 술라였다. 술라는 자신의 군대를 이끌고 로마로 진격하여 마리우스 일파에 대한 숙청을 자행했으며 이때 마리우스는 아프리카로 망명하였다. 기원전 82년 원로원에 의해 종신 임기의 독재관으로 임명된 술라는 원로원의 인원을 늘리고 권한을 강화하는 한편 반대 세력을 폭력적으로 탄압하였다.

술라는 기원전 79년 정계에서 은퇴했지만 그 이후로도 원로원은 공화정 로마가 위기에 직면했을 때 권력을 가진 한 개인에게 의지함으로써 문제를 해결하려는 경향을 보였다. 따라서 이후 로마에서 소수 권력자들의 대립과 다툼이 지속되었던 것은 놀라운 일이 아니다. 이러한 양상은 술라의 은퇴 이후 두 차례의 삼두정치를 통해 나타났다. 1차 삼두정치의 주인공은 술라의 양녀와 결혼했던 폼페이우스(Gnaeus Pompeius), 술라 휘하의 무장이었던 크라수스(Marcus Licinius Crassus) 그리고 폼페이우스를 견제하려던 크라수스에 의해 정계에 입문하게 된 카이사르(Gaius Julius Caesar)였다. 이들은 공화주의의 전통을 지키려 했던 법률가 키케로(Marcus Tullius Cicero)를 대표로 하는 원로원에 맞서 1차 삼두정치를 성립시켰다. 초반에는 세 명의 세력균형이 잘 유지되었으나 기원전 53년 크라수스가 세상을 떠난 이후에는 이집트를 세력 기반으로 하는 폼페이우스와 갈리아 원정을 끝낸 카이사르의 양자대결구도로 전환되었다.

카이사르가 갈리아 정복을 완수한 후 그의 세력이 커지는 것을 염려한 폼페이우스는 카이사르를 제거하려는 계획을 세우게 된다. 이 계획을 알게 된 카이사르는 자신의 군대를 데리고 기원전 49년 루비콘(Rubicon) 강을 건너 로마로 진격했고 곳곳에서 폼페이우스의 군대를 격파했다. 기원전 45년 개선한 카이사르는 로마의 단독 지배자가 되었다. 그는 종신 집정관으로서 로마의 모든 종교적, 군사적, 행정적 권한을 독점했다. 카이사르의 행보가 공화정의 전통을 유지하려는 이들의 반대에 부딪쳤던 것은 당연하다. 카이사르는 기원전 44년 원로원 회의에서 브루투스와 카시우스가 주동이 된 공화주의자들에게 암살되었다.

아우구스투스

그러나 카이사르의 죽음이 공화정의 부활을 의미하는 것은 아니었다. 카이사르 사후 그의 양자였던 옥타비아누스(Gaius Julius Caesar Octavianus)와 안토니우스(Marcus Antonius) 그리고 레피두스(Marcus Aemilius Lepidus)를 중심으로 하는 2차 삼두정치가 성립되었다. 안토니우스의 세력 기반은 소아시아와 이집트였다. 옥타비아누스는 안토니우스가 클레오파트라와 가까이 지낸다는 깃을 구실로 그를 로마의 반역자로 규정하고 기원전 32년 클레오파트라에게 선전포고를 했고 이로 인해 다시 내전이 시작되었다. 최종적인 승자는 옥타비아누스였다. 결국 기원전 31년 악티움 해전에서 아그리파가 이끄는 옥타비아누스의 군대가 안토니우스와 클레오파트라의 연합함대를 패퇴시켰고 옥타비아누스와 클레오파트라는 자살을 선택했다.

옥타비아누스는 이렇게 일인지배자가 되어 로마로 귀환했다. 그는 자신의 양아버지였던 카이사르를 능가하는 정치적 감각을 지닌 인물이었다. 카이사르의 운명에 대해 잘 알고 있었던 그는 기원전 27년 자신의 권력 일체를 로마의 원로원과 시민들에게 내려놓았다. 그러나 이번에는 오히려 원로원이 그에게 최고 권력자를 의미하는 임페라토르(Imperator) 그리고 존엄한 인물을 의미하는 아우구스투스(Augustus)라는 호칭과 함께 공화정의 권한 일체를 양도하였다. 옥타비아누스는 자신이 황제가 아닌 로마의 "제 1시민"이라고 자처했지만 바로 이 시점부터 공화정 체제가 종말을 고했다는 사실을 부정할 수는 없다. 사실상의 제정이 시작된 것이다.

팍스 로마나와 제국의 혼란

팍스 로마나(Pax Romana)는 "로마의 평화"라는 뜻이다. 로마는 끊임없는 정복전쟁을 통해 성장한 제국이었다. 건국 이후 단 한 순간도 전쟁이 그친 적이 없었다. 주변의 각 부족들을 차례로 정복하고 이탈리아 반도를 통일한 이후 지중해 세계로 진출하여 북아프리카의 카르타고 및 그리스와 소아시아를 정복했고 지중해 세계를 제패했다. 더 이상 정복할 곳이 없어지자 군인 정치가 마리우스와 술라의 대립 그리고 두 차례에 걸친 삼두정치 등 내전이 이어졌다. 그러나 제정 초기, 즉 1세기와 2세기 로마는 전쟁을 그치고 전례 없는 태평성대를 누리게 되는데 이 시기를 가리켜 팍스 로마나라고 부른다.

물론 제정 초기의 황제들이 모두 유능했던 것도 그리고 모두 성군이었던 것도 아니다. 3대 황제 칼리굴라(Caligula)나 5대 황제 네로(Nero)는 광기와 폭정으로 널리 알려져 있다. 그러나 9대 황제 베스파시아누스(Vespasianus)는 혼란을 잘 수습하여 제국을 안정시켰고, 96년 제위에 오른 12대 황제 네르바(Nerva)에서부터 180년 16대 황제 마르쿠스 아우렐리우스(Marcus Aurelius)가 세상을 떠나기까지 이른바 5현제 시대가 이어졌다. 이 시기 로마는 전례 없는 번영을 누렸으며 영토는 최대로 확장되었다. 전쟁이 그치고 평화와 안정

콤모두스

이 찾아오며 제국의 여러 도시들이 정비되었고 각 도시들을 연결하는 도로망도 확장되었다. 또한 상업이 크게 번창하여 중국, 인도에까지 이르는 폭넓은 통상활동이 이루어졌다. 예술과 문학의 영역에서도 마찬가지였다. 베르길리우스(Vergilius), 호라티우스(Horatius), 리비우스(Livius) 등 로마를 대표하는 문인들이 라틴문학의 황금기를 이끌었다.

로마 제국의 쇠퇴는 5현제 시대의 마지막 황제인 마르쿠스 아우렐리우스가 세상을 떠나면서부터 시작되었다. 본래 로마는 황위계승과 관련하여 양자상속제를 택하고 있었다. 로마에서 황제의 혈통이 끊어지는 것은 빈번한 일이었고 또 혈통을 따른다고 해서 유능한 군주가 나오리라는 법도 없었다. 그러나 불행히도 마르쿠스 아우렐리우스는 이 전통을 무시하고 자신의 친자인 콤모두스(Commodus)에게 황제의 자리를 물려주는 실수를 범하고 말았다. 『명상록』의 저자로도 잘 알려진 철인(哲人)황제이자 선정을 베푼 현제(賢帝)였던 마르쿠스 아우렐리우스와 달리 콤모두스는 공포정치로 일관했던 희대의 폭군이었다.

콤모두스의 뒤를 이어 황제의 자리에 오른 것은 북아프리카 출신의 셉티미우스 세베루스(Septimius Severus)였다. 그는 시칠리아와 판노니아의 총독을 지냈던 군인 출신으로 행정 경험이 없는 인물이었고 군대를 이용해 자신의 통치를 강화했다. 그 결과 285년 디오클레티아누스(Diocletianus) 황제의 즉위 이전까지 군인들이 황제의 선출을 좌지우지하는 군인황제 시대가 시작되었

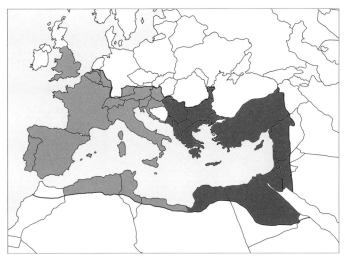

서로마와 동로마

다. 군인 출신의 황제들이 제위 계승을 놓고 치열한 다툼을 벌임에 따라 암살이 빈번하게 일어났는데, 특히 막시미누스 트락스(Maximinus Thrax) 황제가 제위에 오른 235년부터 세베루스 알렉산데르(Severus Alexander)가 세상을 떠나는 284년까지 황제들의 평균 재위기간이 2년에 채 못 미치는 혼란이 지속되었다. 이러한 정치적 혼란 속에서 로마는 급속도로 쇠퇴해갔다. 상업은 쇠퇴했고 농토는 버려졌으며 곳곳에서 전염병이 창궐했다. 군대가 내부의 권력 다툼에 동원되다보니 국방도 허술해졌다.

군인황제의 시대가 끝나고 285년 제위에 오른 디오클레티아누스 (Diocletianus)는 이러한 혼란과 쇠퇴를 막기 위한 극약처방을 내리게 되는데 그것은 제국을 둘로 분할하는 것이었다. 이는 지방 각지에서 사병을 거느리고 있는 군부를 달래기 위한 조치이기도 했다. 그는 제국을 동과 서로 구분한 후 막시미아누스(Maximianus)에게 서방을 맡기고 자신은 동방의 황제가 되었다. 그리고 그 밑에 각각 부제(副帝)를 하나씩 두어 황제의 자리를 계승하도록 했다. 이리하여 사실상 4명의 황제가 난립하는 상황이 초래되었으므로 이를 테트라르키아(tetrarchia), 즉 4두 정치라고 부르기도 한다. 그러나 디오클레티아누스의 조치는 근본적인 해결책이 되지 못했다. 그의 사후 다시 권력 투쟁이 발생했고 결국 324년 콘스탄티누스(Constantinus) 대제가 경쟁자들을 제압하고 로마의 단독 황제가 되었다. 로마를 재통합한 콘스탄티누스는 오늘날 이스탄불(Istanbul)에 해당하는 비잔티움(Byzantium)으로 천도 후 이곳을 "새로운 로마"(Nova Roma)로 명명했다. 그리고 이 새로운 수도는 훗날 콘스탄티누스의 이름을 따 콘스탄티노플(Constantinople)로 불리게 된다. 콘스탄티노플 천도로 인해 제국의 권력과 문화의 중심은 급격하게 동방으로 이동하게 된다.

13 그리스도교의 확산

그리스도교는 기원전 4년경 나자렛(Nazareth)에서 목수의 아들로 태어난 예수로부터 시작되었다. 30년에서 33년까지 그는 열두 사도들과 함께 유데아(Judea)와 갈릴레(Galilee) 지방을 여행하며 설교하였다. 현실 정치에 관심을 두지 않고 영적인 구원의 문제에만 치중했던 예수의 행보는 강대한 독립국가의 건설을 염원하던 유대인들을 크게 실망하게 만들었다. 게다가 보수적 율법학자들의 형식주의와 사치에 대한 예수의 비판 역시 그들의 분노를 사기에 충분했다. 이리하여 예수는 로마 총독 본시오 빌라도(Pontius Pilate)의 승인 하에 십자가형에 처해지게 된다. 그리고 성서에 따르면 3일 후 예수가 부활하여 승천하는 기적이 일어났다. 예수가 세상을 떠난 후 그의 제자들은 그의 사상을 로마 제국 각 지역에 널리 전파하기 시작했다. 이와 관련하여 특히 주목할 만한 인물은 사도 바오로였다. 그는 엄격한 유대교 율법학자 출신으로서 초기 그리스도교 공동체를 박해하는데 선봉에 섰던 인물이었지만 그리스도교인들을 체포하러 다마스쿠스로 가던 길에 신비체험을 하고 그리스도교로 개종한 이후 열정적인 전도에 나서게 된다.

바오로는 그리스도교의 교리를 체계화시키는 한편 동지중해 연안의 도시

콘스탄티누스

들을 여행하며 전교 활동을 함으로써 팔레스타인의 지역 종교였던 그리스도교가 세계적인 보편종교로 자리를 잡는 데 결정적인 공헌을 했다.

　사도들이 전교 활동에 나섰던 것은 1세기 무렵이었다. 이때부터 그리스도교는 로마 제국 안에서 꾸준히 세력을 넓혀가기 시작했고 3세기 말경에 교세가 크게 확장되어 제국 곳곳에 그리스도교 공동체가 형성되었다. 그러나 로마 제국 내에서 그리스도교는 탄압과 박해의 대상이었다. 모든 종교가 허용되는 다신교 제국 로마가 그리스도교를 탄압했던 까닭은 무엇이었을까? 그리스도교도들은 로마의 황제숭배를 우상으로 간주하여 거부했던 데다가 병역을 거부하였기 때문이다. 로마는 제국에 대한 충성보다 그리스도교 신앙을 중시하는 이들을 용인할 수 없었다. 그리스도교가 전파되기 시작한 1세기 후반부터 4세기까지 박해는 끊임없이 지속되었으며 디오클레티아누스 황제 대에 절정에 이르렀다.

　이후 콘스탄티누스 황제 대에 전환점이 마련되었다. 311년 콘스탄티누스는 관용령을 내려 그리스도교의 박해를 금지했고, 이듬해인 312년에는 그 자신이 그리스도교로 개종하였다. 그리고 313년의 밀라노 칙령으로 그리스도교를 공인하여 제국의 합법적인 종교로 만들었다. 일설에 따르면 이와 같은 갑작스러운 변화의 원인은 콘스탄티누스의 신비체험이었다. 이 시기 콘스탄티누스는 테트라르키아를 구성하는 다른 인물들과 경쟁을 벌이고 있었는데 콘스탄티누스를 권력투쟁의 최종적인 승자로 만드는데 결정적인 역할을 했던 것이 막센티우스와 벌인 밀비우스 다리 전투였다. 전투가 있기 전

콘스탄티누스는 하늘에서 빛나는 십자가를 보았고 그날 밤 꿈에 구세주가 나타나 낮에 본 것과 동일한 형상이 새겨진 깃발을 만들어 전투에 나가면 승리할 것이라는 계시를 받는다. 결국 콘스탄티누스는 전투에서 승리하여 로마의 단독 황제가 되는 길을 걷게 된다. 그러나 오늘날의 관점에서 이 전설적인 이야기를 역사적 사실로 받아들일 수는 없을 것이다. 그리스도교에 대한 콘스탄티누스의 관용적인 태도는 아마도 이미 로마 곳곳에 확산되어 있던 그리스도교도들을 자신의 지지 세력으로 끌어들임으로써 권력투쟁에서 우위를 점하려는 정치적 계산으로부터 비롯되었다고 보는 것이 타당하다.

어쨌든 313년 이후 그리스도교는 로마의 합법적인 종교로서 다른 여러 종교들과 공존하는 상황이 되었다. 콘스탄티누스 이후의 황제들 또한 그리스도교에 관용적이고 호의적인 태도를 보였다. 그리고 마침내 380년 테오도시우스(Theodosius) 황제가 그리스도교를 로마의 국교, 즉 로마의 유일한 종교로 선포했다. 391년과 392년 테오도시우스 황제의 칙령에는 그리스도교 이외의 다른 종교를 신봉하는 자는 처벌을 받게 된다는 내용이 명시되어 있었다.

그리스도교는 로마를 정복했다. 팔레스타인의 지역 종교로 출발한 그리스도교는 대규모의 박해에도 굴하지 않고 교세를 확장했으며 결국 로마 제국 내의 다른 모든 경쟁종교들을 물리치고 최종적인 승자가 되었다. 오늘날의 많은 역사가들은 그 원인을 그리스도교의 내세관에서 찾고 있다. 그리스도교는 지중해 세계의 다른 모든 종교들과 비교해 내세관이 가장 강한 종교였고 그리스도교가 크게 확산되었던 3세기 로마 제국은 팍스 로마나 이후 전례 없는 혼란기에 놓여 있었다. 간단히 말해 그리스도교는 현실이 혼란스러울 때 내세에 기대게 되는 인간의 보편적인 본성을 자극했던 것이다.

제국의 멸망

콘스탄티누스 사후 로마 제국은 다시 분열되었다. 테오도시우스 황제는 395년 세상을 떠나며 두 아들, 즉 아르카디우스(Arcadius)와 호노리우스(Honorius)에게 각각 동로마와 서로마를 나누어 통치하도록 했고 이후 로마는 다시 통합되지 못했다. 그리고 이미 3세기부터 시작된 쇠퇴와 몰락의 과정은 더욱 급격한 속도로 진행되었다. 476년, 서로마 제국의 몰락은 갑작스럽거나 예측 불가능한 사건이 아니었다. 오랜 기간 동안 서서히 진행되어 온 쇠퇴와 몰락의 과정이 뚜렷한 정치적 현상으로 나타났을 뿐이다.

서로마 제국의 멸망은 이미 오래 전부터 많은 역사학자들이 관심을 가지고 연구해 온 주제였다. 그 가운데 가장 설득력 있는 견해들을 종합해 본다면 다음과 같다. 먼저 가장 직접적인 원인은 게르만족의 침공이었다. 게르만족이 로마의 영토 안으로 들어오기 시작한 것은 기원전 2세기부터였다. 로마는 게르만족을 군사적으로 제압하는 강경책과 게르만족에게 변경의 땅을 내주어 정착하게 하는 타협책을 사용하여 이들을 통제해왔다. 그러나 4세기 말 인구 증가에 따른 농토 부족과 훈족의 압박으로 게르만족들이 대규모로 남하하기 시작했을 때 로마는 이미 국경 방어의 능력을 상실한 상태였다. 5세기 중반까지 게르만족은 서로마의 영토를 유린했고 476년 게르만족 출신의 용병대장 오도아케르(Odoacer)가 라벤나(Ravenna)에서 로마 제국의 마지막 황제 로물루스 아우구스툴루스(Romulus Augustulus)를 폐위시키기에 이르렀다.

로마 제국이 국경 방어의 능력을 상실했던 가장 큰 원인은 바로 제위 계승을 둘러싼 다툼 때문이었다. 군인황제의 시대가 오며 로마의 군인들은 국경 방어라는 본분을 망각

에드워드 기번

한 채 국내의 정치적인 다툼을 위해 동원되기 시작했고 그 결과 군 조직이 약화되어 외적의 침입에 속수무책일 수밖에 없는 상황이 초래되었다.

제국이 지나치게 팽창되었던 것 역시 쇠망의 원인이었다. 팽창을 거듭하던 제국이 어느 시점 이후 몰락하게 되는 것은 고대에는 일반적인 현상이었다. 오늘날과 같이 교통, 통신 수단이 발달하지 않았던 시대에 영토의 지나친 팽창은 통치의 비효율성과 직결되는 문제였다. 로마의 황제가 동방의 속주에 명령을 하달하는데 적어도 한 달 이상의 시간이 소요되었음을 염두에 둘 필요가 있다.

그리스도교가 로마제국 멸망의 원인이 되었다는 학설도 있다. 그리스도교와 함께 확산된 내세를 중시하는 태도와 현세에 대한 부정적인 태도가 로마 제국 쇠망의 심리적 요인 가운데 하나이며 사랑의 교리가 로마 제국의 전통적인 상부정신을 해침으로써 군사력의 악화를 초래했다는 것이다. 이 학설은 무엇보다 18세기 영국의 역사가 에드워드 기번(Edward Gibbon)이 자신의 기념비적인 저작 『로마제국 쇠망사』(The History of the Decline and Fall of the Roman Empire)에서 제시했던 학설로 널리 알려져 있다.

그 밖에 포에니 전쟁 이후부터 시작된 도덕적 해이와 사치 그리고 풍속의

타키투스

타락을 로마 멸망의 원인으로 지목하는 학자들도 있다. 18세기의 계몽주의자 몽테스키외(Montesquieu)가 1734년 출판한 『로마의 성공, 로마 제국의 실패』(Considérations sue les causes de la grandeur des Romains et de leur décadence)에 따르면 로마의 번영은 로마 시민들의 재산을 증대시켰고 그들을 사치와 타락으로 이끌었다. 이와 관련하여 몽테스키외는 "개인이 생활하는데 필요한 수준을 넘는 재산을 가지면 훌륭한 시민이 되기 어렵다"고 단언했다. 사실 카토와 호라티우스 등 동시대의 여러 문인들 역시 로마인들의 도덕적 타락에 대해 비판했던 바 있는데 이와 관련하여 주목해야 할 인물은 타키투스(Tacitus)이다. 타키투스는 제정 초기에 활동했던 역사가로 자신의 대표적인 저작 『게르마니아』(Germania)에서 게르만족의 관습과 문화를 이상화시켜 서술하고 있는데 그 뒤에는 로마의 타락한 풍속을 비판하려는 의도가 자리하고 있다. 공화정 예찬론자였던 타키투스는 제정 초기 로마의 타락을 게르만 부족들의 순수함과 대비시키고자 했던 것이다. 19세기에 이르러 이 저작이 우생학을 정당화하는 근거로 활용되었던 것 역시 바로 이 때문이었다.

제3장
이민족의 침입과
중세의 개막

ITALY

동고트 왕국

　서로마 제국을 멸망으로 이끈 오도아케르는 이탈리아 반도의 주인이 되었지만 그곳에 자신의 왕국을 건설하려는 시도는 하지 않았다. 그는 원로원을 통해 당시 비잔틴 제국의 황제였던 제논(Zeno)에게 사절을 보내 비잔틴 황제의 이름 아래 자신이 직접 이탈리아 반도를 통치하겠다는 제안을 했고 비잔틴 제국의 총독으로서 이탈리아 반도 전체와 시칠리아 그리고 달마치아 지역을 통치했다.

　오도아케르를 물리치고 이탈리아 반도에 최초의 독립 왕국을 건설한 게르만 부족은 동고트족이었다. 동고트족은 스칸디나비아 반도에서 기원하여 1세기 경 오늘날 폴란드의 영토에 해당하는 비스와(Wisla)강 유역에 정착한 고트족의 일파였다. 3세기 경 고트족은 동고트족과 서고트족으로 나뉘게 되는데 오늘날 루마니아의 영토에 해당하는 다키아 속주로 이동했던 서고트족과 달리 동고트족은 흑해 북서쪽 해안에 자리를 잡는다. 그로부터 여러 차례 남하하여 여러 차례 이미 쇠약해진 제국의 영토를 침입하던 동고트족은 4세기 후반 전성기를 맞이했다. 당시 동고트족의 왕은 에르마나리쿠스(Ermanaricus)였으며 그가 다스리던 동고트 제국의 영토는 북쪽으로는 발트

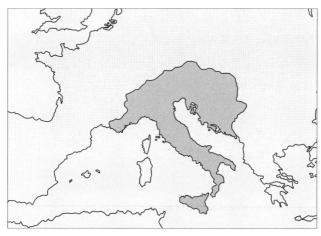

해, 남쪽으로는 흑해, 동쪽으로는 우랄 산맥에 이르렀다.

동고트 제국의 운명은 370년 경 아틸라가 이끄는 훈족의 서진과 함께 전환점을 맞게 되었다. 동고트 제국의 전성기를 이끌었던 에르마나리쿠스 왕은 훈족과의 싸움에서 전사했고 동고트족은 5세기 중반까지 훈족의 지배를 받게 된다. 훈족의 지배는 아틸라의 죽음과 함께 붕괴되었다. 454년 네다오(Nedao) 전투에서 훈족의 군대를 격파한 이후 동고트족은 비잔틴 제국과의 타협을 통해 판노니아 속주에 정착하게 된다.

이 무렵 비잔틴 제국과 이탈리아 반도를 통치하던 오도아케르와의 관계는 악화일로를 걷고 있었던 반면 동고트족은 비잔틴 제국의 황제과 우호적인 관계를 유지하기 위해 노력했다. 이에 따라 비잔틴 황제 제논은 동고트족을 이용하여 이탈리아 반도에서 오도아케르의 세력을 몰아내려는 계획을 세우게 된다. 이리하여 488년 당시 동고트족의 왕이었던 테오도리쿠스(Teodoricus)는 제논으로부터 군권을 위임받아 이탈리아 반도를 침공하기에 이른다. 이탈리아 반도 안에서 테오도리쿠스가 이끄는 동고트족의 군대는 오도아케르의 군대에게 계속적인 승리를 거두었다. 테오도리쿠스는 489년 이손조(Isonzo) 전투와 밀라노(Milano) 전투 그리고 489년 아다(Adda) 전투에서 승리한 끝에 마침내 493년 오도아케르가 수도로 삼았던 라벤나(Ravenna)를 정복했다.

테오도리쿠스의 공식적인 지위는 오도아케르와 마찬가지로 비잔틴 제국의 총독이었다. 그러나 실질적으로 비잔틴 황제의 정치적 간섭으로부터는 독립되어 있었고 둘 사이의 교섭도 동등하게 진행되었다. 테오도리쿠스의 지배 하에서 고트족과 로마의 시민은 법적으로 다른 대우를 받았다. 고트족은 전통적인 게르만 부족의 관습법에 따라 그리고 로마 시민은 로마법에 따라 통치되었다. 또한 로마에서는 형식적으로 집정관이 선출되었고 과거 로마의 행정기관들이 여전히 기능하고 있었다. 즉 게르만의 전통과 로마의 전통은 분리되어 있었고 테오도리쿠스는 동고트족의 왕일 뿐이었다.

테오도리쿠스 사후 왕위 계승을 둘러싼 다툼이 빈번하게 벌어졌고 동고트 왕국은 쇠망의 길로 접어들었다. 동고트 왕국의 정치적 혼란을 과거 서로마의 영토를 수복할 수 있는 기회라고 생각했던 비잔틴 제국의 유스티니아누스 황제는 535년 벨리사리우스(Belisarius)에게 동고트 왕국을 공격하라는 명령을 내렸다. 벨리사리우스는 시칠리아로부터 북진하여 540년 동고트 왕국의 수도 라벤나를 손에 넣었다. 그러나 이 시기 비잔틴 제국은 동방에서 사산조 페르시아에 의해 공격을 받고 있었고 벨리사리우스는 이들과의 전쟁에 투입되었다. 벨리사리우스의 군대가 물러나자 동고트족은 포(Po)강 이북에서 전열을 재정비하였고 토틸라 왕의 지휘 아래 비잔틴 제국에게 빼앗긴 영토의 대부분을 수복했다. 548년 유스티니아누스 대제는 벨리사리우스의 뒤를 이어 나르세스 장군을 동고트족과의 전쟁에 투입했고 552년 마침내 나르세스는 아펜니노 산맥에 은거하던 토틸라를 토벌하는데 성공한다. 이리하여 이탈리아 반도에 최초로 건설된 게르만 왕국은 역사 속으로 사라졌다.

비잔티움 제국

476년 서로마 제국은 멸망했지만 동로마 제국은 오스만 투르크에 의해 콘스탄티노플이 함락되는 1453년까지 존속했다. 동로마는 본래 그리스 문화의 영향이 강한 지역이었다. 특히 6세기 이후 그리스 고전 문화와의 혼합을 통해 로마 제국의 문화와는 뚜렷하게 구분되는 독자적인 문화를 형성해 나가기 시작했다. 시간이 지나며 동로마 제국의 지배 계층은 점차 그리스 민족과 혼합되었고 그리스 출신 황제들이 라틴 출신 황제들을 대신해 제위를 차지했다. 그리고 라틴어 대신 그리스어를 공용어로 사용하게 되었다. 이런 이유로 동로마 제국은 당대에 "그리스인들의 제국"을 의미하는 임페리움 그라이코룸(Imperium Graecorum)이라 불리기도 했다. 한편 오늘날에는 1557년 기념비적인 저작 『비잔티움 역사집』(Corpus Historiæ Byzantinæ)을 출판한 독일의 역사학자 히에로니무스 볼프(Hieronymus Wolf)의 선도를 따라 비잔티움 제국이라는 명칭으로 불리는 것이 일반적이다. 비잔티움 제국의 시작을 언제로 보아야 하는지에 대해서는 오늘날까지도 역사가들의 견해가 엇갈리고 있는데, 로마 제국의 수도를 콘스탄티노플로 천도했던 콘스탄티누스 대제를 비잔티움 제국의 초대 황제로 보는 것이 다수의 학설이다. 즉 고대 그리스 도

유스티니아누스 대제 시기 비잔틴 제국의 세력도

시였던 비잔티움을 확장한 콘스탄티노플이 로마 제국의 새로운 수도로 완
공되었던 330년이 기점이 된다는 것이다. 그러나 그 이전 디오클레티아누스
황제에 의해 제국이 둘로 분할되었던 293년을 기점으로 보는 견해도 있으며
소수 견해이긴 하지만 테오도시우스 황제 사후 제국이 동서로 나뉜 시점으
로 보는 견해도 존재한다.

어쨌든 비잔티움 제국의 황금기는 8세기 초부터 11세기 중반에 이르는 시
기였다. 비잔티움 제국은 경제적, 군사적, 문화적인 면에서 유럽을 선도하
는 제국으로 발전했고 이러한 발전의 초석을 놓은 것은 527년부터 40년 동
안 제국을 통치한 유스티니아누스(Iustinianus) 대제였다. 유스티니아누스는
482년 오늘날 마케도니아에 해당되는 다르다니아 타우레시움에서 태어났
다. 그의 어머니는 황실의 경비대장이었던 유스티누스(Iustinus)의 조카였고
유스티누스는 그를 양자로 삼았다. 518년 유스티누스는 아나스타시우스 1세
의 뒤를 이어 비잔티움 제국의 황제가 되었는데 자신이 노쇠하자 조카를 공
동 황제로 임명하여 통치를 돕게 했다. 그리고 527년 삼촌이 세상을 떠난 후
유스티니아누스는 비잔티움 제국의 단독 황제가 되었다. 유스티니아누스의
성공적인 통치는 황후였던 테오도라의 조력에 힘입은 바가 크다. 평민 출신

으로 현명하고 결단력 있는 여성이었던 테오도라는 황후가 된 후 유스티니아누스를 보좌하여 제국의 정치에 깊이 관여하였다. 특히 532년 콘스탄티노플에서 니케의 민중반란이 일어났을 때 테오도라 황후가 수도를 버리고 달아나려던 유스티니아누스를 막고 휘하의 장군들을 불러 반란을 진압하였다는 일화가 널리 알려져 있다.

유스티니아누스의 가장 큰 업적 가운데 하나로 영토의 확장을 들 수 있다. 니케의 민중 반란 이후 유스티니아누스는 황제의 전제적 권력을 강화하려는 목적으로 행정제도의 대부분을 중앙정부의 직접적인 관할 하에 두는 개혁을 단행했고, 행정 개혁의 완료와 함께 지중해 세계의 재통일을 목직으로 하는 서방정책을 추진했다. 그는 벨리사리우스나 나르세스와 같은 우수한 장군들을 등용하여 과거 로마 영토의 수복에 나섰다. 유스티니아누스의 첫 번째 목표는 북아프리카의 반달 왕국이었다. 벨리사리우스가 이끄는 비잔티움 제국의 군대가 533년부터 반달 왕국을 공격하기 시작했고 반달 왕국의 왕 게리메르를 사로잡는 성과를 올렸다. 북아프리카를 장악한 유스티니아누스는 테오도리쿠스 사후 동고트 왕국이 정치적으로 혼란한 틈을 타서 이탈리아 반도로 눈을 돌렸다. 유스티니아누스의 명을 받은 벨리사리우스는 시칠리아를 경유하는 해로와 달마티아를 경유하는 육로를 통해 동고트 왕국에 대한 공격을 시작했다. 결국 벨리사리우스는 시칠리아, 나폴리, 로마를 점령하고 계속 북진하여 540년 동고트 왕국의 수도였던 라벤나를 점령하는데 성공했다. 이후 벨리사리우스는 사산조 페르시아와의 전쟁에 투입되었고 토틸라를 새로운 왕으로 옹립하여 저항을 계속하던 동고트족은 비잔티움에서 새로이 파견된 나르세스 장군에 의해 완전히 제압당했다. 유스티니아누스는 동고트족과의 전쟁이 완전히 마무리되기 직전 서고트 왕국이 건설되어 있던 이베리아 반도로의 진출을 시도하였고 결국 이베리아 반도 남부에 거점을 마련했다.

유스티니아누스의 서방 정책은 절반의 성공으로 끝났다. 비잔티움 제국은 과거 로마 제국의 영토 절반 이상을 수복하는 성과를 올렸지만 제국의 동부에서 사산조 페르시아와의 충돌이 발생함으로써 군사력을 동부 전선에 집중시켜야만 했고 이에 따라 서방 정책은 중단되고 말았다. 유스티니아누스 사후 비잔티움 제국은 그동안 확보했던 서방의 영토를 서서히 잃고 다시 예전의 세력 범위로 되돌아갔다. 특히 6세기 후반 이탈리아 반도를 침입해 들어온 랑고바르드족과의 각축전에서 패퇴함으로써 비잔틴 제국은 이탈리아 반도에서의 영향력을 대부분 상실하게 되었다.

랑고바르드족

8세기의 수도사 파울루스 디아코누스(Paulus Diaconus)는 『히스토리아 랑고바르도룸』(Historia Langobardorum)에서 랑고바르드족의 기원과 관련된 전설적인 이야기를 소개하고 있는데 이는 7세기에 편집된 익명의 저작 『오리고 겐티스 랑고바르도룸』(Origo Gentis Langobardorum)을 참고한 것이다. 이에 따르면 랑고바르드족은 본래 스칸디나비아 반도 남부에 거주하던 윈닐리(Winnili)족으로부터 기원한다. 그에 따르면 윈닐리족의 일파가 엘베(Elbe)강 동쪽 유역으로 남하하였고 이곳에 먼저 정착하여 살고 있는 반달족과 전쟁을 벌이게 되었다. 이때 윈닐리족의 여인들은 오딘(Odin) 신의 아내 프레야(Freyja) 여신의 명에 따라 머리카락을 앞으로 묶어 수염처럼 보이도록 한 채로 행군에 동참했는데, 이를 본 오딘 신이 프레야 여신에게 저 "랑고바르드들"(긴 수염을 가진 자들)은 누구인지 물었고 그 뒤로 윈닐리족은 랑고바르드족이라고 불렸다는 것이다.

물론 『오리고 겐티스 랑고바르도룸』을 통해 전해지는 이야기는 문자 그대로 받아들일 수 없는 전설적인 이야기이지만 그리스의 지리학자 스트라본(Strabon)과 로마 역사가 타키투스(Tacitus)의 진술로 미루어볼 때 1세기 초 랑고바르드족이 엘베 강 유역에 거주했던 것만은 분명한 역사적 사실로 보인다. 스트라본은 랑고바르드족을 엘베 강에 거주하던 수에비족의 일파로 이해하고 있었다.

랑고바르드족이 처음 로마의 영토로 침입해 들어온 것은 2세기 후반의 일이었다. 랑고바르드족은 게르만족 연합군이 게르마니아 정벌에 나선 로마군을 패퇴시켰던 서기 9년의 토이토부르크(Teutoburg) 전투에 가담하지 않았다. 이후 2세기 후반 마르코만니(Marcomanni)족이 이탈리아를 침공했을 때 랑고바르드족은 로마의 판노니아 속주를 공격하지만 로마군에 의해 대패하고 물러나게 된다. 마르코만니 전쟁 이후부터 4세기까지 랑고바르드족의 역사는 알려져 있지 않다. 알 수 있는 것은 그들이 2세기 중반 엘베 강에서 라인 강유역으로 영역을 확장하였고 4세기 말 그들의 본거지를 떠나 도나우 강 유역으로 이주했다는 것뿐이다.

도나우 강 유역에 정착한 랑고바르드 족은 546년 아우도인(Audoin)이 왕위에 오른 후 강대한 세력으로 성장하게 된다. 아우도인은 유스티니아누스 대제 치하의 비잔티움 제국과 우호적인 관계를 수립했다. 551년 초 나르세스가 이끄는 비잔티움 제국의 군대와 연합하여 동고트족 토벌에 나서기도 했는데 이로 인해 랑고바르드족은 판노니아와 그 이북 지역에서 막강한 영향력을 행사할 수 있었다.

그러나 아우도인의 아들 알보인(Alboin) 대에 이르러 랑고바르드족과 비잔티움 제국의 관계는 이탈리아 반도의 지배권을 놓고 각축전을 벌이는 적대적 관계로 전환되었다. 알보인 왕은 위대한 정복자였다. 샤를마뉴 치하에서 프랑크 왕국이 전성기를 구가하는 8세기까지도 여러 게르만 민족들이 알보인의 무훈과 용맹을 예찬하는 운문을 지어 불렀을 정도였다. 알보인은 왕위에 오르자마자 이웃한 게피다이(Gepidae)족과의 전쟁을 시작했다. 게피다이족은 스칸디나비아 반도에서 기원하는 게르만족의 일파로 454년 판노니아에서 멸망한 훈 왕국의 상속자가 되는 아틸라의 아들을 패퇴시켰던 호전적인 부족이었다. 알보인은 전쟁 초기의 열세를 극복하고 결국 아바르(Avari)족과의 협공을 통해 게피다이족의 왕국을 멸망시켰다.

알보인은 이탈리아 반도로 눈을 돌렸다. 당시 이탈리아 반도에는 비잔티움 제국의 장군 나르세스가 동고트 왕국을 멸망시킨 이후로 정치적, 사회적 혼란이 계속되고 있었다. 동고트 왕국의 군대와 비잔티움 제국의 군대가 일진일퇴의 공방전을 벌이는 동안 농토가 황폐화되었고 전염병까지 돌아 인구가 급감한데다가 동방에서 사산조 페르시아와의 전쟁에 집중하던 비잔티움 제국은 이탈리아 반도를 돌볼 겨를이 없었다. 이러한 권력의 공백을 틈타 알보인은 568년 비잔티움 제국 치하의 이탈리아 침공을 단행했고 별다른 어려움 없이 이탈리아 북부를 정복할 수 있었다. 그리고 마침내 572년 파비아(Pavia)를 수도로 하여 랑고바르드 왕국을 건설했다. 랑고바르드 왕국의 영토는 이탈리아 반도 중북부의 여러 지역을 포함하고 있었으며 남부에는 랑고바르드족에 의해 스폴레토 공국(Ducato di Spoleto), 베네벤토 공국(Ducato di Benevento), 살레르노 공국(Principato di Salerno)이 건설되었다.

알보인은 랑고바르드 왕국의 왕으로 즉위하자마자 왕비 로자문트의 손에 세상을 떠나고 말았다. 로자문트는 알보인이 멸망시켰던 게피다이족의 왕 쿠니문트의 딸이었다. 일설에 따르면 알보인은 쿠니문트의 두개골에 술을 따라 마신 후 왕비 로자문트에게도 그 술을 강권했다고 전하는데 로자문트가 이에 대한 복수를 단행했던 것이다. 알보인 사후의 정치적 혼란을 잘 수습한 랑고바르드 왕국은 8세기 전반 리우트프란트(Liutprand) 왕대에 이르러 영토를 최대범위까지 확장하며 존속했지만 결국 773년 프랑크 왕국의 샤를마뉴에 의해 수도 파비아가 함락되며 운명을 다하게 된다. 그리고 이탈리아 남부에 건설된 여러 공국들은 프랑크 왕국의 영향력 하에 명맥을 유지하다가 11세기 말 노르만 왕국에 병합되었다.

앞서 동고트 왕국과 마찬가지로 랑고바르드 왕국에서도 로마의 법률과 랑고바르드의 법률이 공존하고 있었다. 643년 로타리(Rothari) 왕이 랑고바르드 법전을 편찬하여 반포했지만 그 이후로도 랑고바르드인들은 로타리 왕의 법률을 그리고 로마인들은 로마의 법률을 따르는 상황이 지속되었다. 한편 랑고바르드족은 비교적 늦은 시기까지 게르만 부족의 전통적인 다신교 신앙을 유지하였다. 7세기 그레고리우스 교황의 포교 노력으로 인해 많은 랑고바르드족이 가톨릭으로 개종하였지만 완전히 가톨릭으로 전향하게 된 것은 왕국의 멸망 이후 베네벤토 공국만 남게 된 시점이었다. 어쨌든 7세기 가톨릭을 받아들이면서 랑고바르드 왕국 내에 수많은 교회와 수도원들이 건축되기 시작했는데 그 가운데 많은 수가 오늘날 유네스코 문화유산으로 등재되어 있으며 고대에서 중세로의 이행 과정을 상징적으로 보여주는 건축물로 평가받는다.

프랑크 왕국과 교황령 국가의 탄생

서로마 제국의 말기부터 로마의 황제와 교회 사이에는 상부상조의 관계가 구축되어 있었다. 그리스도교가 로마의 국교가 된 이래 황제는 가톨릭교회의 보호자였고 가톨릭교회는 황제의 통치를 사상적으로 뒷받침했다. 이후 476년 서로마 제국은 역사 속으로 사라졌지만 제국의 국교였던 그리스도교는 살아남아 중세 천년 동안 유럽인들의 정신세계를 지배하게 되는데 이는 로마의 교황들이 게르만 부족의 군주들과 제휴 관계를 수립함으로써 가능했던 일이다. 교황이 선택한 제휴의 첫 번째 파트너는 프랑크족이었다.

본래 프랑크족은 라인 강 유역에 거주하던 게르만족의 일파였다. 이들은 5세기 훈족의 압박으로 인한 게르만족 부족의 대규모 이동 당시에 남하하였고 481년 클로비스 1세(Klovis I)가 분할되어 있던 프랑크족을 하나로 통일한 후 프랑크 왕국을 수립하고 메로빙거 왕조를 개창했다. 클로비스 1세는 496년 당시 게르만 부족의 군주들 가운데 유일하게 가톨릭으로 개종한 군주였다. 물론 그리스도교를 받아들인 다른 게르만 부족들이 있었지만 그들은 가톨릭교회에서 이단으로 간주했던 아리우스파의 신도였다. 개종 이후 클로비스 1세는 마치 이교도 정복을 위한 성전(聖戰)을 치르듯 영토를 확장해 나갔다. 507년 아리우스파를 받아들인 서고트족을 격파한 것이 대표적인 성과였다.

그러나 6세기 후반부터 지방 호족들의 세력이 커지며 왕권은 약화되고 프랑크 왕국의 실권은 궁재(Majordomus)의 수중으로 넘어가게 된다. 이리하여 732년 궁재의 자리에 오른 샤를 마르텔(Charles Martel)의 아들 페핀 2세(Pepin Ⅱ)가 752년 메로빙거 왕조의 마지막 왕 힐데리히 3세(Childeric Ⅲ)를 폐위시키고 새로이 카롤루스 왕조를 개창하기에 이른다. 프랑크 왕국은 페핀 2세의 뒤를 이어 왕위에 오른 샤를마뉴(Charlemagne) 대에 이르러 영토를 최대 범위로 확장하고 전성기를 구가했다.

가톨릭 교회와 프랑크 왕국의 제휴 관계는 이미 프랑크 왕국의 성립 시점부터 시작되었다. 아래는 클로비스 1세에게 세례를 준 랭스의 주교 레미기우스가 보낸 편지의 한 구절로 당대의 가톨릭 교회와 프랑크 왕국이 어떤 관계에 있었는지 상징적으로 보여준다.

> 전하[클로비스]께서는 전하의 명성을 위해서 경의를 표할 수 있는 조언자들과 친분이 있도록 하셔야 합니다. 폐하의 몸가짐은 단정해야 하고 정직해야 합니다. 폐하는 당신의 주교들을 존중하시고 언제나 그들의 충고에 의존하셔야 합니다. 만약 폐하께서 그들과 좋은 관계에 있다면 당신의 통치는 더욱 굳건할 수 있을 것입니다.

카롤루스 왕조의 성립 이후 이 관계는 더욱 강화된다. 당시 프랑크 왕국은 이탈리아 반도 북부의 지배권을 놓고 랑고바르드 왕국과 각축전을 벌이고 있었다. 페핀 2세는 자신이 랑고바르드족으로부터 빼앗은 영토를 교황에게 기증했는데 그의 왕위 찬탈을 로마 교황이 지지해준 것에 대한 대가였다. 이때 기증받은 영토가 바로 교황령 국가의 기원이다. 처음 기증을 받았을 당시 교황령 국가의 영토는 로마에서 라벤나에 이르는 지역, 즉 이탈리아 반도의 중부와 북부를 모두 포함하는 지역이었으나 역사의 진행과 함께 여러 부침을 겪은 후 오늘날 바티칸 시국으로 축소되었다.

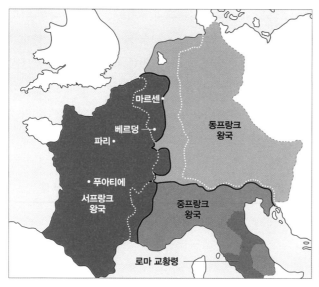

마르센

베르덩 •
파리 •

동프랑크
왕국

• 푸아티에
서프랑크
왕국

중프랑크
왕국

로마 교황령

베르덩 조약(•••)과 메
르센 조약(——) 이후
프랑크 왕국의 영토

　프랑크 왕국의 전성기를 이끈 샤를마뉴 대에 이르러 프랑크 왕국과 가톨
릭교회의 제휴는 절정에 이르게 된다. 우선 718년 샤를마뉴는 교황이 다스
릴 수 있는 영토의 범위를 성문화했는데 이때 토스카나와 롬바르디아에 있
는 여러 도시들과 코르시카 섬이 포함되면서 교황령 국가의 영토가 크게 확
장되었다. 또한 샤를마뉴는 랑고바르드 왕국의 데시데리우스 왕으로부터 침
공을 받은 교황 하드리아누스 1세의 요청으로 랑고바르드 왕국 정벌에 나섰
고 결국 773년 수도였던 파비아를 함락시켰다. 그리고 이후 교황 레오 3세는
800년 크리스마스 미사에 참석하기 위해 로마를 방문한 샤를마뉴에게 황제
의 관을 씌워준 후 "로마인의 황제"라는 칭호를 내렸다. 샤를마뉴를 로마 황
제의 계승자로 인정한 것은 곧 과거의 황제들이 그러했듯 그를 가톨릭교회
의 보호자로 지정한 것과 다름없다. 결국 샤를마뉴의 대관식은 과거 클로비
스 1세의 시기부터 존재해왔던 프랑크 왕국과 가톨릭 교회의 제휴 관계를
상징적으로 보여주는 사건이었다.
　샤를마뉴 이후 프랑크 왕국은 급격하게 쇠퇴하기 시작했다. 샤를마뉴의
손자들은 843년 베르덩(Verdun) 조약을 체결하여 왕국을 셋으로 분할했다.
이후 세 왕국 사이에 내분이 일어났고 동프랑크 왕국과 서프랑크 왕국은

870년 메르센(Mersen) 조약을 체결하여 가운데에 위치한 로타르 왕국의 영토를 나누어 가졌다. 10세기 초에 이르러 프랑크 왕국 카롤루스 왕조의 왕계가 단절되고 동프랑크 왕국에서 작센 왕조가 시작되었다. 작센 왕조의 오토 1세는 951년부터 두 차례에 걸친 이탈리아 원정을 단행하여 로마의 교황을 이탈리아 귀족들의 횡포로부터 구출해냈고 당시 교황이었던 요한 12세는 이에 대한 감사의 표시로 오토 1세에게 로마 황제의 관을 수여한다. 이것이 신성로마제국의 시작이다. 그리고 샤를마뉴 사후 흔들렸던 가톨릭 교회와 프랑크 왕국의 제휴관계가 결국 신성로마제국을 통해 다시 부활한 것이다.

남부의 노르만 왕국

노르만족은 9세기 후반 프랑크 왕국의 영토에 정착한 바이킹들을 의미한다. 8세기부터 잉글랜드와 북해 연안을 마음껏 약탈하던 바이킹들은 샤를마뉴가 세상을 떠난 후 오늘날 프랑스의 센(Seine) 강 하구로 활동무대를 옮기게 된다. 이때 바이킹들의 추장은 롤로(Rollo)였다. 885년과 886년 롤로가 이끄는 바이킹들이 파리 시내를 약탈했을 때 일시적으로 재통일 상태에 있던 프랑크 왕국의 카를 3세(Karl III)는 롤로를 금으로 회유하려 시도했으나 실패로 돌아가고 말았다. 한발 물러나 프랑크 왕국의 북서쪽 해안과 잉글랜드 공격에 나섰던 롤로는 898년 다시 파리로 돌아왔다. 비록 파리 공략은 실패했지만 898년에는 루앙(Rouen)을 점령하였고 그곳을 근거지로 하여 911년에는 샤르트르(Chartres) 지역까지 습격하였다. 사태가 이렇게 되자 당시 서프랑크의 왕이었던 샤를 3세(Charles III)는 왕국 내 주전론자들의 격렬한 반대에도 불구하고 더 이상의 약탈을 하지 않는다는 조건으로 롤로에게 센 강 하구의 땅을 양도하고 그를 초대 노르망디 공작으로 인정하게 된다. 이것이 바로 노르망디 공국의 시작이었다.

롤로의 사후에도 노르만족의 정복활동은 계속되었다. 특히 1035년 노르망디 공작이 된 윌리엄 1세(William I)는 1066년 당시 앵글로 색슨 왕조의 통치 하에 있던 잉글랜드를 정복하고 그곳에 노르만 왕조를 개창하였다. 훗날의 역사가들이 그를 정복왕 윌리엄(William the Conqueror)이라고 부르게 된 것은 바로 이 때문이다. 그러나 노르만족의 정복 사업은 잉글랜드의 정복에 앞서 이미 이탈리아 반도의 남부에서 먼저 진행되고 있었다. 노르만족이 이탈리아 반도 최초로 진출한 것은 살레르노 공국의 랑고바르드족이 사라센 해적들의 침입을 막기 위해 이들을 용병으로 고용했던 999년으로 거슬러 올라간다. 사실 이탈리아 반도 남부의 여러 도시들은 용맹하기로 널리 알려져 있던 노르만족을 용병으로 고용했다. 당시 나폴리 공작 세르지오 4세(Sergio IV)가 노르만 출신의 라이눌포(Rainolfo I Drengot)의 지원에 힘입어 랑고바르드족으로부터 공국을 수복했던 것이 하나의 사례였다. 세르지오 4세는 그 대가로 라이눌포에게 아베르사(Aversa)를 영지로 하사했는데 이 영지가 바로 노르만족이 이탈리아 반도 내에서 획득한 최초의 영토였다. 그러나 그들은 여기에 만족할 수 없었다. 1053년 노르만 정복자 로베르 기스카르(Robert Guiscard)가 이탈리아 반도 남부에 대한 침략을 단행했다. 이에 위협을 느낀 교황은 신성로마제국, 비잔티움 제국 그리고 랑고바르드족으로 반(反) 노르만 연합군을 구성하여 맞섰으나 1053년 치비타테(Civitate) 전투에서 대패하였고 결국 교황은 포로가 되어 베네벤토에 구금되는 굴욕을 겪어야 했다.

결국 로베르는 1057년 장화 모양의 이탈리아 반도에서 뒤축에 해당하는 아풀리아(Apulia)의 백작 작위를 받은데 이어 1059년에는 교황 니콜라오 2세와의 타협을 통해 아풀리아, 시칠리아, 칼라브리아의 공작으로 인정받았다. 이때 교황이 내걸었던 조건은 당시 시칠리아에 들어와 있던 사라센인들을 몰아내달라는 것이었다. 이에 따라 로베르는 1060년까지 아풀리아와 칼라브리아의 비잔티움 세력을 완전히 몰아낸 후 동생 루지에로(Ruggiero)와 함께 시칠리아 공격을 단행했다. 노르만족의 군대는 시칠리아 북동부에 위치한 메시나(Messina)에 손쉽게 입성했다. 그러나 사라센인들의 중요한 거점이었던 시칠리아 북서부의 팔레르모(Palermo)를 점령하기까지는 10년 이상의 시간이 소요되었다. 이 기간 동안 로베르는 다시 이탈리아 반도를 정복하기 위한 원정을 떠났고 시칠리아에서의 전쟁은 동생 루지에로에 의해 수행되었다. 결국 1072년 루지에로는 팔레르모를 점령하고 시칠리아의 사라센인들을 모두 몰아낸 후 백작령을 선포하는데 성공했다. 그리고 1130년 시칠리아 백작이 된 루지에로 2세(Ruggiero Ⅱ)에 의해 시칠리아 왕국이 성립되었다.

한편 이탈리아 반도 남부에서도 노르만족의 세력이 점차 강대해지고 있었다. 팔레르모가 노르만족의 수중에 떨어지기 한 해 전 정복자 로베르 기스카르는 1071년 이탈리아 반도에서 비잔티움 제국의 마지막 거점이었던 바리(Bari)를 정복했고 1076년에는 랑고바르드 왕국의 왕 지술포 2세(Gisulfo Ⅱ)로부터 살레르노를 빼앗음으로써 이탈리아 남부 전역을 손아귀에 넣었다. 로베르 기스카르가 세상을 떠난 후 그가 획득한 이탈리아 반도의 영토들은 그의 후손들에 의해 분할 통치되고 있었는데 이를 통합했던 이가 바로 시칠리아 왕국의 초대 왕이었던 루지에로 2세(Ruggiero Ⅱ)였다. 앞서 이탈리아 남부를 통치하던 기스카르의 후손들이 후사를 남기지 못한 채 세상을 떠남에 따라 상속권이 차례차례 루지에로 2세에게로 넘어오기 시작했다. 이리하여 루지에로 2세는 1122년에는 칼라브리아(Calabria)를, 1127년에는 아풀리아를 손에 넣었고 1128년 교황 호노리우스 2세에 의해 공작의 작위를 인정받음으로써 아풀리아와 칼라브리아 그리고 시칠리아가 하나의 공작령으로 묶이게 되었다. 그리고 교황 호노리우스 2세 사후 교황의 선출을 둘러싸고 벌어진 권력다툼에서 대립 교황 아나클레투스를 지지해주는 대가로 마침내 시칠리아 왕위에 올랐다. 그동안 랑고바르드족과 비잔티움 제국이 치열한 각축전을 벌였던 이탈리아 반도의 남부에 최초의 통일왕조가 들어서게 된 것이다.

이탈리아 반도로 침입해 들어온 노르만족의 대다수는 그리스도교로 개종했지만 노르만족 군주들은 다른 종교에 대하여 대단히 관대한 태도를 보였다. 따라서 1702년 루지에로에 의해 점령당한 팔레르모에는 그리스도교 문화와 이슬람 문화 그리고 비잔티움의 문화가 공존하고 있었다. 이러한 양상은 무엇보다 1184년에 착공된 팔레르모 대성당의 모습을 통해 잘 드러난다. 팔레르모 대성당은 9세기에 건축된 이슬람 사원 위에 건물을 올리는 방식으로 지어졌다. 성당 입구에 위치한 기둥에 쿠란의 구절이 음각되어 있는 것은

바로 이러한 이유 때문이다. 또한 루지에로 2세에 의해 건축된 궁정 예배당 카펠라 팔라티나(Cappella Palatina)의 천장은 아랍의 목조 건축 양식을 따르고 있으며 내부는 비잔티움 양식의 모자이크화로 가득 채워져 있다. 팔레르모 외곽에 위치한 몬레알레 대성당 역시 마찬가지이다. 아랍 양식의 분수와 기둥 그리고 내부를 장식하는 황금빛 모자이크가 공존하고 있다.

사라센 해적

포에니 전쟁이 끝난 후 로마인들은 지중해를 내해, 즉 마레 노스트룸(Mare nostrum)이라고 불렀다. 대서양으로 이어지는 서쪽을 제외한다면 지중해의 사방이 로마의 영토였다. 그러나 서로마의 멸망 후 지중해는 주인 없는 바다가 되었다. 이러한 권력의 공백을 틈타 7세기 무렵부터 아프리카 북부를 근거지로 하는 사라센 해적들이 지중해를 장악하기 시작했다. 사라센은 본래 서로마 제국 말기 시나이 반도에 사는 유목민들을 뜻하는 말이었지만 이슬람교가 창시된 7세기 이후에는 아라비아 반도에서 기원하는 이슬람 교도들을 가리키는 말로 사용되었다. 이슬람교의 창시자는 예언자 무함마드(Muhammad)였다. 어린 시절부터 외진 곳에서 사색과 명상을 즐기곤 했던 메카(Mecca)의 목동 무함마드는 611년 가브리엘 천사를 만나 신의 계시를 받은 이후 유일신 알라(Allah)를 믿는 새로운 종교를 창시했다. 처음에 고향인 메카에서 설교를 시작했지만 박해로 인해 622년 메디나로 근거지를 옮기게 되었고 그곳에 강력한 신정 정치 국가를 수립한 후 주변 지역에 대한 정복에 착수했다. 무함마드와 그를 따르는 이슬람 교도들에게 있어 정복은 곧 포교의 동의어였다. 메디나를 장악한 후 이슬람교는 강력한 군사적 성격을 띤 종교로 변모했고 그들이 정복한 지역에 개종을 강요하였다. 무함마드의 이슬람 제국은 역사상 유례없이 빠른 속도로 영토를 확장해갔다. 그는 630년 메카와의 전쟁에서 승리한 것을 시작으로 632년 아라비아 반도를 통일했고 이후 사산조 페르시아가 비잔티움 제국과의 오랜 전쟁으로 쇠약해진 틈을 타 메소포타미아 지역을 정복한 후 중국 그리고 인도의 접경 지역까지 영토를 확장하였다. 한편 서쪽으로는 이집트를 시작으로 오늘날의 튀니지와 모로코를 거쳐 711년 이베리아 반도까지 진출하였다. 이제 지중해는 이슬람의 내해가 되었다.

사라센인들이 이탈리아 반도에 그들의 왕국을 세웠던 적은 없다. 717년과 718년 콘스탄티노플에서 레오 3세(Leo III)가 이끄는 비잔티움 제국의 군대에게 패배하고 732년 프랑크 왕국의 궁재 샤를 마르텔에 의해 투르-푸아티에 전투에서 패배함으로써 육로를 통한 사라센인들의 유럽 진출은 저지당했다. 그러나 아프리카의 도시에 정착한 사라센인들은 지중해를 건너 끊임없이 이탈리아 반도의 남부를 약탈했다. 한편으로 이들의 해적질은 생존의 수단이기도 했다. 아프리카 북부는 로마 시대부터 농업 생산량이 풍부한 곡창지대였지만 본래 유목민족이었던 사라센인들은 농업에 관심이 없었다. 이들에게 있어 농업보다는 약탈이 훨씬 손쉬웠다. 그리고 다른 한편으로 이슬람교도의 입장에서 약탈과 해적질은 이교도인 그리스도교도들을 상대로 벌이는 성전, 즉 지하드(djihad)의 일환이었다. 이슬람 교리에 따르면 포교 전쟁 중 세상을 떠나는 이들은 천국에서의 보상을 누리게 된다. 사라센의 해적들은 모두 개인적으로 활동하는 피라티(pirati)가 아닌 국가의 공인을 받은 코르사리(corsari)였고 전리품을 싣고 모국으로 돌아가면 영웅 대접을 받았다. 약탈의 대상은 물품만이 아니었다. 사람도 포함되어 있었다. 사라센 해적들은 그리스도교도들을 납치하여 노예로 만들었다. 그들이 타고 다니는 소형 갤리선 푸스타(Fusta)의 노잡이로 쓰거나 노예 시장에 내다 팔아 수익을 올리기도 했다.

초기의 사라센 해적들은 바다를 항해하는 그리스도교 세계의 선박들을 공격하여 전리품을 챙기는데 그쳤지만 해적들의 활동이 널리 알려지며 지중해의 해상 교역이 위축되자 해적들은 해안에 상륙하여 인근의 도시들을 약탈하기 시작했다. 652년 이집트 알렉산드리아에서 출발한 사라센 해적들이 시칠리아 남동부의 시라쿠사를 습격한 것이 시작이었다. 시칠리아에 대한 사라센 해적들의 본격적인 침공이 시작된 것은 827년의 일이었다. 북아프리카의 사라센인들은 반란을 일으켰던 비잔틴 제국의 해군 지휘관 에우페미우스를 지원하여 시칠리아 공략을 시도했다. 비록 사라센인들은 827년과 828년 시라쿠사 공성전에 실패했고 이어 828년과 829년 시칠리아 중앙의 엔나(Enna)와 남부의 아그리젠토(Agrigento) 전투에서도 패배를 거듭했지만 결국 831년 시칠리아 북서부의 팔레르모(Palermo)를 정복하는데 성공했고 이후 팔레르모로부터 서진하여 9세기 후반 마침내 시라쿠사와 몰타(Malta)까지 함락시켰다. 또한 그들은 시칠리아에서 전쟁이 벌어지는 동안 이탈리아 본토로도 진출하여 당시 베네벤토 공국의 영토였던 브린디시(Brindisi)를 함락시킨후 각각 840년과 847년 바리(Bari)와 타란토(Taranto)까지 정복하였다. 그리고 사르데냐(Sardegna)와 코르시카(Corsica)까지 진출했고 그곳을 근거지로 하여 이탈리아 본토를 습격했다.

당시 막대한 부와 재산을 소유하고 있던 수도원들은 사라센 해적들의 주요 약탈 대상 가운데 하나였다. 이로 인해 수도원에 소장되어 있던 많은 소중한 기록들이 소실되는 경우들이 빈번했다. 이와 관련하여 특히 몬테카시노(Montecassino) 수도원의 사례가 널리 알려져 있다. 몬테카시노 수도원은 529년 건립된 이탈리아 남부의 베네틱트회 수도원으로 577년 랑고바르드족의 침입 당시에 파괴되었다가 718년 재건되었지만 883년 다시 사라센인들의 침입을 받게 된다. 당시 수도사들은 인근의 테아노(Teano) 수도원으로 피신하였다. 그러나 896년 테아노에 화재가 발생하면서 수도사들이 챙겨왔던 귀중한 기록들이 불타 없어졌고 그 가운데에는 수도원 소유의 토지인 "성 베네틱투스의 땅"(Terra Sancti Benedicti)의 소유권과 관련된 문서가 포함되어 있었다. 그리고 이는 18세기 말까지 지속되는 몬테카시노 수도원의 봉건적 권리가 갖는 적법성에 대한 논쟁에 불을 붙인 계기가 되었다.

오늘날까지도 시칠리아와 사르데냐 그리고 이탈리아 반도의 해안도시에

남아있는 토레 사라체노(torre sacareno)는 당시 사라센 해적들의 침입이 얼마나 위협적이었는지 잘 보여주는 유적이다. 토레 사라체노는 해안으로 침입해오는 해적선을 미리 발견하기 위해 만든 일종의 감시탑이었다. 사라센 해적들이 극성을 부리기 시작했던 8세기 이후의 비잔티움 제국은 이탈리아 반도 안에서 랑고바르드족과의 오랜 각축전, 동방에서 사산조 페르시아와의 전쟁 그리고 뒤이은 사라센 세력의 발흥으로 쇠약해져 있었다. 비잔티움 제국은 그들이 수복했던 과거 로마 제국 영토의 대다수를 사라센인들에게 빼앗긴데 이어 수도인 콘스탄티노플마저 위협받고 있었다. 당시 비잔티움 제국은 사라센 해적들의 활동을 막을 여력이 없었고 이에 따라 이탈리아 반도의 해안 도시들은 습격에 무방비로 노출되어 있었다. 사라센 해적들의 습격에 대해 그들이 할 수 있는 최선은 미리 발견하고 피하는 것뿐이었다.

제4장
중세 이탈리아의 문화

ITALY

이탈리아의 수도원 운동

수도원은 중세 문화의 모든 영역에서 핵심적인 역할을 수행했다. 무엇보다 당시 거의 유일한 지식인 집단이었던 수도사들은 여러 문헌들에 대한 보존과 필사 그리고 연구에 매진함으로써 중세 학문의 발전에 큰 공헌을 했다. 필사는 수도사들이 일상적으로 행하는 가장 중요한 노동 가운데 하나였으며 수도원에서는 부속학교와 도서관을 운영하였다. 게다가 사회적으로는 중앙 집권화된 권력이 없던 시기의 빈민구휼과 자선사업을 수도원에서 담당했다. 또한 경제적으로는 농업 기술의 발달에도 영향을 미쳐 많은 중세 이탈리아의 영주들이 식량조달을 수도원 농장에 의지했을 정도였다.

사실 경건한 신앙생활을 위해 속세를 떠나 은둔하는 경향은 거의 대부분의 종교에서 나타나는 보편적인 현상이다. 초창기에는 개인적인 수도를 행하다가 시간이 지나며 집단적인 공동체를 형성하게 되는 것 역시 마찬가지이다. 최초의 수도원이 탄생했던 것은 이집트였다. 290년 경 이집트 북부에서 태어나 활동했던 교부 성 파코미우스(Pachomius)는 각 수도사들이 독립된 방에서 생활하지만 한데 모여 노동과 신앙생활을 행하는 수도 방식을 정착시킨 인물로 널리 알려져 있다. 이러한 수도 생활을 제도화 한 "파코미우스 규칙"이 4세기 초 이집트에서 널리 유행했다. "파코미우스 규칙"을 더 체계적으로 발전시킨 것은 329년 카이사레아에서 출생한 성 바실리우스(Basilius)였다. 그는 357년부터 팔레스타인과 이집트, 시리

몬테 카시노 수도원

아, 메소포타미아 등지를 여행하며 금욕과 수도생활을 배운 후 360년 경 그리스에 수도원을 설립했다. 그는 수도원을 하나의 완전한 자급자족 경제단위로 만들었다. 수도사들은 정해진 일과에 따라 신앙생활을 하는 것 이외에도 필사나 저술과 같은 노동을 수행했으며 농사일에도 매진했다. 바실리우스가 확립한 수도 생활의 규칙들은 이후 설립된 많은 수도원에서 하나의 표준으로 채택되었으며 특히 비잔티움 제국의 영토에서 막대한 영향력을 행사했다.

성 파코미우스와 성 바실리우스가 이집트와 동방에서 수도 생활의 기초를 닦았다면 서방에서 이러한 역할을 했던 것은 성 베네딕투스(Benedictus)였다. 그는 480년 로마의 귀족 가문에서 태어났다. 학업을 중단하고 은둔하여 수도 생활을 하던 그는 520년 몬테카시노(Montecassino)에 수도원을 개설했다. 이때 그는 의복과 음식, 기도, 노동, 그리고 수도원의 운영과 관련된 규칙들을 제정했고 중세 대부분의 수도원에서 성 베네딕투스의 규칙을 채택했다. 특히 그는 수도사들의 육체노동을 중시했는데 "게으름은 영성의 적"이라는 말이 이를 잘 대변한다.

어쨌든 6세기 비잔티움 제국의 진출과 함께 동방의 수도회들이 이탈리아 반도에 들어왔고 이에 따라 중세 내내 수많은 교회와 수도원들이 세워졌다. 이탈리아 남부 무르제(Murge) 평원에 위치한 수많은 암석교회들이 이러한 양

마테라의 동굴교회

상을 효과적으로 증언한다. 무르제 평원은 지리적으로 아드리아해, 이오니아해 그리고 티레니아해가 만나는 지점에 위치하고 있으며 지정학적으로 로마 가톨릭과 그리스 정교의 영향력이 동시에 미치는 지역이었다. 6세기 이후부터 랑고바르드족과 비잔틴 제국이 이 지역을 두고 각축

전을 벌이기 시작했는데, 568년부터 랑고바르드족의 지배를 받다가 612년 비잔틴 제국 군대가 랑고바르드족을 추방했고 664년 다시 랑고바르드족에 의해 정복되었다. 이 시기 그리스도교 사회를 특징짓는 가장 중요한 문화적 현상은 수도 생활의 확산이었다. 석회암과 목초 그리고 수많은 협곡과 동굴로 이루어진 독특한 지형은 무르제 평원의 서쪽 지역을 은둔 수도자들의 메카로 만들었다. 6세기부터 비잔틴 제국 군대를 따라 이탈리아 반도 남부로 들어온 성 바실리우스의 추종자들이 마테라가 위치한 무르제(Murge) 고원에 정착하여 금욕수도를 행했고 성 베네딕투스의 추종자들 역시 이곳으로 몰려들었다. 두 수도회의 수도사들은 8세기 무렵부터 오늘날의 마테라(Matera) 시와 몬테스칼리오조(Montescaglioso) 시 사이의 지역에 수많은 교회를 건설했다. 확인된 것만 약 150여 개에 이르는 이 교회의 대부분은 석회암을 파내서 만든 동굴 안에 지어진 것으로 내부는 하나같이 예술적 가치가 대단히 높은 프레스코화들로 장식되어 있다.

초기에 종교적 경건함과 청빈을 추구하던 베네딕투스회의 수도사들은 시간이 지나며 부패와 타락에 물들기 시작했다. 그들은 지방 정권과 결탁하여 수많은 특권을 누렸고 이단과의 투쟁을 구실로 막대한 부와 재산을 소

유했다. 12세기 탁발수도회의 등장은 이러한 교회악에 대한 비판과 개혁의 시도라고 할 수 있다. 이탈리아를 대표하는 탁발수도회는 성 프란체스코(Francesco)가 세운 수도회였다. 아씨시(Assisi)의 부유한 상인 가정에서 태어난 성 프란체스코는 젊은 시절 쾌락에 빠진 생활을 했으나 정신적인 개종을 경험한 이후 그리스도의 삶을 모방해야 한다는 신념을 갖게 되고 1210년 이러한 신념 아래에 프란체스코회를 설립했다. 프란체스코회의 가장 특징적인 주장은 절대적 청빈이었다. 프란체스코회의 수도사들은 때로는 걸식으로 생계를 유지하며 절대 빈곤을 실천했고 빈민구제와 자선사업에 전념했다. 당대의 많은 교황들이 교회의 세속재산 소유를 부정한 프란체스코회를 고운 시선으로 바라볼 수 없었음은 당연한 일이었다. 이러한 견해의 차이로 인해 14세기에 이르러 프란체스코회는 로마 교황과 충돌하게 된다. 1318년 절대적 청빈을 주장하는 프란체스코회의 수도사 네 명이 화형에 처해졌고 1322년에는 교회의 무소유를 주장하는 프란체스코회의 강령 자체가 이단으로 선포되었다.

대학의 탄생

이탈리아 반도에 최초의 대학이 탄생한 것은 12세기 학문의 쇄신과 때를 같이 한다. 이 시기에 가장 특징적인 현상은 아리스토텔레스 철학의 부활이었다. 아우구스티누스로 대표되는 초기의 교부들이 아리스토텔레스 철학에 적대적인 태도를 취함에 따라 중세 초기에는 아리스토텔레스의 저술 대부분이 유럽에 알려지지 않고 있었다. 그러나 지중해 세계에서 이슬람 세계와의 접촉이 증가하며 아리스토텔레스의 철학이 이탈리아 반도를 통해 유럽으로 들어오기 시작했다. 뿐만 아니라 아라비아 본토에서 수학과 유클리데스의 기하학이 유입되었고 유스티니아누스 대제가 편찬한 법전이 발견되면서 로마법에 대한 연구도 활기를 띠어갔다. 수도원과 교회의 부속학교를 통해 이루어지는 전통적인 중세의 교육으로는 이와 같은 학문의 변화와 쇄신을 만족시킬 수 없었기 때문에 대학이라는 새로운 교육 기관이 필요하게 된 것이다.

대학을 의미하는 라틴어 우니베르시타스(universitas)는 본래 학생과 교수들의 인적 결합체로서의 조합을 의미하는 단어였다. 다시 말해 오늘날의 대학처럼 특정 건물이나 캠퍼스를 갖춘 종합대학으로 생겨나지 않았다는 뜻이

중세 볼로냐 대학의 수업 광경

다. 따라서 초기의 대학 수업은 교수의 자택이나 교회의 부속 건물 등 다양한 장소를 옮겨가며 진행되었다. 교수의 지명도에 따라 학생들의 수는 천차만별이었고 이에 따라 때로는 자리가 부족하여 바닥에 앉아 강의를 듣는 경우도 일반적이었다.

대학이 언제부터 시작되었는지 정확한 연대를 특정하기란 어려운 일이지만 오늘날의 많은 학자들은 9세기에서 10세기 사이에 명망이 높았던 이미 이탈리아 반도 남부의 살레르노 의학교(Schola Medica Salernitana)가 최초라는 것에 견해를 같이 하고 있다. 한편 소수의 학자들은 비슷한 시기 파비아(Pavia)에서 이루어졌던 법학 강의를 대학의 시초로 보기도 한다. 어쨌든 12세기 이후 이탈리아와 프랑스 그리고 영국에 수많은 대학들이 창설되기 시작했다. 이탈리아 반도를 놓고 본다면 1088년에 볼로냐 대학교가 창설된 것을 시작으로 1175년에 모데나 대학교, 1204년에 비첸차 대학교, 1222년에 파도바 대학교, 1224년에 나폴리 대학교 그리고 1246년에 피사 대학교와 시에나 대학교가 그 뒤를 이었고, 14세기에 들어서는 1303년에 로마 대학교, 1391년에 페라라 대학교 그리고 1349년에 피렌체 대학교가 창설되었다. 오늘날 일반적으로 볼로냐 대학교를 유럽 최초의 대학이라고 부르지만 정확하게 말하면 볼로냐 대학은 최초로 인허장을 받은 대학이었다. 시간이 지나며 교황이나 주교 그리고 왕이나 자치도시의 의회가 인허장을 발부함으로써 대학은 법적 지위를 부여받게 되는데 볼로냐 대학에 신성로마제국의 황제 붉은 수염 프리드리히 1세가 인허장을 내린 것은 1158년의 일이었다. 이리하여 어쨌든 초기에 학생과 교수의 조합으로 시작된 대학은 교회 혹은 세속군주의 후원을 받는 공식적인 고등교육기관으로 발전해 나가게 된다.

초기 이탈리아 대학에서 학생들의 권한은 막강했다. 볼로냐 대학의 경우 교수와 학생은 친밀하고 정중한 관계였지만 실질적으로 교수들은 학생 조합의 통제 하에 놓여 있었다. 학생들의 사비로 교수의 봉급을 지급했던 까닭에 학생 조합은 교수의 채용과 봉급의 액수 그리고 교과목 등에 대한 협의에서 우위에 설 수 있었다. 심지어 학생들이 지각하는 교수들에게 벌금을 물리는 경우도 있었다. 이러한 상황에서 교수들은 학생 조합의 과도한 요구를 막고 자신들의 권익을 보호하기 위해 교수 조합을 탄생시켰다. 그리고 12세기 이 두 조합이 합쳐져 정식적인 고등교육기관으로 설립되었다.

볼로냐 대학이 중세의 학문과 문화에 미친 영향은 적지 않다. 볼로냐 대학은 무엇보다 법학 연구로 명망이 높았다. 이탈리아 반도에는 로마법의 전통이 그대로 계승되고 있었을 뿐더러 중세 말 자치도시의 출현 법학 연구의 필요성을 자극하였다. 법학 연구는 무엇보다 도시의 자치적인 권리의 보호와 내부의 규율을 위해 유용했다. 이러한 상황에서 이탈리아 반도에서 여러 저명한 법학자들이 활동하게 되는데 볼로냐 대학의 창설에 지대한 영향을 미친 이르네리우스(Imerius) 역시 그들 가운데 하나였다. 법학자로서 이르네리우스의 최대 업적은 노르만인들이 시칠리아에 왕국을 세운 뒤 발견된 유스티니아누스의 법전의 주해를 편찬했던 것이다. 이르미니우스 이후 볼로냐 대학은 저명한 법률 주석가들을 수없이 배출하였으며 이들 가운데 많은 수가 유럽의 다른 대학들에 법학부를 열었다. 또한 13세기 이후 여러 교황들이 볼로냐 대학교에서 교회법을 공부하기도 했다.

제5장
해상 공화국의
발전과
꼬무네의 성립

ITALY

아말피 공국

10세기 이후 이탈리아 반도에는 지중해의 교역활동을 기반으로 하는 해상 공화국들이 성장해나가기 시작했다. 아말피(Amalfi), 피사(Pisa), 제노바(Genova), 베네치아(Venezia)가 대표적이다. 이들은 대규모 함대를 운용하며 사라센 해적들과 지중해의 제해권을 다투었다. 이들은 1087년 교황 빅토르 3세(Victor III)가 주도한 대규모의 사라센 토벌 작전의 주역이었으며 1095년 교황 우르바누스 2세(Urbanus II)의 호소로 시작된 십자군 원정에도 큰 역할을 했다. 아말피를 제외한 다른 해상 공화국들의 전성기는 십자군 원정 이후에 찾아왔는데 십자군 원정으로 인한 지중해 상업 활동의 증가가 해상 공화국들의 활동 무대와 발전의 계기를 제공했기 때문이다.

주요 해상 공화국들 가운데 시기적으로 가장 먼저 성장했던 세력은 아말피였다. 나폴리의 남동쪽 해안에 위치한 항구도시 아말피는 본래 7세기에 비잔틴 제국으로부터 독립해 나온 나폴리 공국(ducato di Napoli)에 속해 있었으나 958년 마스탈로 2세(Mastallo II)가 최초의 아말피 공작으로 선출됨으로써 사실상의 독립국가가 되었다.

아말피 공국은 무엇보다 항해술의 발전과 해상법의 발달에 기여한 것으로 널리 알려져 있다. 먼저 12세기에서 13세기 사이 아말피인들은 중국에서 전래된 나침반을 유럽에서 처음으로 항해에 이용하기 시작했다. 중국의 지남침(指南針)은 오늘날의 나침반과는 대단히 다른 모양이었다. 지판 위에 숟가락이 회전하며 자루 부분이 남쪽을 가리키는 구조였다. 일설에 따르면 중국의 지남침을 개량하여 회전하는 바늘과 유리 덮개를 갖춘 오늘날의 나침반을 만든 것이 아말피 출신의 해군 플라비오 조이아(Flavio Gioia)라고 하지만 명확한 문헌적 근거는 존재하지 않는다. 한편 11세기 아말피인들이 편찬한 아말피 법전(Tabula Amalphitana)은 오늘날 해사법의 기원이 되었다. 총 66개의 조항 가운데 처음 21개 조항은 라틴어로 그리고 나머지 45개 조항은 이탈리아어로 쓰였으며 각 조항은 해상 분쟁, 해적에 대한 대처, 선주의 권리와 의무, 선적 화물의 관리 등 해사법의 핵심적인 내용들이 상세하고도 명확하게 규정되어 있다.

958년 공국이 되면서 자치권을 획득한 아말피인들은 지중해 곳곳을 누비며 상업에 종사했고 11세기 말까지 유럽 최대의 해양세력으로 이름을 떨쳤다. 이들은 서쪽으로는 이베리아 반도 동쪽으로는 콘스탄티노플 그리고 남쪽으로는 이집트와 예수살렘까지 진출했다. 아말피 공국의 함대는 사라센 해적들과의 전투에서 여러 차례 승리를 거두었는데 그 가운데 가장 널리 알려진 것이 바로 오스티아(Ostia) 전투이다. 849년 사라센 해적들이 오스티아 해안을 거쳐 교황 레오 4세가 통치하던 로마를 습격했을 때 아말피의 함대는 바다에서 이들을 저지하는데 큰 공을 세웠다. 아말피 공국은 이탈리아 반도와 북아프리카 그리고 동방을 잇는 삼각무역으로 막대한 상업적 이득을 취했다. 아말피 공국의 주력 사업은 목재 수출과 사치품의 수입이었다. 이들은 자국에서 생산된 목재를 북아프리카에서 금으로 교환한 후 다시 동방으로부터 들어오는 보석과 비단, 상아, 향신료 등을 사들여 이탈리아 반도 북부의 도시들로 수출하였다. 이 시기의 아말피는 베네치아 공화국과 더불어 동방무역을 독점하다시피 하고 있었다. 아말피인들은 타리(tari)라는 화폐를 발행하기도 했는데 이 화폐는 13세기 초까지 전 지중해 세계에 유통되었다.

아말피 공국은 1034년 이후 육상에서 카푸아 공국(Ducato di Capua)과 살레르노 공국(Principato di Salerno)의 공격을 받으며 쇠퇴하기 시작했다. 1039년에는 랑고바르드족의 군주 과이마리오 5세(Guaimario V)가 이끄는 살레르노 공국의 군대에게 도시가 점령당하는 사태가 벌어졌다. 아말피인들은 곧 살레르노 공국의 지배로부터 벗어났지만 이후 이탈리아 남부에서 세력을 확장하는 노르만인들을 막기에는 역부족이었다. 결국 1076년 아말피 공국의 마지막 공작이었던 마리노 세바스테(Marino Sebaste)는 노르만 정복자 로베르 기스카르의 공격 앞에 도시를 포기했고 이로 인해 아말피 공국은 자치권을 상실하게 되었다. 이후로도 아말피인들의 해상 교역활동은 지속되었지만 예전 같지 않았다. 무엇보다 십자군 원정을 계기로 크게 성장한 다른 해상 공화국들과의 경쟁에서 완전히 밀려났다. 결국 1135년과 1137년 당시 전성기를 구가하고 있던 오랜 라이벌 피사 공화국 함대에게 도시가 약탈되면서 영광의 역사에 종지부를 찍게 된다.

피사 공화국

토스카나 서부 해안에 위치한 피사(Pisa)는 로마의 군항으로 발전한 도시였다. 공화정 시기 리구리아(Liguria), 갈리아(Galia) 그리고 카르타고(Carthago)로 향하는 로마의 함대가 피사에서 출항하였다. 서로마가 멸망한 후에도 동고트 왕국, 랑고바르드 왕국 그리고 카롤링거 왕조 치하의 프랑크 왕국이 피사를 티레니아 해로 나가는 중요한 항구로 활용하였다. 이러한 전략적 가치는 피사를 프랑크 왕국의 샤를마뉴가 랑고바르드 왕국을 물리친 후 성립된 토스카나 변경백국(Marca di Tuscia)의 핵심 도시로 만들었다. 제도적으로 토스카나 변경백국의 수도는 루카였지만 900년 신성로마제국의 외교관으로 복무했던 리우트프란드 주교는 피사를 가리켜 "토스카나 주의 수도"로 불렀고 11세기 이후의 문헌에서 토스카나의 후작은 "피사의 후작"으로 기록되었다.

피사가 해상 공화국으로 성장하기 시작한 것은 토스카나 변경백국으로 편입된 9세기부터였다. 지중해로 진출한 사라센 해적들에 대항하기 위해 9세기 초부터 함대를 강화하면서 피사의 부흥이 시작되었다. 피사의 함대는 828년 사라센 해적들의 본거지였던 북아프리카 해안을 공격했고 871년에는 살레르노로 침입하는 해적들을 막아냈다. 이후 11세기 초부터 피사의 지중해 교역 규모가 크게 증가하기 시작했고 이에 따라 피사의 함대는 지중해 교역에 나서는 선단의 안전을 확보할 필요가 있었다. 11세기 내내 피사의 함대는 교황 니콜라오 2세의 요청으로 이탈리아 반도 남부와 시칠리아의 사라센 해적들을 공략 중이던 노르만인들과 동맹을 맺었고 사라센 해적들과 잦은 전투에서 대부분 승리를 거두었다. 피사는 지중해 교역의 라이벌이었던 제노바와도 협력했다. 1016년 피사와 제노바의 연합함대가 사라센 해적들을 크게 패퇴시키면서 티레니아 해의 제해권을 완전히 장악했다. 그리고 1092년 피사는 교황 우르바누스 2세(Urbanus II)로부터 사르데냐에 대한 지배권을 인정받게 된다.

사탑이 위치한 것으로 널리 알려진 피사의 두오모 광장은 바로 피사가 해상 공화국으로서 전성기를 누리던 시기에 조성된 것이다. 피사 공화국은 사라센 해적들로부터 빼앗은 전리품들을 모아 두오모 광장을 조성함으로써 공화국의 위용을 과시하고자 했다. 피사의 함대가 팔레르모에서 사라센 해적들에게 큰 승리를 거둔 것을 기념하여 1063년 이탈리아의 로마네스크 건축을 대표하는 피사 대성당 건축이 시작되었고 이후 두오모 서쪽에는 산 조반니 세례당(Battistero di San Giovanni)이 그리고 동쪽에는 피사의 사탑(Torre pendente)이 더해졌다. 사탑의 대리석 벽면과 두오모의 기둥 아래 부분에 새겨진 명문에는 피사 함대가 치렀던 해전에 대한 내용이 기록되어 있다.

이후 11세기 말 교황 우르바누스 2세의 호소로 인해 시작되었던 십자군 원정은 이미 티레니아 해를 장악한 피사 공화국에 다시 한 번 도약의 기회를 제공했다. 피사 공화국은 1096년 1차 십자군 원정에 120척의 함대를 파견했고 1099년 예루살렘 공성전의 승리에 기여했다. 십자군 원정은 이전까지 지중해 서부 지역으로 제한되어 있던 피사 공화국의 활동 범위가 지중해 동부로까지 확산되는 계기가 되었다. 특히 피사 공화국은 십자군 원정대가 확보했던 지중해 동부 해안의 도시들 안티오크, 아크레, 야파, 티레, 라티키아 등에 무역 거점을 세움으로써 막대한 상업적 이득을 취할 수 있었다. 당시 피사는 비잔틴 제국의 가장 강력한 동맹 세력 가운데 하나였다. 소아시아의 도시들을 점령한 십자군 원정대에게 충성의 서약을 받았던 비잔티움 제국의

피사의 두오모 광장

황제 알렉시우스 1세 콤네누스(Alexius I Comnenus)는 이 모든 도시들에서 군사적인 원조를 제공받는 대가로 피사 공화국에 여러 상업적 특권들을 부여했다. 피사 공화국의 최전성기는 바로 1차 십자군 원정이 끝난 직후, 즉 12세기 초였다. 피사 공화국의 영향력은 테레니아 해의 코르시카와 사르데냐, 북아프리카, 콘스탄티노플 그리고 안티오크에서 예루살렘에 이르는 지중해 동부 해안까지 뻗어나갔다.

피사 공화국의 쇠퇴는 12세기까지 동맹 관계에 있던 제노바 공화국과의 대립으로부터 시작되었다. 티레니아 해에서 사라센 해적들을 몰아내는데 큰 기여를 했던 제노바 공화국의 입장에서 사르데냐의 교역활동을 피사가 독점하는 것에 대한 불만이 팽배했던 것은 당연하다. 결국 두 해상 공화국의 갈등은 1284년 제노바의 함대가 사르데냐 북부의 사싸리(Sassari)와 포르토 토레스(Porto Torres)를 공격함으로써 폭발했다. 이후 리보르노 맞은편에 위치한 멜로리아 섬에서 두 공화국의 함대의 전면전이 벌어졌고 피사의 함대는 궤멸적인 타격을 입게 된다. 결국 1290년 제노바의 함대가 피사의 항구를 점령함으로써 피사는 자치권을 상실했고 티레니아 해의 제해권은 제노바로 넘어가게 된다.

제노바 공화국

이탈리아 반도 북서부 리구리아 해에 면한 항구도시 제노바는 이미 로마 시기부터 해상 교역의 중심지로 발전했다. 서로마 제국의 멸망 이후 차례대로 동고트족, 비잔티움 제국, 랑고바르드 왕국, 프랑크 왕국 등 여러 이민족들의 지배를 받았지만 제노바의 상업적 기능은 변함없이 유지되었다. 제노바가 독립 공화국의 지위를 획득한 것은 10세기 중반의 일이었다. 프랑크 왕국이 분열된 후 이탈리아는 일시적으로 이민족의 지배에서 벗어나게 된다. 그와 동시에 공석이 된 이탈리아의 왕위를 두고 이브레아 공작 베렝가리오와 작센 공작 오토 사이에 - 훗날 이들은 각각 이탈리아의 왕 베렝가리오 2세(Berengario II)와 신성로마제국 황제 오토 1세(Otto I)로 즉위한다 - 다툼이 벌어지게 되는데 이 다툼에서 제노바는 베렝가리오와 그의 아들이었던 아달베르토(Adalberto)를 지지하였다. 결국 950년 베렝가리오가 이탈리아 왕위에 오르면서 그 대가로 제노바는 자치권을 획득하게 되고 독립 공화국으로서 발전해 나가기 시작했다. 이때 제노바가 획득한 권리는 1056년 신성로마제국의 이탈리아 총독이었던 오베르텡기(Obertenghi) 가문 출신의 후작 알베르토 말라스피나(Alberto Malaspia)에 의해 재확인된다.

제노바 공화국의 정치를 주도해 나갔던 것은 "콤파냐"(Compagna)라 불리는 단체였다. 뱃사람들로 구성된 일종의 이익단체였던 콤파냐는 시간이 지나며 제노바의 주교가 행사하던 행정적 권한을 양도받게 된다. 따라서 공화국 초기 제노바를 실질적으로 통치했던 것은 귀족 출신의 선장들 가운데 선출되는 콤파냐의 수장 콘술(consoli)들이었다. 이후 1257년 평민 출신의 선장 굴리엘모 보카네그라(Guglielmo Boccanegra)에게 권력이 이양되고 1339년 시모네 보카네그라(Simone Boccanegra)가 도제(doge)로 취임하면서 제노바 공화국의 통치권이 콘술에서 도제로 넘어오게 된다. 본래 종신직이었던 도제는 1528년 안드레아 도리아(Andrea Doria)부터 2년 임기의 직책으로 전환된다.

제노바 공화국은 자치권을 획득하기 이전부터 이미 함대와 선단의 규모를 크게 확장해가고 있었다. 당시 지중해를 유린하고 있던 사라센 해적들에 대응하기 위해서였다. 사라센 해적들은 이미 고대부터 리구리아 해의 상업적 요지였던 제노바를 약탈의 주요 목표로 삼고 있었다. 제노바인들은 934년 자신들의 영토로 공격해 들어온 사라센 해적들을 용감하게 막아냈지만 한 번의 실패로 단념하지 않았다. 2년이 지나 다시 침입해 온 그들은 결국 도시를 약탈하는데 성공했고 제노바의 많은 시민들이 포로로 잡혀갔다. 이로부터 두 세기가 지난 후 제노바의 역사를 기술했던 도메니코회 수도사 야코포 다 바라체(Jacopo da Varazze)는 이때 제노바의 함대가 사르데냐 섬 북동부의 아시나라(Asinara) 섬까지 사라센 해적들을 추격하여 무찌른 후 해방된 포로들과 값진 전리품을 들고 개선했다고 전한다. 그러나 야코포 다 바라체가 자신의 저술에서 전설과 사실을 구분하지 않고 서술하고 있다는 점을 고려할 때 이 이야기의 역사적 신빙성 또한 그리 높지 않다고 할 수 있다.

제노바 공화국은 경쟁 상대였던 또 다른 해상 공화국 피사와 협력관계를 구축하고 있었다. 1016년 제노바와 피사의 연합 함대가 사라센 해적들을 크게 패퇴시켰고 이후 코르시카의 지배권이 제노바로 넘어왔다.

제노바 공화국의 전성기는 1096년부터 시작된 십자군 원정 이후였다. 1097년 교황 우르바누스 2세의 명을 받은 프랑스의 주교들이 제노바를 방문하여 도움을 요청했을 때 제노바 공화국 전체가 종교적 열기에 휩싸였다.

이리하여 1097년 7월 24일 굴리엘모 엠브리아코(Guglielmo Embriaco)가 이끄는 제노바의 함대가 예루살렘을 향해 출항했다. 제노바 공화국은 1099년 예루살렘의 수복에 큰 공을 세웠고 이로 인해 지중해 동부 해안에서 흑해 연안 곳곳에 무역 거점들을 확보할 수 있었다. 뿐만 아니라 이후로도 제노바 공화국은 베네치아 공화국과 더불어 십자군 전쟁 내내 물자와 병력의 수송을 담당함으로써 막대한 상업적 이득을 취했다.

십자군 원정이 끝난 이후에는 티레니아 해에서 협력 관계를 구축하고 있던 피사와의 대립이 시작되었다. 대립의 씨앗은 사르데냐 문제였다. 1016년 티레니아 해에서 사라센 해적들을 몰아낸 후 피사 공화국은 사르데냐의 교역활동을 독점하고 있었고 이에 대한 제노바 공화국의 불만이 팽배한 상태였다. 사르데냐 인근 해안에서 벌어진 최초의 다툼에서 제노바 공화국은 피사 공화국을 압도했다. 제노바는 피사와의 강화조약을 통해 코르시카에 대한 지배권을 재확인하는 한편 소외되어 있던 사르데냐에 대한 정치적, 경제적 권리를 상당부분 보장받을 수 있었다. 이후 제노바는 시칠리아 섬에서 피사가 행사하고 있던 영향력을 모두 박탈하였고 1284년 멜로리아 섬에서 벌어진 전면전에서 피사의 함대를 궤멸시켰다. 결국 제노바 공화국은 1290년 피사의 항구를 공격함으로써 티레니아 해의 제해권을 독점하게 되었다.

제노바 공화국의 또 다른 라이벌은 베네치아였다. 지중해 동부와 아드리아 해를 무대로 벌어진 두 해상 공화국의 대립은 14세기까지 지속되었다. 1298년 아드리아 해의 코르출라(Korčula) 섬에서 벌어진 전투에서 베네치아의 함대를 패퇴시킨 것을 시작으로 1379년에는 키오자(Chioggia)를 점령하며 베네치아 본토를 위협하기도 했다. 그러나 베네치아의 저항도 만만치 않았고 결국 1381년 토리노에서 강화조약이 체결되며 전쟁이 끝이 났다. 이후 1453년 오스만 투르크에 의한 콘스탄티노플 함락으로 제노바가 동방의 무역 거점을 상실하기까지 지중해의 질서는 이탈리아의 두 해상 공화국에 의해 좌우되었다.

교황 빅토르 3세의 사라센 토벌

  이탈리아의 해양 공화국들과 사라센 해적들은 한편으로는 지중해의 제해
권을 놓고 다투는 라이벌 관계에 있었지만 다른 한편으로는 서로에게 중요
한 교역의 상대이기도 했다. 로마의 교황이 이교도와의 교역을 금지하는 칙
령을 내렸지만 무용지물이었다. 이들은 종교적 신념이 아닌 경제적 이익에
따라 움직였다. 이탈리아의 해양 공화국들은 목재와 피류, 갑옷과 공예품 등
을 수출했고 밀과 대추야자, 모피 등을 수입했다. 또한 상품을 북아프리카의
금광에서 채취된 금과 교환하여 동방에서 들어오는 사치품들을 사들이기도
했다.

  해양 공화국들은 북아프리카의 주요 항구 도시에 지점을 설치하고 영사를
상주시켰는데 이들은 교역 시장의 개척뿐만 아니라 현지의 정보를 수집하여
본국에 선달하는 임무도 지니고 있었다. 이들이 전달한 정보들 가운데에는
사라센 해적들에게 사로잡힌 그리스도교인들에 대한 것도 포함되어 있었고
이것이 11세기 후반 사라센 토벌의 결정적인 계기를 제공했다. 사라센 해적
들은 이탈리아 반도에서 납치한 시민들을 노예로 만들었다. 그들은 사라센
의 갤리선 푸스타(fusta)의 노잡이가 되거나 노예시장의 상품이 되었다. 그렇

지 않으면 "목욕장"이라 불린 수용소에서 강제 노동에 시달렸고 이슬람으로 개종한 사람들은 군대에 징집되었다. 노예가 된 포로들 가운데에는 해양 공화국의 시민들도 다수 포함되어 있었다.

이러한 상황이 해양 공화국의 영사들을 통해 전해지자 그리스도교 세계에서는 북아프리카의 사라센을 토벌하고 그리스도교 포로들을 구출해야 한다는 여론이 들끓기 시작했다. 이리하여 교황 빅토르 3세(Victor III)가 1087년 사라센 해적들에 대한 성전(聖戰)을 선포하기에 이르렀다. 아드리아해의 북부에 위치하여 사라센 해적들로부터 직접적인 피해가 적었던 베네치아를 제외한 이탈리아의 다른 해상 공화국들은 빅토르 3세의 호소에 적극적으로 호응했다. 아말피, 피사, 제노바 이외에도 가에타(Gaeta)와 살레르노(Salerno)까지 참여하여 갤리선 300척 규모의 연합함대가 구성되었는데 그로부터 10년 후인 1097년 1차 십자군 원정에 파견된 제노바 함대가 보급선을 제외하고 12척의 갤리선으로 구성되었다는 사실을 고려하면 사라센 해적 토벌이 얼마나 대규모로 진행된 작전이었는지 충분히 짐작이 가능하다. 시칠리아 남서쪽 판텔레리아(Pantelleria) 섬에 집결한 연합 함대는 손쉽게 아프리카 북부 해안의 여러 항구도시들을 점령하였는데, 이때 시칠리아에서 루지에로(Ruggiero)가 이끄는 노르만 함대의 공격으로 인해 전력이 크게 축소된 사라센 해적들은 속수무책으로 당할 수밖에 없었다. 항구를 점령한 연합군은 내륙으로 진격하기 시작했고 오늘날 리비아와 튀니지의 영토에 속해 있던 사라센인들의 주요 거점을 파괴했다. 결국 토벌작전은 사라센인들이 굴욕적인 강화조약을 받아들임으로써 끝이 났다. 그들은 오십만 리라에 이르는 배상금을 지불하는 한편 모든 그리스도교 포로들을 석방해야 했다. 또한 강화조약에는 제노바와 피사의 상품에 대한 모든 관세를 면제하는 조항도 포함되어 있었다.

사라센 토벌 작전의 성공은 결과적으로 티레니아 해의 제해권은 피사 공화국과 제노바 공화국으로 완전히 넘어오게 만들었다. 오늘날 제노바 남동부의 해안 도로에 위치하고 있는 산 시스토 성당(Chiesa di San Sisto)은 바로 이 토벌 작전의 승리를 기념하여 조성된 것이다. 이 성당은 3세기의 교황으로 발레리아누스(Valerianus) 황제의 박해 당시 순교한 성인 식스투스 2세(Sixtus II)

에게 봉헌된 것인데 해양 공화국의 연합군이 오늘날 튀니지의 항구 도시 마디아(Mahdia)를 점령했던 8월 6일이 바로 식스투스 2세의 축일이었기 때문이다.

십자군 원정과 베네치아의 부흥

십자군 원정을 촉발시켰던 가장 직접적인 원인은 셀주크 투르크의 팽창이었다. 본래 사마르칸드 지방의 유목민족이었던 셀주크 투르크는 이슬람으로 개종한 후 급격히 세력을 넓히기 시작했다. 이슬람 세계를 통일한 그들은 1071년 만지케르트(Manzikert) 전투에서 비잔티움 제국의 군대를 패퇴시킨 후 콘스탄티노플을 위협했을뿐더러 같은 해 그리스도교 최대의 성지인 예루살렘을 점령하기까지 했다. 이에 비잔틴 제국의 황제 알렉시우스 1세(Alexius I)는 로마 교황 우르바누스 2세(Urbanus II)에게 원조를 요청했고 우르바누스 2세는 1095년 끌레르몽(Clermont)에서 종교회의를 개최하여 예루살렘 수복에 나설 것을 촉구했다. 당대와 후대의 여러 저자들이 기록한 내용에 따르면 우르바누스 2세 셀주크 투르크의 잔학함을 고발하며 성지 탈환에 동참할 것을 호소했고 당시 그 자리에 모인 수천 명의 사람들이 뜨거운 종교적 열기에 휩싸여 즉각 원정을 떠날 준비를 했다. 실제로 신분의 고하를 막론하고 유럽 각지에서 수많은 사람들이 십자군 원정에 참여하기 위해 몰려들었고 전례 없는 대규모의 원정대가 결성되었다.

십자군 원정이 이렇게 뜨거운 호응을 받았던 원인은 무엇이었을까? 우선 순수한 종교적 동기가 작용했던 것도 사실이다. 유럽의 그리스도교도들에게 있어 예루살렘 점령은 단순한 영토 상실 이상의 의미를 지닌 사건이었다. 중세 가톨릭의 교리에 따르면 구원은 가톨릭교회에서 지정한 선행을 통해 얻어질 수 있다. 오늘날과 같이 교통이 발달하지 않았고 숙박시설과 요식시설이 부족했던 시기에 성지순례는 고행의 길이었고 중요한 선행 가운데 하

클레르몽 종교회의

나였다. 따라서 그리스도 교도들의 입장에서 예루살렘의 함락은 구원의 중요한 수단을 상실한 것과 다름없었다. 게다가 샤르트르의 퓔세의 기록에 따르면 이때 우르바누스 2세는 성전(聖戰)에 참여하여 전사하는 이들에게 즉각적인 대사를 약속하기도 했다. 그러나 종교적인 동기 못지않게 큰 현실적인 동기도 개입되어 있었다. 무엇보다 십자군에 참여했던 많은 사람들은 토지의 획득에 관심이 있었다. 랭스의 로베르가 기록한 바에 따르면 우르바누스 2세 역시 클레르몽 종교회의에서 다음과 같이 연설한 바 있다.

여러분이 살고 있는 이 땅은 사방이 바다로 막혀있고 산지가 많아, 많은 인구를 부양하기에는 너무나 비좁습니다. 더군다나 자원도 충분하지 않습니다. 그래서 여러분은 서로가 서로를 죽이는 전쟁을 일으키고, 그 결과 많은 인명이 목숨을 잃고 있습니다. 그러니 여러분은 미움을 버리십시오. 서로 싸움을 멈추고,

전쟁을 그만두십시오. 모든 불화와 갈등을 끝내십시오. 거룩한 무덤으로 가서
이교도들로부터 그곳을 되찾고 여러분이 다스리십시오.

십자군 원정은 이탈리아의 해양 공화국들이 부흥하는 결정적인 계기를 제
공했다. 해양 공화국들은 원정 기간 내내 십자군에 대한 보급과 수송을 전담
함으로써 막대한 상업적 이득을 취했다. 특히 십자군 원정 이전에 동방과 무
역관계가 없던 피사의 경우 십자군을 지원하면서 지중해 동부 해안 여러 곳
에 무역 거점을 마련할 수 있었고 제노바와 베네치아 역시 마찬가지였다. 그
러나 가장 큰 이득을 본 것은 베네치아였다. 베네치아는 서로마의 멸망 이
후 생겨난 도시이다. 이민족의 침입이 시작되면서 아드리아 해 북부 해안의
주민들은 이들을 피하기 위해 석호 안에 거주지를 마련하기 시작했다. 6세
기 비잔티움 제국이 이탈리아 반도를 수복하면서 비잔티움 태수(esarca)에 귀
속되는 행정관(tribuno)들의 통치를 받았지만 시간이 지나며 베네치아의 귀
족들 가운데 선출되는 도제(doge)가 태수의 권한을 대체하기 시작했고 결국
887년 완전한 독립 공화국으로서의 첫 발을 내딛게 된다. 아드리아 해의 해
적들과 다투며 성장한 베네치아 공화국은 11세기 무렵 인근 해상의 제해권
을 장악하는데 성공했다. 그리고 십자군 원정을 통해 다른 해상 공화국들을
압도하는 세력으로 성장했다.

십자군 원정은 결과적으로 실패로 끝난 원정이었다. 총 여덟 차례의 원정
이 이루어졌지만 원정에서 예루살렘의 수복이라는 목적을 달성했던 것은
1차 십자군 원정 한 차례뿐이었다. 여러 가지 실패의 원인들 가운데 가장 중
요한 것은 아마도 초기의 순수한 종교적 열정이 사라졌기 때문일 것이다. 원
정이 거듭될수록 세속적 동기가 강해졌는데, 이러한 양상은 베네치아 공화
국이 동방 무역을 독점하게 만든 계기를 제공했던 4차 십자군 원정을 통해
잘 드러난다. 본래 4차 십자 군 원정은 교황 인노켄티우스 3세(Innocentius III)
가 예루살렘이 아닌 이집트에 있는 이슬람 세력의 근거지 공격을 목표로 기
획한 것이다. 본래 원정대는 1202년 베네치아에 집결하여 배를 타고 이집트
로 출항할 예정이었고 병력의 수송은 베네치아의 선단이 맡을 계획이었다.

산 마르코 성당 내부의 청동 말. 4차 십자군의 콘스탄티노플 약탈 당시 가져온 것이다.

그러나 집결한 십자군 원정대의 인원은 예상보다 훨씬 적었고 약속했던 수송비를 지급하기에는 턱없이 부족했다. 이에 따라 당시 베네치아의 도제였던 엔리코 단돌로(Enrico Dandolo)는 이집트로 떠나는 대신 달마티아의 해안 도시 자라(Zara)를 공격할 것을 제안했다. 자라는 같은 그리스도교 세계에 속해 있었지만 베네치아의 무역 경쟁 상대였을뿐더러 십자군 원정이 시작되기 직전 베네치아의 통치를 거부했던 도시였다. 십자군 원정대는 일주일 만에 자라를 함락시킨 후 약탈을 감행했다. 이에 분노한 교황 인노켄티우스 3세가 십자군 원정대 전원을 파문에 처했지만 십자군의 그리스도교 세계 약탈은 여기에서 그치지 않았다. 베네치아 공화국의 사주를 받은 십자군 원정대는 콘스탄티노플로 방향을 바꿨다. 1204년 베네치아 선단의 도움으로 콘스탄티노플에 도착한 십자군 원정대는 곧 도시를 점령하고 라틴 왕국의 성립을 선포하였으며 사흘 동안 철저한 약탈을 감행했다. 그리고 친 베네치아 성향의 알렉시우스 5세(Alexius V)를 비잔티움 제국의 새로운 황제로 옹립했다.

애초에 십자군 원정이 비잔티움 제국 황제의 원조 요청으로 인해 시작되었다는 사실을 고려할 때 4차 십자군 원정대의 콘스탄티노플 약탈은 아이러니가 아닐 수 없다. 베네치아 공화국이 십자군 원정대에게 콘스탄티노플 약탈을 사주했던 까닭은 무엇이었을까? 베네치아 공화국은 십자군 원정 이전에도 동방과의 무역 관계를 유지하고 있었다. 실크로드를 통해 들어오는 동방의 사치품들은 베네치아를 거쳐야 유럽 깊숙한 곳으로 들어갈 수 있었다. 비잔티움 제국의 상인들은 동방 무역의 가장 큰 경쟁자들이었다. 즉 베네치아 공화국은 십자군 원정대를 이용해 동방 무역의 경쟁자들을 차례로 제거했던 것이다. 결국 십자군 원정의 가장 큰 수혜국은 베네치아 공화국이었다. 십자군 원정으로 이후 베네치아 공화국은 동방무역을 독점하게 되었다. 그리고 이로 인해 다른 해상 공화국들을 압도하는 세력으로 성장하였으며 나아가 15세기에서 16세기 유럽에서 가장 부유한 국가로 성장할 수 있는 발판을 마련하였다.

꼬무네의 탄생

중세의 봉건 사회는 폐쇄적인 자급자족형 농업경제에 기반을 두고 있었다. 물론 이러한 체제 하에서도 화폐가 유통되었고 상공업 활동이 이루어졌지만 대단히 제한적이었다. 그러나 10세기 후반부터 시작된 상업과 공업의 발전은 전통적인 중세의 사회경제적 구조에 변화를 가져오기 시작했다. 11세기 말의 십자군 원정은 장원의 해체와 봉건제도의 붕괴를 초래한 결정적인 원인들 가운데 하나였다. 오랜 기간 동안 십자군 원정에 참여했던 영주들은 자신들의 장원 관리에 소홀할 수밖에 없었다. 이러한 상황이 장원의 해체와 봉건 제후 세력의 약화를 초래했다. 또한 이탈리아 반도의 상인들이 십자군 원정대를 따라 동방으로 활발하게 진출하게 되면서 향신료와 설탕, 직물 등 동방 물산의 교역량이 증가했고 이로 인해 상업 활동이 증대되었다. 이제 더 이상 도시는 단순히 영주가 다스리는 하나의 장원 혹은 습격이나 약탈을 피해 숨는 하나의 요새가 아니었다. 중세의 도시는 활발한 상품의 교환이 이루어지는 하나의 시장과 같은 모습으로 변모했다.

이미 10세기부터 도시의 상공업자들은 하나의 계급을 형성하고 있었다. 이들은 자신들의 이익을 보호하기 위한 단체를 결성했고 이것이 중세의 자치도시 꼬무네(comune)의 시작이었다. 초기 사적인 이익집단에 불과했던 꼬무네는 시간이 지나고 구성원의 수가 증가하면서 점점 공적인 단체의 성격을 띠기 시작했다. 그리고 곧 도시의 시민 전체를 대변하기 시작했다. 꼬무네는 외적의 침략에 대비해 성벽을 쌓고 행정 제도, 사법 제도 그리고 군사 제도를 자체적으로 마련하여 도시를 꾸려 나갔다.

도시의 시민들은 다양한 계층의 사람들, 즉 일반적으로는 전통적인 지배 계급을 형성했던 귀족들과 상공업에 종사하는 보르게제(borghese, 프랑스어의 부르주아에 해당하는 단어)들 그리고 도시의 외곽지역인 콘타도(contado)에 거주하는 농민들로 구성되어 있었다. 어쨌든 꼬무네가 아직 사적인 단체의 형태를 유지하고 있었을 당시 꼬무네의 구성원들은 일종의 의회에 해당하는 아렝고(arengo)의 대표자들이었고 그 가운데 일부가 도시의 행정을 담당했다. 이후 꼬무네가 도시 전체를 대표하게 되면서 정치구조의 변화가 불가피하게 되었다. 꼬무네의 구성원 전부가 참여하는 아렝고는 시민의 일부가 참여하는 회의체인 콘실리오(consiglio)로 대체되었고 도시의 행정적 권한은 일반적으로 복수의 콘솔레(console)들에게 맡겨졌다. 콘솔레는 전시가 되면 군사 지휘관의 역할을 담당했고 시간이 지나면서 사법적 권한까지 행사했다.

꼬무네 초기의 정치적, 행정적 권한은 전통적인 지배 계층을 형성했던 유수의 귀족 가문들의 손에 있었다. 그러나 12세기 이후 보르게제 계층이 성장하며 귀족들과의 권력 다툼이 벌어졌다. 보통 사업가들과 상인들이 주축이 되었던 보르게제들은 조합을 결성하여 귀족들에게 맞섰다. 중세 이탈리아의 꼬무네에서 여러 가문들 간의 대립과 파벌싸움이 빈번했던 것은 바로 이러한 이유 때문이었다. 이러한 상황이 계속되면서 콘솔레를 중심으로 하는 정치제도가 쇠퇴하는 상황이 발생했는데 콘술이 이끄는 꼬무네의 정부가 주로 귀족들을 대변해왔기 때문이었다. 이탈리아의 여러 꼬무네들은 소모적인 권력 다툼을 방지하기 위해 도시 외부의 인사를 포데스타(podestà)로 임명하여 행정권을 일임하는 해법을 택했다. 꼬무네에 따라 차이가 있지만 포데스타의 임기는 보통 1년에서 2년 사이였다.

꼬무네는 주로 이탈리아 북부와 중부에서 발달했다. 파비아에서는

1084년, 밀라노에서는 1097년, 코모에서는 1009년, 볼로냐에서는 1123년 그리고 피아첸차에서는 1126년에 콘솔레 정부가 출현했다. 토스카나에서 꼬무네가 발달하기 시작한 것은 1115년 토스카나 변경백국을 통치하던 마틸데(Matilde) 백작이 통풍으로 세상을 떠난 후였다. 바로 이 해에 피렌체 시민들이 반란을 일으켜 자치권을 획득함으로써 피렌체 공화국이 성립되었다. 그러나 피렌체 공화국에서 최초로 콘솔레 정부가 등장한 것은 1138년의 일이었다. 오랜 기간 동안 토스카나 변경백국의 수도였던 루카(Lucca)는 피렌체보다 더 빠른 1080년에 꼬무네가 형성되었다. 피사, 제노바, 베네치아 등 중세 이탈리아의 해상 공화국들은 애초에 봉건석 지배체제를 겪지 않았으며 따라서 지금까지 살펴본 전형적인 꼬무네의 발전 구도가 적용되지 않는다. 이탈리아 남부의 해상 세력이었던 아말피, 나폴리, 가에타도 마찬가지였다. 일반적으로 시칠리아와 이탈리아 반도의 남부를 지배했던 노르만 왕국은 꼬무네의 탄생을 허락하지 않았다. 다만 부유한 보르게제들이 성장했던 바리(Bari)의 경우는 예외였다.

이탈리아의 꼬무네는 12세기 신성로마제국의 정치적 혼란을 틈타 크게 성장했다. 신성로마제국의 황제 하인리히 5세는 이미 선대부터 진행되어 왔던 성직 임명권을 둘러싼 투쟁을 군사적으로 해결하기 위해 대규모의 로마 원정을 단행했다. 감금된 교황은 하인리히 5세의 성직 임명권을 강제로 승인해야 했지만 하인리히 5세가 돌아가고 난 후 곧바로 그를 파문에 처했다. 그러자 이전부터 세력 확대를 꾀해왔던 신성로마제국의 영주들이 각지에서 반기를 들었다. 결국 1222년의 보름스 협약으로 성직 임명권 투쟁은 일단락되었지만 신성로마제국의 황제가 갖는 권위가 크게 하락했던 것은 막을 수 없는 일이었다. 1125년 하인리히 5세가 세상을 떠난 후로도 정국의 혼란은 계속되었고 신성로마제국이 이탈리아 반도에 행사하는 영향력은 축소되었다. 결국 이러한 정치적 상황은 이탈리아의 꼬무네들에게 급격한 성장과 자치권 확대의 계기를 마련해 주었다.

프리드리히 1세 바르바로사와 이탈리아의 꼬무네

신성로마제국의 카롤링거 왕조는 911년 단절되었다. 이후 작센 왕조와 잘리에르 왕조를 거쳐 1138년 콘라트 3세(Konrad Ⅲ) 이후로 호엔슈타우펜 왕가의 지배가 시작되었다. 콘라트 3세가 세상을 떠난 후 1152년 그의 조카인 슈바벤 공작 프리드리히 3세가 신성로마제국의 황제가 되는데 그가 바로 붉은 수염을 의미하는 바르바로사라는 별칭으로 더 잘 알려진 프리드리히 1세(Friedrich I)였다. 프리드리히 1세의 통치 목표는 두 가지로 요약된다. 첫째는 대내적으로 봉건 귀족들의 세력을 통합함으로써 강력한 통치권을 확립하는 것이었고 둘째는 대외적으로 호엔슈타우펜 왕가 중심의 제국을 재건하는 것이었다. 이 두 번째 목표의 달성을 위해서는 무엇보다 이탈리아 반도에서 제국의 통치권을 확립하는 일이 급선무였다. 이탈리아 반도 북부와 중부에서 성장하고 있는 꼬무네의 자치권을 박탈하고 제국의 통제 하에 두어야 했으며 이미 지난 세기부터 성직 임명권 문제를 두고 대립해왔던 교황의 권한을 황제의 권한 아래에 복속시켜야 했다. 그리고 이탈리아 반도 남부의 노르만 왕국을 정복함으로써 비잔티움 제국의 팽창을 견제해야 했다.

이리하여 프리드리히 1세는 총 여섯 차례의 이탈리아 원정을 단행했다. 신성로마제국 내 봉건 귀족들로부터 이탈리아 원정에 대한 동의와 지지를 얻어내는 것은 어렵지 않았다. 그들 가운데 많은 수가 제국의 통치에 대한 로마의 간섭을 탐탁찮게 생각하고 있었기 때문이다. 1154년의 1차 원정은 아르날도 다 브레시아(Arnaldo da Brescia)에 의해 로마에서 쫓겨난 교황 하드리아누스 IV(Hadrianus IV)의 지원 하에 이루어졌다. 아르날도 다 브레시아는 교황의 세속적인 권한을 격렬하게 비판했던 교회개혁가로 당시 로마 시민들에 의해 진행되었던 꼬무네의 수립과 자치권 획득을 주도했던 인물

프리드리히 1세 바르바로사

이었다. 1154년 밀라노를 그리고 1155년 토르토나(Tortona)를 점령한 후 파비아에서 이탈리아의 왕으로 등극한 프리드리히 1세의 군대는 로마로 진격을 시작했고 아르날도 다 브레시아는 프리드리히 1세에게 체포되어 교황에게 인도되었고 결국 화형에 처해졌다.

그러나 프리드리히 1세가 신성로마제국으로 돌아간 이후 교황 하드리아누스 4세와의 첨예한 대립이 시작되었다. 1157년 하드리아누스 4세가 제국을 교황의 봉토로 1158년 두 번째 이탈리아 원정을 단행하여 밀라노를 점령하였다. 그리고 같은 해 11월 꼬무네의 자치권보다 황제의 권위가 우위에 있음을 확인하는 론칼리아(Roncaglia) 법령을 공포하였다. 그리고 이탈리아의 각 꼬무네에 포데스타의 자격으로 황제의 특사를 파견하였다. 그리고 1160년에는 하드리아누스 4세의 뒤를 이어 교황의 자리에 오른 알렉산데르 3세(Alexander III)의 대립교황으로 빅토르 4세(Victor IV)를 옹립하였다.

프리드리히 1세의 이탈리아 정책에 대해 이탈리아의 꼬무네들은 동맹을

결성하여 맞섰다. 최초로 결성된 동맹은 베로나를 중심으로 비첸차, 파도바, 베네치아 그리고 교황령 국가가 참여한 베로나 동맹(lega veronese)이었다. 이리하여 1166년 3차 이탈리아 원정이 시작되었다. 신성로마제국의 군대가 로마로 진격하자 알렉산드르 3세는 도시를 버리고 달아났고 프리드리히 1세는 이년 전 세상을 떠난 빅토르 4세를 대신하여 파스칼 3세(Paschal III)를 다시 대립교황으로 옹립하였다. 그러나 1167년 이탈리아 북부에서는 총 서른여섯 개의 꼬무네가 참여한 롬바르디아 동맹(lega lombarda)이 결성되었고 프리드리히 1세는 롬바르디아 동맹을 제압하기 위해 다시 한 번 이탈리아 원정을 감행했다. 이탈리아 반도를 향해 진격한 프리드리히 1세의 군대는 1167년과 1174년 두 차례에 걸쳐 로마를 점령하였으나 롬바르디아 동맹의 산발적인 공격으로 후위에서 큰 어려움을 겪었다. 결국 롬바르디아 동맹은 1176년 레냐노(Legnano) 전투에서 프리드리히의 군대를 패퇴시켰다. 레냐노 전투는 민족주의가 유럽을 풍미하던 19세기의 문인들에 의해 빈번하게 인용되었는데 당시 이탈리아의 애국주의자들이 이를 독일 민족에 대한 이탈리아 민족의 승리로 해석했던 까닭이었다.

어쨌든 레냐노 전투의 패배는 프리드리히 1세로 하여금 알렉산데르 3세와의 오랜 대립을 끝내게 만들었다. 이듬해인 1177년 프리드리히 1세 그리고 롬바르디아 동맹과 시칠리아 왕 굴리엘모 2세(Guglielmo II)의 연합세력 사이에 평화협정이 체결되면서 알렉산데르 3세가 정식 교황으로 인정받았다.

프리드리히 1세와 이탈리아 꼬무네 사이의 대립은 1183년 6월 25일에 체결된 코스탄차 평화조약(Pace di Costanza)의 체결로 완전히 종식되었다. 보통 한국에서 중세의 꼬무네는 자치도시라는 용어로 번역되지만 자치권의 획득은 꼬무네가 생겨난 지 대략 한 세기가 지난 시점에 이루어졌다. 이탈리아 반도의 경우 코스탄차 평화조약이 이와 관련된 중요한 이정표가 된다. 프리드리히 1세는 이탈리아의 꼬무네들로부터 충성의 서약을 받는 대신 행정과 사법 그리고 재정적 영역에서 광범위한 자치권을 인정하게 된다.

한편 프리드리히 1세의 이탈리아 정책은 이탈리아 반도 내부에서 기벨리니(Ghibellini)와 궬피(Guelfi)라는 두 정치 분파의 대립을 불러일으키는 계기가 되었다. 프리드리히 1세가 이탈리아 원정을 단행했을 때 프리드리히 1세의 편에 선 이탈리아인들은 기벨리니(Ghibellini) 그리고 프리드리히 1세에 대항했던 롬바르디아 동맹 등의 꼬무네 연합은 궬피(Guelfi)라고 불렸다. 그리고 프리드리히 1세가 세상을 떠난 후 기벨리니는 황제파 그리고 궬피는 교황파로 의미가 변하게 되었다.

시뇨리아(Signoria)에서
프린치파토(Principato)로

이탈리아 반도 내에서 약 이백여 년 간 지속되었던 궬피와 기벨리니 사이의 대립은 꼬무네 체제에 위기를 초래했다. 본래 하나의 꼬무네 안에서 여러 가문들이 파벌을 형성하여 다툼을 벌이는 것은 아주 빈번한 일이었다. 다툼을 억제할 만한 상위의 권력이 없었기 때문이다. 시간이 지나며 이 파벌들은 의식적으로든 그렇지 않든 스스로 궬피 혹은 기벨리니를 표방하기 시작했고 이는 다툼의 또 다른 명분을 제공했다. 꼬무네의 내분은 더욱 심화되었고 시민들은 점점 지쳐갔다. 이리하여 시민들의 이익집단으로 출발했던 전통적인 꼬무네의 기구와 제도는 점점 그 중요성을 잃어가게 되었고 한 명의 권력자 혹은 하나의 가문이 도시의 정치를 좌지우지하는 상황이 곳곳에서 발생했는데 이러한 체제를 가리켜 시뇨리아(Signoria)라고 한다.

이탈리아 반도에서 최초로 꼬무네 체제가 와해되었던 곳은 밀라노였다. 밀라노는 1248년 델라 토레(Della Torre)가문이 정치적 권력을 장악함으로써 시뇨리아로 이행했다. 이후 만토바, 페라라, 라벤나 등 북부의 도시들이 뒤를 따랐다.

14세기가 되면서 이탈리아 반도 북부와 중부의 각 도시에 시뇨리아 체제가 성립되었고 그 가운데 일부는 프린치파토(Principato)로 이행하였다. 한국어로 보통 군주국이라고 번역되는 프린치파토는 시뇨리아의 발전된 형태로 시뇨리아의 통치자가 교황이나 황제의 공식적인 승인을 받은 경우를 가리킨다. 승인은 보통 공작이나 후작의 작위를 내리는 방식으로 이루어졌다. 프린치파토 체제 하에서는 통치권을 가지고 있던 가문이 하나의 왕조 형태로 발전하면서 전통적으로 꼬무네 체제나 시뇨리아 체제 하에서 시민들의 대표자가 담당했던 행정업무는 한 명의 군주에 귀속되는 관료들에게 이양되었고 시민들을 대표하는 기구 역시 폐지되거나 명목상으로만 남게 되었다.

프린치파토는 주변의 소도시들을 흡수하면서 규모를 확대해갔다. 움베르토 비앙카마노(Umberto Biancamano) 백작이 사보이아(Savoia)와 아오스타(Aosta)에 소유한 영지로부터 출발한 사보이아 공국(Ducato di Savoia)은 피에몬테와 알프스 서쪽 지역으로 영토를 확장해 나간 끝에 1416년 백작 아메데오 8세(Amedeo VIII)가 공작의 작위를 얻음으로써 프린치파토로 이행했다. 밀라노 역시 비스콘티(Visconti) 가문이 1277년 델라 토레 가문으로부터 도시의 지배권을 획득하였고 이후 1395년 잔 갈레아초 비스콘티(Gian Galeazzo Visconti)가 공작의 작위를 얻음으로써 프린치파토로 발전했다. 비스콘티 가문은 롬바르디아 지역에서 영토를 크게 확장했는데 해상 공화국 제노바를 일시적으로 복속시키기도 했다.

토스카나에 위치한 피렌체 공화국 역시 피에몬테의 사보이아 공국이나 롬바르디아의 밀라노 공국과 비슷한 확장의 과정을 거쳤다. 메디치 가문의 통치 하에 토스카나 지역의 대부분을 복속시킨 피렌체는 항구도시 피사를 정복함으로써 바다로 진출할 수 있는 길을 열었다. 그러나 피렌체 공화국의 경우 프린치파토로 이행하는 정치적 과정이 북부의 도시들과는 다소 달랐다. 시민들에게 국부라는 칭호를 받았던 코시모 데 메디치(Cosimo de' Medici) 대에 이르러 메디치 가문이 피렌체의 실질적인 통치권을 장악했지만 어쨌든 신성로마제국 황제 카를 5세에게서 공작의 작위를 받은 알레산드로 데 메디치(Alessandro de' Medici)가 1533년 피렌체 공국(Ducato di Firenze)의 성립을 선언하기 이전까지는 여러 정치적 부침 속에서도 명목상으로는 공화정 체제를 유지하고 있었다. 따라서 적지않은 논란과 논쟁에도 불구하고 오늘날의 많은 학자들은 피렌체가 시뇨리아로 이행하는 시점을 코시모 데 메디치 이후로 그리고 프린치파토로의 이행 시점을 피렌체 공국의 성립 이후로 보고 있다.

제6장
르네상스와 종교개혁기의 이탈리아

ITALY

르네상스의 배경

르네상스(Renaissance)는 13세기 후반부터 이탈리아 반도에서 시작되어 약 2세기 동안 지속되었던 문화운동을 가리키는 용어이다. 19세기 프랑스 민족주의를 대표하는 역사가 쥘 미슐레(Jules Michelet)가 1855년 출판된 『프랑스사』에서 처음 사용함으로써 오늘날 보편적인 용어가 되었다. 르네상스라는 말을 문자 그대로 풀어보면 "재생", 혹은 "부활"이라는 의미가 된다. 그렇다면 재생과 부활의 주체는 무엇이었을까? 바로 고전고대의 문화, 즉 그리스도교가 지배하는 중세 천년 동안 부정되어왔던 고대 그리스와 로마의 다신교 문화였다. 이렇게 볼 때 오늘날 르네상스라고 불리는 문화적 현상을 최초로 인식했던 것은 미슐레가 아니었다. 뿐만 아니라 전반적으로 이미 14세기에서 16세기의 이탈리아인들은 자신들이 새로운 시대를 살고 있다는 사실을 감지하고 있었고 당대에 일어난 변화의 본질에 대해 정확하게 인식하고 있었다. 플라비오 비온도(Flavio Biondo)나 조르지오 바사리(Giorgio Vasari) 등 르네상스 시기 이탈리아의 역사가들이 자신들이 살던 시대를 중세와 구분되는 근대로 표현했던 것은 바로 이러한 의미에서였다. 게다가 조르지오 바사리는 1568년 출판된 기념비적인 저작 『저명한 화가, 조각가, 건축가 열전』

(Le vite de' più eccellenti pittori, scultori e architettori)에서 "부활"이라는 의미의 이탈리아어 리나쉬타(rinascita)를 미슐레보다 약 3세기 앞서 사용한 바 있다.

르네상스는 전적으로 이탈리아 반도에 국한된 현상이었다. 오늘날 흔히 북유럽 르네상스라고 부르는 현상은 15세기 후반이 지나 이탈리아의 르네상스가 알프스 이북으로 확산되면서 그 영향을 받아 나타

조르지오 바사리

나기 시작했다. 그렇다면 르네상스가 이탈리아 반도에서 시작되었던 원인은 무엇이었을까? 이는 오래전부터 많은 학자들이 관심을 가지고 연구해왔던 주제이며 여러 견해들을 종합해보면 다음과 같이 정리할 수 있다. 먼저 르네상스를 고대 다신교 문화의 부활이라고 할 때 고대 로마 제국의 중심으로 고전고대의 문화적 전통이 가장 잘 남아있던 이탈리아에서 르네상스라는 문화 현상이 나타났던 것은 당연한 일이다. 또한 비잔티움 제국 및 이슬람 제국과 지리적으로 인접한 이탈리아 반도는 동방으로부터의 문화적 자극에 가장 민감한 지역이었다. 고대의 다신교 문화는 유럽에서 중세 천 년 동안 부정되었지만 비잔티움 제국과 이슬람 제국에서는 계속해서 보존되고 연구되어 왔다. 이탈리아 반도의 도시국가들과 비잔티움 제국 사이에는 이미 중세부터 활발한 문화적, 학문적 교류가 이어져 왔으며 르네상스 시기에 이르러 이러한 교류가 더욱 강화되었다. 이에 대해서는 1440년 피렌체에 이탈리아 르네상스의 학풍을 상징하는 플라톤 아카데미(Accademia platonica)를 설립한 인물이 비잔틴 제국의 학자 플레톤(Plethon)이었다는 사실을 언급하는 것으로 충

분할 것이다. 게다가 십자군 원정을 거치며 이탈리아의 상인들이 지중해 동부와 흑해 연안으로 진출하며 이슬람 세계와 직접 접촉하게 되었는데 바로 이때 이슬람 세계에 보존되어 있던 고전고대의 철학과 사상이 이탈리아 반도로 대거 수입되기 시작했다.

이탈리아 반도에서 르네상스가 시작될 수 있었던 또 다른 원인은 이탈리아의 도시국가들이 축적한 부와 연관되어 있다. 예나 지금이나 학문과 예술의 발전은 경제적인 후원을 전제로 한다. 앞서 살펴본 것처럼 이탈리아 중부와 북부에서는 이미 10세기부터 폐쇄적인 장원경제에서 벗어나 상공업을 기반으로 부를 축적한 자치도시들이 성장하기 시작했다. 이후 십자군 원정 이후 동방과의 교역활동이 증가하며 이탈리아 도시들의 부는 더욱 증대되었고 증대된 부는 다시 학문과 예술의 영역에 투자되었다. 르네상스 시기 도시국가의 통치자들과 많은 재산을 모은 상인들 그리고 로마의 교황까지 학문과 예술의 후원에 적극적이었다. 이것은 상대적으로 나폴리 왕국에서 문예 활동이 활발하게 일어나지 못했던 원인이기도 하다. 노르만 왕조의 지배를 받던 이탈리아 남부에서는 상공업을 기반으로 하는 자치도시들이 발전하지 못했고 이후 프랑스의 앙주(Anjou) 왕가, 스페인의 아라곤(Aragon) 왕가의 지배하에서 봉건적 체제가 지속되었다.

인문주의와 인문주의자들

르네상스의 문화적 특징은 인문주의(Umanesimo)로 대변된다. 인문주의는 본래 고대 다신교의 인본주의 세계관을 가리키는 용어로 르네상스 시기가 되면 고전고대의 문화에 대한 연구까지를 포괄하는 말로 의미가 확장된다. 따라서 인문주의자(Umanista)들은 곧 고전고대의 문화를 연구하고 숭배하는 이들이었다. 그들은 르네상스 시기 군주들이나 상인들의 후원 아래 숨겨져 있던 그리스 로마의 고전을 수집하고 연구하는데 열을 올렸으며, 이를 필사하고 주석을 달아 세상에 유통시켰다. 인문주의자들의 사고 속에 중세는 존재하지 않았다. 그들은 자신들이 살던 시대를 부도덕하고 타락한 시대라고 생각했으며 고대를 이상화시켜 바라보았다. 그들은 고대 그리스와 로마의 문인들, 역사가들, 웅변가들은 당대의 사람들이 뛰어넘을 수 없는 경지에 도달해 있었고 따라서 그들을 모방하는 것만이 최선이라고 생각했다. 이와 관련하여 대표적인 인문주의자 프란체스코 페트라르카(Petrarca)는 로마의 위대한 역사가 리비우스에게 보내는 가상의 편지에서 리비우스가 "오늘날의 악을 잊어버리게 하고 행복한 시절로 이끌어 준다"고 고백하였고, 오늘날 여러 분야에 다재다능한 르네상스적 보편인의 표본으로 일컫는 인문주의자 레

프란체스코 페트라르카

온 바티스타 알베르티(Leon Battista Alberti)는 당대의 청년들에게 "다른 어디에서도 …… 호메로스, 베르길리우스 같은 탁월한 시적 우아함을 찾을 수 없을 것" 그리고 "데모스테네스, 키케로, 리비우스, 크세노폰 같은 유쾌하고 완벽한 웅변가의 화법처럼 즐겁고 화려한 영역을 찾지 못할 것"이라고 조언하였다.

인문주의는 당대의 대학을 장악했을뿐더러 여러 도시들에 인문주의자들이 설립한 학교들이 우후죽순처럼 생겨났다. 특히 비토리노 다 펠트레(Vittorino da Feltre)가 만토바(Mantova)에 설립한 "행복의 집"(Casa giocosa)은 다른 많은 인문주의 학교의 모델이 되었다.

많은 인문주의자들은 전통적인 중세의 교육으로부터의 탈피와 더불어 새로운 인문주의 교육의 진흥을 주장했다. 인문주의 교과목을 확정하는 문제와 관련하여 피렌체의 인문주의자 레오나르도 브루니(Leonardo Bruni)가 쓴 다음의 글은 고전 교육을 강조하는 인문주의 교육의 특징을 잘 보여준다.

고대의 위대한 수사학자들은 어떤 경우에도 반드시 포함되어야 한다. 이보다 더 미덕을 열정적으로 찬미하고 악덕을 비난한 경우를 우리는 달리 어디에서도 찾을 수 없다. 또한 우리는 그들에게서 위로, 격려, 간언 또는 충고를 어떻게 표현해야 하는지를 배울 수 있다.
고대의 위대한 시인들과 친숙해지는 것 또한 참다운 공부에 필수적이다. 그들의 글을 통해 우리는 자연에 대한, 그리고 사물의 인과관계에 대한 깊은 성찰을 발견한다. 켜켜이 쌓인 세월과 권위를 통해 그들은 우리에게 무게를 더해준다.

인문주의자들이 중세적인 가치를 거부했던 것 그리고 문학과 예술에서 세속적인 주제가 대두되었던 것은 분명한 사실이다. 그러나 그렇다고 해서 르네상스 시기에 유럽의 문화가 완전히 세속화되었다고 말하는 것은 오류이다. 1449년 피렌체를 대표하는 인문주의자 가운데 하나인 잔노초 마네티(Giannozzo Manetti)는 자신을 후원하던 서적상 베스파시아노 다 비스티치(Vespasiano da Bisticci)에게 고대 그리스의 시인 호메로스가 얼마나 위대한 인물이고 또 얼마나 고대에 활동했던 인물인지 예찬을 거듭했다. 그러자 베스파시노가 마네티에게 물었다. "그럼 호메로스가 모세보다 더 고대의 인물인가요?" 마네티의 대답은 다음과 같았다.

> 모세가 호메로스보다 시기적으로 훨씬 앞선다는 것은 분명합니다 ······ 교부
> 에우세비우스가 창세기를 토대로 계산한 바에 따르면 모세는 천지창조 후
> 3,600년경에 태어났습니다. 트로이 함락은 천지창조 이후 4,010년의 일이니
> 모세의 탄생과 트로이 함락 사이에는 410년의 차이가 있습니다. 그리고
> 호메로스는 『일리아드』에서 트로이 전쟁에 대해 말했습니다.

마네티뿐만이 아니었다. 르네상스의 인문주의자들은 결국 성서의 세계관에서 완전히 벗어나지 못하고 있었다.

정치적 프로파간다로서의 예술
밀라노, 피렌체, 교황령 국가

여러 문인과 예술가들을 후원했던 도시국가의 군주들은 르네상스의 숨은 주역이었다. 후원은 분명한 목적의식 하에서 이루어진 행위였다. 그들은 학문과 예술을 정치적인 프로파간다의 수단, 즉 권력의 정통성을 확보하거나 가문의 영광을 빛내는 수단으로 활용했다. 이와 관련된 대표적인 사례는 밀라노 공국과 피렌체 공화국에서 발견된다.

밀라노는 전통적으로 신성로마제국의 영향력 하에 있는 지역이었다. 12세기부터 실질적으로 밀라노를 통치하던 비스콘티(Visconti) 가문의 잔 갈레아초 비스콘티(Gian Galeazzo Visconti)가 1395년 신성로마제국 황제 벤첼(Wenzel)로부터 공작의 작위를 하사받음으로써 밀라노 공국(ducato di Milano)이 성립되었다. 1447년 비스콘티 공작 필리포 마리아(Filippo Maria)가 후사를 남기지 못한 채 세상을 떠나자 내부의 권력 다툼이 발생했고, 공화정을 선포한 밀라노 정부는 비스콘티 가문의 용병대장이었던 프란체스코 스포르차(Francesco Sforza)에게 도시의 보호를 맡겼다. 그러나 프란체스코 스포르차는 야심이 강한 인물이었다. 그는 쿠데타를 통해 공화정 정부를 전복시켰고 이후 밀라노는 스포르차 가문의 통치를 받게 된다.

보니파치오 벰보가 그린
프란체스코 스포르차와
비앙카 마리아의 결혼

　프란체스코 스포르차의 입장에서는 쿠데타라는 불법적인 방법으로 찬탈한 권력의 정통성을 확보하는 일이 급선무였다. 그는 밀라노 의회를 무력으로 제압하고 통치권을 획득했지만 신성로마제국의 황제로부터 공식적인 인정을 받지 못하고 있었다. 1441년 크레모나(Cremona)의 산 시지스몬도 수도원(abbazia di San Sigismondo)에서 거행된 프란체스코 스포르차와 비앙카 마리아 비스콘티(Bianca Maria Visconti)의 정략결혼은 전통적으로 밀라노를 지배했던 비스콘티 가문과의 연결고리를 확보함으로써 자신의 통치를 정당화하기 위한 전략의 일환이었다. 이 부부의 모습은 오늘날 밀라노의 브레라 회화관에 소장된 보니파치오 벰보(Bonifacio Bembo)의 작품을 통해 전해진다.

　스포르차 가문이 여러 예술가들의 후원에 적극적이었던 것 역시 이러한 맥락에서 이해되어야 한다. 물론 후원은 이전의 비스콘티 가문 시기부터 시작되었다. 특히 갈레아초 2세(Galeazzo Ⅱ)는 인문주의자 페트라르카를 후원했고 파비아 대학을 설립한 문예의 후원자로서 널리 알려져 있다. 그러나 밀라노의 르네상스가 꽃을 피운 것은 밀라노에 전례 없는 정치적, 문화적 번영을 가져다준 스포르차 가문의 지배 하에서였다. 무엇보다 르네상스 시기의 건축과 도시공학에 큰 영향을 미친 『건축론』(Trattato di Architettura)의 저자 필라레테(Filarete)는 1451년부터 프란체스코 스포르차의 후원 하에서 활동하며

레오나르도 다빈치의 「최후의 만찬」

밀라노가 이탈리아 르네상스를 대표하는 도시로 발전하는데 큰 공을 세웠다. 스포르차 가문의 군주들 가운데 문예의 후원에 가장 적극적이었던 것은 루도비코 스포르차(Ludovico Sforza)였다. 그는 1476년 일곱 살의 나이로 밀라노 공작이 된 자신의 조카 잔 갈레아초 스포르차(Gian Galeazzo Sforza)의 섭정으로서 실질적인 권력을 행사했으며 1494년 잔 갈레아초 스포르차가 세상을 떠난 뒤 정식으로 밀라노 공작의 자리에 오른 인물이다. 그는 건축가 도나토 브라만테(Donato Bramante)와 레오나르도 다 빈치(Leonardo da Vanci)를 밀라노로 불러들였다. 1474년 밀라노로 이주한 브라만테는 스포르차 가문의 후원 아래에서 산 사티로 성당(Chiesa di Santa Maria presso San Satiro), 산타 마리아 델레 그라치에 성당(Chiesa di Santa Maria delle Grazie)의 내부 장식에 참여하였으며 레오나르도 다 빈치와 함께 파비아 대성당(Duomo di Pavia)의 건축에 관여하기도 했다. 레오나르도 다 빈치 역시 1481년 스포르차 가문의 화가로 초빙되었다. 그는 1499년까지 밀라노에 머무르며 「암굴의 성모」나 「최후의 만찬」과 같은 서양 미술사의 걸작들을 탄생시켰다. 이 시기의 건축 가운데 가장 널리 알려진 것은 무엇보다 스포르차 성(Castello sforzesco)이다. 루도비코 스포르차는 비스콘티 가문 시절부터 사용되어 오던 성채를 르네상스 양식으로 장식된 요새로 만들기 원했고 이 계획에 브라만테와 다 빈치가 투입되었다. 루도비코 스포르차는 성을 개축하면서 비스콘티 가문의 문장을 그대로 남겨두었는데 시민들에게 과거 신성로마제국 황제의 승인 하에 밀라노를 통치했던 비스콘티 가문과의 연속성을 드러내기 위함이었다.

피렌체 공화국 역시 마찬가지였다. 1115년 토스카나 변경백 마틸데(Matilde)가 세상을 떠난 후 시민들의 반란으로 성립된 피렌체 공화국의 초기 역사는 여러 가문들의 끊이지 않는 권력다툼으로 점철되어 있었다. 이러한 정치적 혼란을 수

로렌초 일 마니피코

습하고 실질적인 참주정을 수립한 것이 메디치 가문이다. 메디치 가문의 기틀을 닦은 것은 은행을 설립하여 고리대금업으로 막대한 부를 축적했던 조반니 디 비치(Giovanni di Bicci)였다. 당시 가톨릭교회는 부의 축적을 죄악으로 간주하였기 때문에 부유한 상인이나 금융업자들이 자신의 재산을 사회에 환원하는 차원에서 예술을 후원하였는데 1419년 산 로렌초 성당(Basilica di San Lorenzo)의 재건축을 후원했던 조반니 디 비치가 바로 그런 경우였다. 조반니 디 비치로부터 메디치 은행을 물려받은 코시모 데 메디치(Cosimo de' Medici)는 유능한 금융업자이기도 했지만 동시에 상당한 학식과 교양을 갖춘 인물이었다. 그는 비잔틴 제국으로 학자들을 파견하여 고문서 수집에 열을 올렸고 이렇게 수집된 고문서들로 라우렌치아나 도서관(Biblioteca Laurenziana)을 조성하였다. 그리고 콘스탄티노플 출신의 대학자 플레톤(Plethon)을 피렌체에 초청하여 플라톤과 아리스토텔레스의 철학을 공부하였을 뿐만 아니라 인문주의자 마르실리오 피치노(Marsilio Ficino)로 하여금 플라톤 아카데미(Accademia platonica)를 설립하게 한 것도 그의 공이었다. 또한 그는 도나텔로, 브루넬레스키, 미켈로초 등 수많은 예술가들을 후원하였다.

미켈란젤로가 그린 시스티나 예배당의 천장 벽화

정치적으로나 문화적으로 피렌체 공화국이 전성기에 이르렀던 것은 "위대한 자"라는 뜻의 일 마니피코(Il Magnifico)로 더 잘 알려진 로렌초 데 메디치(Lorenzo de' Medici) 대에 이르러서였다. 로렌초 데 메디치의 통치 기간은 이탈리아의 르네상스가 절정을 이루었던 시기와 일치한다. 그는 마르실리오 피치노, 안 젤로 폴리치아노(Angelo Poliziano), 조반니 피코 델라 미란돌라(Giovanni Pico della Mirandola)를 포함한 학자와 문인들 그리고 안드레아 델 베로키오(Andrea del Verocchio), 레오나르도 다 빈치(Leonardo da Vinci), 산드로 보티첼리(Sandro Botticelli), 도메니코 기를란다요(Domenico Ghirlandaio), 미켈란젤로 부오나로티(Michelangelo Buonarotti)와 같은 수많은 예술가들에게 후원을 아끼지 않았다. 이 가운데 보티첼리의 회화 작품들은 메디치가의 후원이 어떠한 정치적 효과를 거두었는지를 잘 보여준다. 보티첼리는 종종 성서나 신화의 에피소드를 테마로 한 작품에 메디치가의 인물들을 등장시켰다. 오늘날 우피치 미술관에 소장되어 있는 「동방박사의 경배」가 대표적인데 이 작품 안에서 예수의 탄생을 축하하기 위해 모인 인물들은 메디치가의 인물들을 모델로 그려진 것이다. 특히 이 작품의 화면 왼편에는 코지모 데 메디치를 따라 밀라노에 외교 임무를 수행하러 가는 어린 로렌초 데 메디치의 모습이 등장한다. 이 작품이 피렌체 시민들의 가슴 속에 피렌체의 통치자였던 메디치 가문의 위대함을 각인시키는 효과를 가져왔음은 충분히 짐작이 가능한 일이다.

　가톨릭교회의 교황 역시 문예의 후원자였다. 교황령 국가 안에서 교황은 세속 군주들과 동일하게 행정적, 정치적, 재정적, 사법적 그리고 심지어는 군사적 권한까지 행사하고 있었다. 따라서 교황의 후원 역시 밀라노의 스포르차 가문이나 피렌체의 메디치 가문과 동일한 목적 하에 이루어진 행동이었다. 더구나 1417년 교회 대분열이 끝난 이후 취임한 르네상스의 교황들은 혼란을 수습하고 교황의 권위를 다시 세워야 하는 과제를 안고 있었다. 바티칸 도서관(Biblioteca Apostolica Vaticana)을 설립한 니콜라오 5세(Nicolao V)나 에네아스 실비우스(Aeneas Silvius)라는 필명으로 고전 연구에 몰두했던 피우스 2세(Pius II) 등이 인문주의 운동의 후원자로 널리 알려져 있으며 율리우스 2세(Julius II) 대에 이르러 르네상스 예술의 황금기를 맞이하게 된다. 르네상스 예술의 거장 미켈란젤로와 라파엘로 그리고 건축가 브라만테 등이 바로 율리우스 2세 시기 로마에서 활동했던 예술가들이다.

세력균형

　롬바르디아 동맹을 결성하여 신성로마제국에 맞섰던 이탈리아의 자치도
시들은 이제 이탈리아 북부의 패권을 놓고 서로 경쟁하는 관계가 되었다. 이
리하여 1423년부터 베네치아 공화국과 밀라노 공국 그리고 그들의 동맹국
들 사이에 전쟁이 벌어지게 되는데 이를 롬바르디아 전쟁이라고 한다. 전쟁
의 발단은 포를리(Forli) 내부의 정치적 다툼이었다. 당시 영토 확장의 야망을
가지고 있던 밀라노 공작 필리포 마리아 비스콘티는 시민들을 선동하여 당
시 포를리를 섭정하던 이몰라(Imola)의 알리도시(Alidosi)가문에 대해 반란을
일으키도록 만든 후 이를 구실로 밀라노의 용병대장 아뇰로 델라 페르골라
(Agnolo della Fergola)가 이끄는 군대를 포를리로 진군시켰다. 이때 밀라노 공
국의 세력이 에밀리아-로마냐로 확장되는 것을 우려한 피렌체가 비스콘티
가문에 선전포고를 함으로써 전쟁이 시작되었다. 초기 나폴리와 연합했던
피렌체는 패배를 거듭했지만 1425년 피렌체의 용병대장 프란체스코 부소네
(Francesco Bussone)의 설득으로 베네치아 공화국이 참전하며 전세가 뒤집어
졌다.
　1423년부터 1454년까지 총 네 차례의 전쟁이 벌어졌고 이 과정에서 베네

치아는 밀라노의 반격을 물리치고 롬바르디아 지역의 대부분을 차지하는 성과를 올렸다. 그러나 베네치아의 지나친 영토 확장을 우려하던 피렌체가 당시 비스콘티 가문의 용병대장 프란체스코 스포르차(Francesco Sforza)와의 동맹을 구축하면서 베네치아의 확장은 저지되었고, 1454년 4월 9일 롬바르디아의 로디(Lodi)에서 평화조약이 체결됨으로써 전쟁이 종결되었다. 롬바르디아 전쟁은 이탈리아

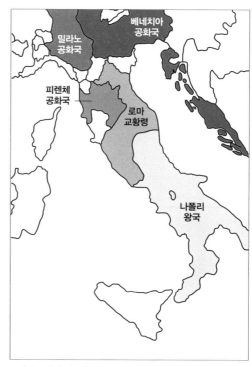

르네상스 시기 이탈리아의 정치 지도

반도 내부의 정치구조에 큰 변화를 가져왔는데 무엇보다 중요한 것은 베네치아 공화국, 밀라노 공국, 피렌체 공화국, 교황령 국가 그리고 나폴리 왕국이 이탈리아 반도의 정치 질서를 좌우하는 핵심 세력으로 떠올랐다는 것이다.

　로디 조약이 체결된 1454년부터 프랑스의 샤를 8세가 이탈리아 반도를 침공했던 1494년까지 40년의 기간 동안 이탈리아 반도 내부의 정치 구도는 전통적으로 이 다섯 개 국가의 세력균형으로 설명되어 왔다. 이미 니콜로 마키아벨리(Niccolò Machiavelli), 베르나르도 루첼라이(Bernardo Rucellai) 그리고 프란체스코 구이차르디니(Francesco Guicciardini)와 같은 르네상스 시기 피렌체의 저술가들은 15세기 말 이탈리아 반도의 상황을 어느 한 국가가 이탈리아를 지배하지 못하는 세력균형의 상태로 묘사했던 바 있다. 17세기 초의 저술가 조반니 보테로(Giovanni Botero) 역시 마찬가지였다. 오늘날의 수많은 역사가

들 역시 이러한 견해를 따르고 있다.

물론 이 시기 이탈리아 반도에 다섯 개의 국가만 있었던 것은 아니다. 이들의 주변의 수많은 소국들이 존재하고 있었다. 제노바(Genova), 시에나(Siena), 루카(Lucca)와 같은 독립 공화국이 존재했고 사보이아 공국(ducato di Savoia), 페라라 공국(ducato di Ferrara) 등의 소규모 군주국들도 있었다. 뿐만 아니라 리비에라 디 포넨테(Riviera di Ponente) 그리고 마싸(Massa)와 카라라(Carrara)를 포함한 많은 지역들이 신성로마제국 황제의 영지로 남아 있었다. 교황령 국가 역시 이탈리아 반도 곳곳에 수많은 영지들을 소유하고 있었다.

그러나 이 시기 이탈리아 반도의 운명을 좌우했던 것이 주요 다섯 개 국가라는 것에 이견은 없다. 이들은 협정과 연합을 통해 때로는 법적인 동맹의 결성을 통해 이탈리아 반도의 정치 질서를 결정지었다. 로디 조약 직후인 1454년 8월 30일 베네치아 공화국과 밀라노 공국, 피렌체 공화국 사이에 채결된 이탈리아 동맹이 대표적인 사례다. 전체적으로 보아 이들 가운데 가장 강대한 세력은 베네치아였으며 나머지 국가들이 베네치아의 팽창을 견제하는 양상이었다. 당시 동방에서 세력을 확장하던 오스만 투르크의 위협으로 인해 베네치아의 관심이 이탈리아 반도로부터 멀어진 것 역시 세력균형을 유지할 수 있었던 중요한 원인이었다. 로디 조약이 체결되기 1년 전인 1453년 오스만 투르크에 의해 비잔틴 제국이 멸망하면서 베네치아는 지중해 동부에서 오스만 투르크와 끊임없는 국지전을 벌였다. 한편 피렌체의 실질적인 통치자였던 코시모 데 메디치와 로렌초 데 메디치 역시 세력균형을 위해 많은 노력을 기울였다. 메디치가의 군주들은 나폴리 왕국과 밀라노 공국을 자신의 편으로 끌어들였으며 이를 통해 베네치아의 팽창과 교황령 국가의 세력확장을 성공적으로 견제함으로써 이탈리아 반도의 평화에 공헌하였다.

샤를 8세의 이탈리아 원정

15세기 말부터 서유럽의 여러 국가들, 즉 프랑스를 필두로 스페인, 포르투 갈과 영국 등은 강력한 왕권을 중심으로 하는 통일국가를 형성했던 반면 이탈리아는 여전히 여러 도시 국가들로 분열되어 있었다. 이탈리아 반도의 도시 국가들은 각기 자국의 이익만을 추구했으며 따라서 이들 사이의 연합과 동맹은 전략적이고 또 일시적인 것에 불과했다. 이리하여 유럽의 열강들과 이탈리아의 도시 국가 사이에서 생겨난 국력의 차이가 시간이 갈수록 더욱 커졌다. 가장 큰 차이가 발생한 것은 군사적인 영역이었다. 14세기 이후 전례 없는 경제적 번영을 맞이한 도시 국가의 시민들은 징집된 군대를 유지하는 것보다 상공업에 종사하여 축적한 부를 가지고 용병을 고용하는 것이 경제적으로 이익이라고 생각했다. 지중해의 해적들과 오스만 투르크로부터 함대를 방어하기 위해 자국의 군대를 운용했던 베네치아의 경우만이 예외였다. 이에 반해 프랑스와 스페인을 포함한 유럽 열강들은 점차 용병보다 징집된 군대의 비중을 늘려나갔다.

이런 정치적 상황 속에서 유럽 열강들은 잇달아 이탈리아 반도를 침입해 오기 시작했고 이로 인해 1494년에서 1559년까지 이탈리아 반도의 지배권을 두고 유럽 각국 사이에 일련의 분쟁이 벌어지게 되는데 이를 이탈리아 전쟁이라고 한다. 발단은 이탈리아 반도 남부의 지배권을 둘러싼 프랑스와 스페인의 역학관계였다. 노르만 정복자들이 건설한 시칠리아 왕국의 소유권은 1194년 신성로마제국의 호엔슈타우펜 왕가로 그리고 1266년 프랑스의 발루아앙주 왕가에게로 넘어갔는데, 이후 시칠리아의 민중 봉기로 인해 앙주 왕가가 축출되며 스페인의 아라곤 왕가가 시칠리아의 지배자가 되었다. 한편 앙주 왕가는 나폴리 왕국을 세우게 되는데 이에 따라 발루아 왕가 출신의 프랑스 왕들은 이전에 앙주 왕가가 소유했던 나폴리에 대한 정치적 권리를 끊임없이 주장해오고 있었다. 그러나 시칠리아를 소유한 스페인의 아라곤 왕가 역시 이탈리아 반도에 관심이 없을 수는 없었다. 아라곤 왕가의 알폰소 5세는 1442년 나폴리 왕국을 점령하여 사생아인 페르디난도 1세에게 물려주었다.

1494년 페르디난도 1세가 세상을 떠나자 발루아 왕가의 샤를 8세는 나폴리에 대한 앙주 왕가의 권리를 주장하며 이탈리아 반도 침공을 단행했다. 당시 프랑스의 군대는 25,000을 헤아렸는데 그 중 용병은 8,000에 지나지 않았다. 나머지 17,000은 프랑스의 국민 군대였다. 이탈리아 도시 국가의 용병들은 신식 총포로 무장한 프랑스의 군대에 상대가 되지 않았다. 샤를 8세는 알프스를 넘어 피렌체를 점령한 후 순식간에 나폴리까지 남하했다. 그리고 나폴리 정복에 성공한 샤를 8세는 스스로 나폴리 왕위에 올랐다. 그러나 곧 교황 알렉산데르 6세의 주도 하에 결성된 베네치아 동맹군이 샤를 8세의 앞을 가로막았다. 교황령 국가를 중심으로 베네치아 공화국, 밀라노 공국, 피렌체 공화국 그리고 스페인과 신성로마제국까지 동맹에 가담하였다. 샤를 8세는 1495년 오늘날 레지오 칼라브리아주에 속한 세미나라(Seminara)에서 나폴리 왕국의 계승자인 페르디난도 2세와 스페인의 연합군을 물리쳤으나 베네치아 동맹군이 북부 이탈리아를 점령함에 따라 보급에 어려움을 겪었고 급히 프랑스로 발길을 돌리게 되었다. 결국 베네치아 동맹군은 파르마(Parma) 인근 포르노보(Fornovo)에서 철군 중에 있던 샤를 8세의 군대를 크게 물리쳤고 나폴리의 지배권은 페르디난도 2세에게 되돌아갔다.

샤를 8세의 침공은 피렌체에서 메디치가의 축출과 공화정의 성립에 기여했다. 피렌체를 실질적으로 통치하던 메디치가의 군주 피에로 디 로렌초 데 메디치(Piero di Lorenzo de' Medici)는 1494년 프랑

사보나롤라의 화형

스의 군대가 피렌체를 점령했을 때 용감하게 맞서 싸우기보다는 재빠른 항복을 택했다. 피렌체 내부에서 그를 지지하는 세력이 많지 않았기 때문이기도 하다. 어쨌든 프랑스 군대가 피렌체를 약탈하기 시작했을 때 메디치가에 대한 시민들의 분노와 실망은 극에 달했다. 결국 피렌체 시민들은 폭동을 일으켰고 메디치가 전원을 피렌체에서 추방시켰다. 메디치가의 추방 이후 권력을 잡은 것은 페라라(Ferrara) 출신의 도메니코회 수도사 지롤라모 사보나롤라(Girolamo Savonarola)였다. 그는 이탈리아의 여러 도시에서 가톨릭교회의 부패를 비판하여 명성을 쌓았고 이로 인해 1490년에는 로렌초 데 메디치(Lorenzo de' Medici)의 초청으로 피렌체에서 설교를 시작했다. 사보나롤라는 피렌체에서 가톨릭교회뿐만 아니라 메디치 일가와 피렌체 시민들의 부패에 대해 신랄하게 공격하기 시작했다. 그의 설교는 시민들의 열광적인 호응을 얻었다. 그는 피렌체의 부패를 징벌하기 위한 "신의 칼"이 내려올 것이라고 예언했는데 많은 피렌체의 시민들은 이탈리아로 침입한 샤를 8세의 군대를 "신의 칼"로 받아들였다.

사보나롤라는 피렌체에 입성한 샤를 8세를 설득해내고 피렌체 시민들의 요구를 관철시키는데 성공했다. 따라서 샤를 8세가 나폴리 원정을 위해 피렌

마키아벨리

체를 떠난 후 피렌체의 권력을 장악한 것은 사보나롤라와 그의 추종자들이었다. 그들은 피렌체에 일종의 신정국가를 세웠다. 사보나롤라는 세속적인 문화를 모두 반종교적인 것으로 간주하여 금지했고 이에 따라 도시의 모든 예술품들을 불태우는 행사를 거행하기도 했다.

사보나롤라의 몰락은 정치적 무능과 경제적 위축 그리고 지나친 신정정치에 대한 시민들의 반감이 복합적으로 작용한 결과였다. 사보나롤라는 피렌체 시민들의 지지를 서서히 잃어가기 시작했다. 교황 알렉산데르 6세가 사보나롤라를 이단으로 간주하여 파문에 처했을 때 그는 피렌체 시 당국에 의해 체포되어 화형에 처해졌다.

사보나롤라 이후 피렌체에서는 피에르 소데리니(Pier Soderini)가 주도하는 공화국 정부가 수립되었다가 레오 10세의 법명으로 교황의 자리에 오르게 되는 추기경 조반니 데 메디치(Giovanni de' Medici)가 교황령 국가의 군대로 피렌체를 함락시킴으로써 메디치가의 복귀가 이루어졌다.

이 시기 이탈리아 반도와 피렌체의 정치적 상황을 대단히 효과적으로 보여주는 문헌 가운데 하나는 마키아벨리의 기념비적인 저작 『군주론』(Il Principe)이다. 마키아벨리는 피렌체 공화국의 외교관과 재무상으로 복무했던 인물이었다. 메디치가의 복귀와 동시에 그는 공직에서 축출되었고 1513년에는 메디치가에 대한 반란의 혐의를 받고 투옥되기도 했다. 1513년 말 마키아벨리는 『군주론』을 집필하여 당시 메디치가의 군주였던 로렌초 2세 데 메디치(Lorenzo II de' Medici)에게 헌정하는데 이는 다시 공직에 복귀하기 위한 계획의 일환이었다. 『군주론』의 여러 구절에서 로렌초 2세와 메디치가에 대한 예찬의 어조가 드러나는 것은 바로 이 때문이다. 그러나 이와 별개로『군주론』은 마키아벨리의 풍부한 외교적 경험의 산물이기도 하다. 피렌체 공화국의 외교관이었던 그는 당대의 국제정세에 대해 잘 알고 있었다. 그는 이탈리아 반도가 외세의 지배로부터 벗어나기 위해서는 이탈리아 반도 역시 다른 열강들과 마찬가지로 통일국가를 형성해야 한다고 생각했고 이 과업을 달성할 적임자로 메디치가의 군주를 지목했다. 결국『군주론』은 이탈리아 반도의 통일을 달성하기 위해 어떠한 통치를 펼쳐야 하는가에 대하여 마키아벨리가 메디치가의 군주에게 바치는 조언이라고 할 수 있다.

루이 12세의 이탈리아 원정

샤를 8세는 결국 이탈리아 정복의 꿈을 이루지 못한 채 1498년 세상을 떠나게 된다. 샤를 8세는 후사를 남기지 못했고 이에 따라 프랑스의 왕위는 오를레앙 공작 루이에게 넘어가게 되었는데 그가 바로 훗날 프랑스 삼부회에서 "국민의 아버지"(Père Du Peuple)라는 칭호를 얻게 되는 루이 12세이다. 루이 12세는 나폴리의 영유권에 대한 샤를 8세의 주장을 그대로 계승하였을 뿐만 아니라 밀라노에 대한 정치적 권리까지 요구했다. 초대 밀라노 공작 잔 갈레아초 비스콘티의 아내였던 발렌티나 비스콘티가 자신의 조부였던 오를레앙 공작 루이 1세와 결혼했다는 이유였다. 이리하여 루이 12세는 여러 차례의 이탈리아 원정을 단행하게 된다. 루이 12세는 베네치아 동맹군의 반격으로 인해 발길을 돌려야 했던 샤를 8세의 실수를 되풀이하지 않았다. 그는 원정을 떠나기 전 이탈리아 반도 내부의 세력뿐만 아니라 이탈리아 반도에 관심을 가지고 있던 외부 세력과의 우호관계 수립을 시도했다. 그는 우선 외교적 수단을 통해 베네치아 동맹의 핵심 세력이었던 스페인의 동의를 얻어낸데 이어 교황 알렉산데르 6세의 사생아였던 체사레 보르지아(Cesare Borgia)에게 발랑스(Vanlence) 공작의 작위를 하사함으로써 교황령 국가와의 연합을 구축했다. 그리고 크레모나(Cremona)와 아다(Adda) 강 유역의 영토를 할양하는 조건으로 베네치아와의 연합도 이끌어냈다.

1499년 루이 12세의 군대가 롬바르디아로 진격했을 때 밀라노 공작이었던 루도비코 스포르차(Ludovico Maria Sforza)는 완전히 고립되어 있었다. 페데리코 1세(Federico I)가 통치하던 나폴리 왕국이 루도비코 스포르차의 유

루도비코 스포르차

일한 동맹 세력으로 남아 있었지만 스페인과의 관계로 인해 그들이 밀라노를 원조하는 것은 불가능한 상황이었다. 이리하여 1499년 루이 12세는 제노바를 거쳐 손쉽게 밀라노에 입성할 수 있었다. 이듬해 1월 스위스 용병의 지원을 받은 루도비코 스포르차가 밀라노의 프랑스 주둔군을 일시적으로 몰아냈지만 곧 루이 12세가 파병한 원군이 루도비코 스포르차가 주둔하고 있던 노바라(Novara)를 포기하였다. 당시 루이 12세 역시 스위스 용병을 고용하고 있었는데 양측의 스위스 용병들이 서로 싸우기를 거부함에 따라 1500년 4월 밀라노는 다시 루이 12세의 수중에 떨어졌다. 루도비코는 스위스 용병으로 가장하여 탈출을 시도했으나 프랑스 군대에 의해 발각되어 로쉬 성(Château de Loches)에 연금되었고 그곳에서 세상을 떠났다.

밀라노를 수중에 넣은 루이 12세는 나폴리로 눈을 돌렸다. 1500년 11월 그는 스페인을 통치하던 아라곤 왕가의 페르디난도 2세(Ferdinando II)와 그라나다(Granada)에서 비밀 협정을 체결하여 나폴리 왕국을 나눠 갖기로 합의했다. 프랑스는 나폴리(Napoli)와 아브루초(Abruzzo)를 그리고 스페인은 풀리아(Puglia)와 칼라브리아(Calabria)를 영유한다는 조건의 협정이었다. 당시 프랑

스의 연합세력이었던 교황 알렉산데르 6세의 동의 또한 어렵지 않게 얻어낼 수 있었다. 이리하여 1501년 프랑스의 군대와 스페인의 군대가 동시에 이탈리아 남부로 진격을 시작했다. 당시 협정의 내용에 대해서는 까맣게 모른 채 스페인의 군대가 프랑스에 맞서 자신들을 도울 원군이라고 생각했던 나폴리의 페데리코 1세는 칼라브리아의 요새들을 개방해버렸다. 뒤늦게 스페인의 배신을 깨달은 페데리코 1세는 이스키아(Ischia)로 피신했고 왕국은 루이 12세에게도 넘어가버렸다.

프랑스와 스페인의 연합작전은 대성공이었다. 그러나 나폴리 왕국의 분할을 시행하는 과정에서 의견 차이가 생겨나며 두 국가 사이의 전쟁이 시작되었다. 스페인을 최종적인 승리로 이끌었던 것은 그라나다의 이슬람 세력을 몰아내고 레콩퀴스타를 완수하는 데 혁혁한 공을 세웠던 명장 곤살로 데 코르도바(Gonzalo Fernández de Córdoba)였다. 그는 이미 1495년 칼라브리아(Calabria)의 세미나라(Seminara)에서 샤를 8세의 프랑스 군대에 패배해 본 경험이 있었다. 이후 곤살로 데 코르도바는 스페인 군대의 편제와 전술에 대한 과감한 개혁을 단행했고 루이 12세의 군대를 상대로 개혁의 효과를 증명했다. 그는 각각 1503년 4월과 12월 풀리아의 체리뇰라(Cerignola)와 나폴리 북쪽의 가릴리아노(Garigliano) 강에서 프랑스군에게 궤멸적인 타격을 입혔다. 루이 12세는 나폴리 왕국에서 군대를 철수 시키는 것 이외에 다른 선택의 여지가 없었다. 이리하여 스페인의 군대가 나폴리에 입성했고 나폴리 왕국은 스페인 왕위 계승전쟁이 종결되는 1714년까지 스페인의 지배하에 들어가게 된다.

교황 알렉산데르 6세와 체사레 보르지아

체사레 보르지아(Cesare Borgia)는 훗날 알렉산데르 6세의 법명으로 교황의 자리에 오르는 로드리고 보르지아(Rodrigo Borgia) 추기경이 자신의 정부(情婦)였던 반노차 카타네이(Vannozza Cattanei)와 관계하여 낳은 네 명의 사생아 가운데 하나였다. 물론 법적으로 성직자의 결혼은 금지되어 있었지만 정부와의 사이에서 사생아를 갖는 것은 당대에 상당히 빈번한 일이었다. 일반적으로 적출이 아닐 경우 가문의 이름을 상속받을 수 없었지만 체사레 보르지아의 경우는 예외였다. 로드리고 보르지아의 청탁을 받은 교황 식스투스 4세(Sixtus IV)가 체사레 보르지아를 출생에 따른 불이익으로부터 면제시켰기 때문이다.

로드리고 보르지아는 장자였던 후안 보르지아(Juan Borgia)에게 교황령 국가의 총사령관을 맡겼던 반면 체사레 보르지아는 성직자로서 경력을 쌓기를 원했다. 장자 상속의 전통에 따라 장자와 차남의 역할이 명확하게 구분되어 있던 당대 귀족 가문의 문화를 생각할 때 이상한 일은 아니었다. 어쨌든 체사레 보르지아는 불과 열다섯의 어린 나이에 팜플로나(Pamplona) 대주교로 임명되었고 그로부터 3년이 지난 1492년 로드리고 보르지아가 교황으

체사레 보르지아

로 선출되자 곧 추기경으로 서임되었다. 그러나 1498년 체사레는 추기경직을 사임하게 되는데 일년 전 로마의 게토(Ghetto)에서 변사체로 발견된 후안의 뒤를 잇기 위해서였다. 많은 사람들은 체사레 보르지아가 암살의 배후라고 생각했지만 알 수 없는 일이다.

추기경직을 사임한 직후 체사레 보르지아는 프랑스 왕 루이 12세로부터 발랑스 (Valence) 공작의 작위를 받았다. 체사레 보르지아가 발렌티노(Valentino)라는 별칭으로 불리게 된 것은 이 때문이었다. 어쨌든 루이 12세의 입장에서 볼 때 체사레 보르지아에게 작위를 내린 것은 교황령 국가와의 연합을 통해 밀라노 공국을 고립시키려는 외교정책의 일환이었다. 알렉산데르 6세의 입장에서도 프랑스와의 연합은 유용했다. 그의 머리 속에는 프랑스의 도움을 받아 이탈리아 반도 내에서 교황령 국가의 영역을 확장시키고 나아가 교황령 국가를 중심으로 이탈리아 반도를 통일하려는 정치적 계산이 깔려 있었다. 1498년 10월 프랑스로 떠난 체사레 보르지아는 이듬해까지 그곳에 머물렀다. 이 시기에 그는 프랑스의 왕족과 귀족 그리고 고위 성직자들과 관계를 맺을 수 있었다. 이후 1499년 루이 12세의 이탈리아 원정이 시작되었을 때 체사레 보르지아는 소수의 기병대를 이끌고 참전했고 그해 10월 루이 12세와 함께 밀라노에 입성했다.

이후 로마로 돌아온 그는 교황령 국가의 총사령관으로서 교황령 국가의 통제에서 벗어난 이탈리아 반도의 군소 도시들을 정복해 나가기 시작했다. 교황령 국가의 영토는 과거 프랑크 왕국의 페핀 2세에게 기증받았을 때와 비교하면 크게 축소되어 있었다. 교회의 권위가 실추되면서 교황령 국가의 영토 안에 있는 많은 도시들이 사실상의 독립국이 되거나 혹은 다른 군주국들에 의지하기 시작했기 때문이었다. 특히 14세기의 아비뇽 유수를 거치며 이러한 이탈이 더욱 가속화되었다. 알렉산데르 6세는 체사레 보르지아가 교황령 국가의 옛 영토를 수복해주기를 기대했고 체사레 보르지아는 알렉산데르 6세를 실망시키지 않았다.

교황 알렉산데르 6세

1499년 말 로마에 돌아오자마자 원정길에 오른 체사레 보르지아는 밀라노 공작 루도비코 스포르차의 조카 카테리나 스포르차(Caterina Sforza)가 통치하고 있던 포를리(Forli)와 이몰라(Imola)를 시작으로 교황 알렉산데르 6세가 파문에 처한 리미니(Rimini), 파엔차(Faenza), 페사로(Pesaro)를 어려움 없이 정복했다. 교황령 국가의 용병대 곁에는 루이 12세 치하의 프랑스 군대가 함께하고 있었다. 오늘날 에밀리아 로마냐(Emilia Romagna) 주에 속하는 지역의 대부분을 정복한 알렉산데르 6세와 체사레 보르지아는 로마냐 공국(Ducato di Romagna)를 세움으로써 당대 이탈리아 반도의 다른 군주국들과 어깨를 나란히 하게 되었다. 그러나 이들의 야망은 여기서 그치지 않았다. 로마냐 공국을 토대로 이탈리아 반도의 통일을 꿈꾸었던 알렉산데르 6세와 체사레 보르지아는 곧 이탈리아 반도의 다른 지역으로 눈을 돌렸다.

그러나 이들의 꿈은 결국 이루어지지 못했다. 체사레 보르지아의 성공은 상당 부분 알렉산데르 6세 그리고 그와 연합한 루이 12세의 지원에 힘입은 것이었다. 먼저 루이 12세의 치하의 프랑스 군대가 1503년 4월 체리뇰라(Cerignola) 전투에서 곤살레 데 코르도바가 이끄는 스페인 군대에게 대패하게 되면서 교황령 국가와 프랑스 사이의 연합이 깨지기 시작했다. 알렉산데르 6세는 이 전쟁에서 프랑스를 지원했던 것은 승리할 경우 시칠리아의 지배권을 체사레에게 넘긴다는 밀약 때문이었다. 그러나 프랑스의 패색이 짙어지고 밀약의 실행 가능성이 희박해지자 알렉산데르 2세와 체사로 보르지아는 루이 12세를 멀리하기 시작했다. 더 큰 불행은 그 직후에 찾아왔다. 1503년 알렉산데르 6세와 체사레 보르지아가 동시에 열병에 걸렸는데 체사레 보르지아는 구사일생으로 살아났지만 당시 72세였던 알렉산데르 6세는 병을 이겨낼 수 없었고 결국 같은 해 8월 세상을 떠나게 된다.

　지지기반을 모두 잃어버린 체사레 보르지아의 몰락은 그의 성공만큼이나 빨랐다. 이후 1503년 알렉산데르 6세와 적대관계에 있던 율리우스 2세가 새 교황으로 선출되면서 체사레 보르지아는 1504년에 스페인으로 추방당했고 우여곡절 끝에 자신의 처남인 나바라 왕국의 후안 3세에게 몸을 의지하게 된다. 그리고 그는 1507년 나바라 왕국의 반란을 진압하던 중 31세의 젊은 나이로 세상을 떠났다. 이탈리아 반도의 여러 군주들 가운데 마키아벨리가 그토록 염원했던 통일에 가장 근접했던 인물은 체사레 보르지아였다.

캉브레 동맹

거듭되는 외세의 침략에 이탈리아 반도의 군주국들은 속수무책이었다. 유럽의 열강들과 대등하게 경쟁할 수 있는 세력은 베네치아가 유일했다. 밀라노와 나폴리는 이미 프랑스와 스페인에게 복속되었고 피렌체는 피사와의 전쟁에 전념하고 있었다. 교황령 국가 역시 체사레 보르지아의 몰락 이후 위축되었다. 리미니(Rimini), 파엔차(Faenza) 등 과거 로마냐 공국에 속했던 도시들은 베네치아 공화국으로 넘어갔다. 1503년 피우스 3세(Pius III)의 뒤를 이어 교황으로 선출된 율리우스 2세(Iulius II)는 로마냐 공국의 영토를 되찾기 위해 프랑스와 신성로마 제국을 끌어들였지만 큰 성과를 거두지 못한 채 단지 볼로냐(Bologna)와 페루지아(Perugia)를 수복하는데 그치고 말았다. 나머지 도시들에 대한 반환 요청이 받아들여지지 않자 율리우스 2세는 신성로마제국 황제 막시밀리안 1세로 하여금 베네치아 공화국을 공격하도록 사주하였다. 1508년 2월 막시밀리안 1세의 군대가 공격을 단행하였으나 베네치아 군대를 이끌던 용병대장 바르톨로메오 달비아노(Bartolomeo D'Alviano)는 막시밀리안 1세의 군대를 막아내는데 그치지 않고 북부 이탈리아에 있는 신성로마제국의 영토로 계속 진격하여 포르데노네(Fordenone), 고리치아(Gorizia), 트리에

스테(Trieste), 피우메(Fiume)를 차지하는 성과를 올렸다.

　베네치아를 교황령 국가에 대한 커다란 위협으로 인식하고 있던 율리우스 2세는 1508년 3월 베네치아 공화국이 교황의 승인 없이 임의대로 비첸차(Vicenza) 주교를 임명하자 더 이상 참을 수가 없었다. 교황은 베네치아에 대항하는 그리스도교 국가들의 동맹을 호소했고 이리하여 1508년 12월 10일 프랑스의 루이 12세와 신성로마제국의 막시밀리안 1세가 캉브레(Cambrai)에서 반 베네치아 동맹을 결성했다. 여기에 스페인, 영국, 헝가리뿐만 아니라 사보이아 공국, 페라라, 만토바, 피렌체까지 가세했다. 동맹에 참가한 국가들 사이에는 정복한 베네치아 공화국의 영토 분할에 대한 합의가 이루어져 있었다. 교황 율리우스 2세는 무엇보다 베네치아의 영향력 하에 들어간 로마냐 지역의 수복을 원했다. 신성로마제국의 막시밀리안 1세는 프리울리(Friuli)와 베네토(Veneto)를, 스페인의 페르난도 2세는 풀리아의 오트란토를 그리고 프랑스의 루이 12세는 크레모나(Cremona)와 브레시아(Brescia)를 포함한 롬바르디아의 여러 도시들을 원하고 있었다.

　결국 베네치아 공화국은 전 유럽을 상대로 전쟁을 벌이게 되었다. 베네치아 군대의 주축은 바르톨로메오 달비아노와 니콜로 디 피틸리아노(Niccolo di Pitigliano)가 이끄는 용병대였다. 초반의 전세는 베네치아에게 불리했다. 1509년 5월 루이 12세의 프랑스 군대는 크레모나의 아냐델로(Agnadello)에서 바르톨로 메오 달비아노가 이끄는 베네치아의 군대를 전멸시키는 성과를 거두었다. 루이 12세는 브레시아까지 진격하였고 롬바르디아의 영토 대부분을 획득했다. 교황 율리우스 2세는 베네치아 시민 전체를 파문에 처한 뒤 공세에 나서 과거 로마냐 공국의 영토를 재정복했고 신성로마제국 황제 막시밀리안 1세는 1508년 바르톨로메오 달비아노(Bartolomeo D'Alviano)에게 빼앗겼던 트리에스테와 피우메의 영토를 수복했다. 게다가 파도바(Padova), 베로나(Verona) 그리고 비첸차(Vicenza)는 전세가 베네치아에게 불리해지자 막시밀리안 1세에게 의지하였다.

　그러나 정작 파도바의 시민들은 신성로마제국보다는 베네치아 공화국의 통치에 더 호의적이었다. 1509년 파도바의 시민들이 베네치아의 도움을 받아 신성로마제국의 주둔군을 상대로 반란을 일으켰고 이에 따라 파도바는 다시 베네치아에 귀속되었다. 이리하여 파도바 공성전이 시작되었다. 프랑스, 스페인 그리고 신성로마제국의 연합군이 파도바를 공략했지만 수비대의 강한 저항으로 결국 함락에 실패했다. 파도바를 성공적으로 방어해 낸 이후 베네치아의 반격이 시작되었다. 니콜로 디 피틸리아노(Niccolo di Pitigliano)가 이끄는 베네치아의 용병대는 신성로마제국으로부터 비첸차를 포함한 베네토(Veneto)의 여러 도시들을 순식간에 탈환하고 로마냐에서 교황군을 전멸시키는 성과를 거두었다. 그러나 프랑스와 동맹이던 페라라 공격에 나선 함대가 궤멸적인 타격을 입음으로써 전쟁은 소강상태로 접어들었다.

전 유럽과의 전쟁을 수행하는데 막대한 재정이 소모되었음은 당연하다. 캉브레 동맹과의 전쟁은 당대 유럽에서 가장 부유한 국가들 가운데 하나였던 베네치아 공화국을 심각한 재정적 위기로 몰아넣었다. 베네치아는 교황령 국가와의 협상을 모색하게 된다. 베네치아 공화국이 교황령 국가에게 로마냐의 도시들을 반환하고 배상금을 지불하는 등의 굴욕적인 조건을 받아들임으로써 협상은 타결되었지만 이 협상과 무관한 프랑스의 군대는 공격의 고삐를 늦추지 않았다. 베네토로 향한 프랑스의 군대는 비첸차(Vicenza)를 점령하며 베네치아 공화국을 코앞에서 위협했다. 1510년 5월 루이 12세의 고문이었던 조르주 당부아즈(Georges d'Amboise) 추기경이 통풍으로 세상을 떠난 것이 베네치아에게는 천운으로 작용했다. 비첸차에 이어 파도바(Padova) 공격을 준비하던 루이 12세가 당부아즈 추기경의 사망 이후 진격을 멈추었기 때문이다. 어쨌든 이리하여 베네치아와 캉브레 동맹과의 전쟁은 이탈리아 반도에서 프랑스의 영향력을 확대시키는 결과를 낳으며 일단락되었다.

율리우스 2세의 신성동맹

이탈리아 반도에서 프랑스의 영향력이 지나치게 확대되는 것에 대해 위기감을 느낀 율리우스 2세는 베네치아와 손을 잡고 프랑스를 견제하려 했다. 프랑스에 의해 롬바르디아에서 획득한 영토 전부와 베네토의 일부를 빼앗긴 베네치아의 입장에서도 손해 볼 것이 없는 계획이었다. 교황령 국가와 베네치아의 연합군은 1510년 7월 행동을 개시했다. 그러나 페라라의 에스테(Este) 가문과 연합한 프랑스의 군대를 당해낼 수 없었다. 로마냐로 진격했던 교황령 국가의 용병대는 당시 프랑스의 밀라노 총독이었던 용병대장 잔 자코모 트리불치오(Gian Giacomo Trivulzio)에게 막혀 버렸고 페라라를 향해 진격했던 베네치아의 군대는 포(Po) 강 유역에서 용병대장 출신의 페라라 공작 알폰소 1세 데스테(Alfonso I d'Este)가 이끄는 군대에게 궤멸적인 타격을 입고 말았다. 그리고 1511년이 되면 로마냐의 대부분은 프랑스의 수중에 떨어졌다.

1508년 베네치아를 견제하기 위해 프랑스를 끌어들였던 율리우스 2세는 이번에는 프랑스에 맞서기 위해 스페인을 끌어들이기로 결정했다. 1511년 율리우스 2세는 아라곤 왕가의 페르난도 2세(Fernando II) 그리고 베네치아 공화국과 함께 신성동맹을 결성하였다. 이후 신성로마제국의 막시밀리안 1세가 합류하였으며 프랑스 북부의 영토를 두고 프랑스와 대립하던 영국의 헨리 8세도 가담하였다. 결국 율리우스 2세는 신성동맹의 힘을 빌어 프랑스를 몰아내는데 성공했다. 우르비노 공작 프란체스코 마리아 1세 델라 로베레가 이끄는 교황령 국가의 용병대가 볼로냐와 파르마를 점령함으로써 로마냐에 주둔해 있던 프랑스 군대는 롬바르디아로 물러났고 이어 스위스 용병대와 베네치아 용병대가 밀라노를 공격했다. 이때 스위스 용병대를 지휘한 것은 루도비코 스포르차의 아들이었던 마시밀리아노 스포르차(Massimiliano Sforza)였다. 결국 연합군은 총독 잔 자코모 트리불치오(Gian Giacomo Trivulzio)가 이끄는 프랑스 군대를 패퇴시켰고 마시밀리아 노 스포르차(Massimiliano Sforza)는 아버지가 빼앗겼던 공작의 지위를 되찾았다.

그러나 승리와 동시에 신성동맹은 내부의 대립으로 와해되기 시작했다. 프랑스로부터 빼앗은 이탈리아 북부의 영토를 분할하는 데 있어 이견이 생겨났기 때문이었다. 이탈리아 반도 북부에서 베네치아의 세력이 다시 확대되는 것을 원치 않았던 막시밀리안 1세와 율리우스 2세는 영토분할에서 베네치아를 완전히 배제시켰고 반발하는 베네치아를 무력으로 위협했다. 이에 따라 베네치아는 다시 프랑스와 동맹을 결성하여 롬바르디아 공격을 단행했다. 1512년 5월 북서쪽에서는 프랑스 본토에서 출발한 루이 12세의 군대가 그리고 동쪽에서는 바르톨 로메오 달비아노가 이끄는 베네치아의 용병대가 동시에 밀라노를 향해 진군했다. 그러나 프랑스의 군대는 피에몬테의 노바라(Novara)에서 다시 스위스 용병대에게 가로막혔다. 약 13,000여 명으로 구성된 스위스 용병대의 기습을 받은 프랑스 군대는 퇴각을 결정했다. 프랑스의 지원을 받지 못하고 고립된 베네치아의 군대 역시 퇴각을 시작했다. 당시 베네치아 본토는 라몬 데 카르도나(Ramon de Cardona)가 이끄는 스페인과 신성로마제국 군대의 공격을 받고 있었다. 베네치아 본토에 대한 공격을 시도했으나 별다른 성과를 거두지 못하던 카르도나의 연합군과 바르톨로메오 달비아노의 군대가 10월 비첸차(Vicenza) 인근에서 마주쳤고 베네치아는 이 전투에서 결정적인 패배를 당하게 된다.

1515년 루이 12세의 뒤를 이어 프랑스 왕에 즉위한 프랑수아 1세는 다시 베네치아와 연합하여 밀라노 공격에 나섰다. 프랑스와 베네치아의 연합군이 마리냐노(Marignano)에서 밀라노에 진주해 있던 스위스 용병대를 패퇴시킴으로써 스포르차 가문이 복귀한지 단 3년 만에 밀라노의 지배권은 다시 프랑스에게로 넘어갔다. 그러나 1513년 세상을 떠난 율리우스 2세의 뒤를 이어 교황으로 선출된 레오 10세(Leo X)는 율리우스 2세와 달리 군사적인 일에 그리 적극적이지 않았고 다시 밀라노를 되찾을 의지도 없었다. 스페인도 마찬가지였다. 이로 인해 신성동맹은 와해되어 버렸다. 결국 승자는 프랑스와 베네치아였다. 결국 1516년 프랑스의 누아용(Noyon)에서 훗날 신성로마제국의 황제 카를 5세로 즉위하는 스페인의 카를로스 1세와 프랑스의 프랑수아 1세가 교황 레오 10세의 주선으로 만나 강화조약을 체결함으로써 1508년부터 시작되었던 캉브레 동맹 전쟁은 종결되었다. 노이용 조약의 골자는 이탈리아 반도의 상황을 캉브레 동맹 이전으로 돌려놓는 것이었다. 이에 따라 스페인은 나폴리 왕국과 시칠리아 왕국을 그리고 프랑스는 밀라노를 지배하게 되었으며 베네치아는 이손초(Isonzo) 강 상류 지역과 암페차노(Ampezzano) 협곡 일대를 잃게 되었다. 베네치아가 상실한 지역은 예전의 통치자였던 신성로마제국의 합스부르크 왕가에 귀속되었다.

왕조전쟁과 이탈리아 반도

노이용 조약으로 인한 프랑스와 스페인의 평화는 합스부르크 왕가 출신의 스페인 군주 카를로스 1세가 신성로마제국 황제 카를 5세로 즉위하며 깨지게 되었다. 카를로스 1세는 오늘날 벨기에의 영토에 속하는 헨트(Gent)에서 부르고뉴 공작 필리프의 장자로 태어났다. 그의 모친은 카스티야 여왕 이사벨라와 아라곤왕 페르난도 2세의 딸 후아나(Juana)였는데 1516년 페르난도 2세가 세상을 떠남에 따라 스페인의 왕위를 물려받게 되었다. 그리고 이후 1519년 1월 21일 조부인 막시밀리안 1세가 사망하였을 때 신성로마제국 황제 카를 5세로 즉위하였다. 카를 5세는 모친인 후아나로부터 아라곤 왕국, 카탈루냐 왕국을 포함하는 스페인 전역, 이탈리아 반도 남부와 시칠리아, 사르데냐, 아메리카의 스페인 식민지를 그리고 조부인 막시밀리안 1세로부터는 부르고뉴, 네덜란드 그리고 이탈리아의 일부 지역을 포함하는 광대한 영토를 상속받아 해가 지지 않는 대제국을 건설하였다.

따라서 합스부르크 왕가의 광대한 영토가 프랑스를 둘러싸고 있는 상황이 조성되었고 이에 위기의식을 느낀 발루아 왕가의 프랑스 왕 프랑수아 1세는 전쟁을 통해 이러한 상황을 타개하려 했다. 이리하여 1521년부터 발루아 왕

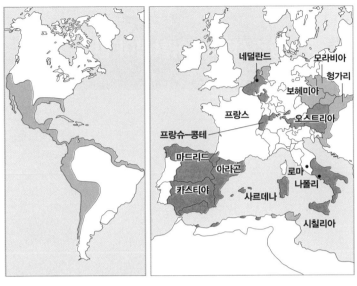

카를 5세의
제국 영토

가와 합스부르크 왕가의 각축전이 벌어지기 시작했는데 이를 왕조전쟁이라
한다. 왕조전쟁의 주된 전장은 이탈리아 반도였다. 당시 종교개혁을 진압하
기 위해 황제의 힘이 필요했던 교황 레오 10세는 카를 5세의 편에 섰고 이전
부터 프랑스와 대립하던 잉글랜드의 헨리 8세도 카를 5세의 편으로 가담하
였다. 프랑수아 1세는 파비아에서 스페인 군대의 포로가 되는 굴욕을 겪기도
했다. 결국 1526년 프랑수아 1세는 마드리드에서 이탈리아 반도 전체를 포
기한다는 굴욕적인 강화조약을 체결할 수밖에 없었다.

1526년에는 클레멘스 7세(Clemens VII)가 새로운 교황으로 선출되었다. 클
레멘스 7세는 카를 5세의 편에 섰던 전임 교황 레오 10세와 달리 이탈리아
반도에서 신성로마제국의 영향력이 확대되는 것에 큰 불안을 느끼고 있었
다. 그는 카를 5세에게 대항하기 위해 프랑스의 프랑수아 1세와 영국의 헨리
8세, 베네치아 공화국, 밀라노 공국, 피렌체 공화국을 끌어들여 코냐크 동맹
(Lega di Cognac)을 결성했다. 그러나 동맹군은 내분으로 인해 별다른 성과를
거두지 못했고 이를 틈타 1527년 카를 5세의 군대가 로마로 진군했다. 클레
멘스 7세는 산탄젤로 성(Castello Sant'Angello)으로 몸을 피했고 카를 5세의 군
대는 무주공산이 된 로마를 무차별적으로 파괴했다. 교회의 재산이 모두 약

로마 약탈과
관련된 회화
작품

탈당했고 르네상스 시기의 건축물과 예술품들이 파괴당했을 뿐만 아니라 수
많은 사람들이 잔인하게 학살되었다. 오늘날의 역사가들은 로마 약탈을 가
리켜 이탈리아 르네상스의 문명에 종말을 가져온 사건이라고 평가한다. 아
울러 중세에 황제를 압도했던 교황의 권력이 바닥까지 떨어졌음을 상징적으
로 보여주는 사건이기도 하다. 어쨌든 코냐크 동맹의 실패로 인해 1529년 프
랑수아 1세는 다시 한번 굴욕적인 강화조약을 체결해야 했다.

한동안 소강상태를 보이던 발루아 왕가와 합스부르크 왕가의 대립은 밀라
노 공작의 계승 문제를 놓고 다시 시작되었다. 1535년 밀라노 공작 프란체스
코 마리아 스포르차가 후사를 남기지 못하고 세상을 떠나자 카를 5세는 밀
라노 공국을 합스부르크 왕가의 영토로 편입시켰고 이에 반발한 프랑수아
1세가 오스만 투르크와 연합하여 이탈리아를 침공하였다. 이탈리아를 향해
진군한 프랑수아 1세의 군대는 피에몬테의 많은 도시들을 함락시켰고 오스
만 투르크는 바다에서 이탈리아의 해안 도시들을 공략하였다. 결국 1538년
니스에서 프랑수아 1세와 카를 5세 사이에 강화조약이 체결되었지만 프랑스
는 토리노를 점유한 것 이외에 별다른 소득을 얻지 못했다. 이후 신성로마제
국 그리고 프랑스와 오스만 투르크의 동맹군 사이에 국지적인 전투가 그치
지 않았고 결국 왕조전쟁은 다음 세대까지 계속되었다. 왕조전쟁을 완전히
끝낸 것은 1559년 프랑수아 1세를 계승한 앙리 2세(Henri Ⅱ)와 스페인의 펠리

페 2세(Felipe II) 사이에 체결된 카토-캉브레시스 조약이었다.

앙리 2세는 스페인의 동맹이었던 사보이아 공작 에마누엘 필리페르토 (Emanuele Filiberto)에게 피에몬테를 내주었고 코르시카를 제노바에게 양도했으며 밀라노에 대한 권리를 완전히 포기했다. 결국 카토-캉브레시스 조약은 합스부르크 왕가가 이탈리아 반도의 지배권을 완전히 장악하는 계기가 되었다. 결과적으로 1508년 베네치아를 견제하기 위해 프랑스를 끌어들였고 1511년 프랑스에 맞서기 위해 다시 스페인을 끌어들였던 교황 율리우스 2세의 이이제이(以夷伐夷) 정책은 이탈리아 반도 내에서 외세의 영향력이 더욱 커지는 결과를 초래했을 뿐이다.

토스카나 대공국의 성립

캉브레 동맹 전쟁이 진행 중이던 1512년 추기경 조반니 데 메디치(Giovanni de' Medici)가 교황령 국가의 군대를 이끌고 소데리니 내각을 무너뜨림에 따라 메디치가의 피렌체 복귀가 이루어졌다. 이듬해 조반니 데 메디치는 레오 10세(Leo X)의 법명으로 교황의 자리에 올랐고 그의 형제였던 줄리아노 데 메디치(Giuliano de' Medici)가 사실상 피렌체 공화국의 통치자가 되었다. 메디치가의 권력은 가문 출신의 교황 레오 10세와 클레멘스 7세의 비호 아래 더욱 공고해졌지만 그렇다고 해서 메디치가의 통치에 반대하던 세력과의 대립이 완전히 끝난 것은 아니었다. 메디치가와 공화주의자들 사이의 피비린내 나는 대립은 계속되었다. 1527년 신성로마제국 황제 카를 5세의 로마 약탈 직후 메디치가에 반대하는 피렌체의 공화주의자들이 다시 폭동을 일으켰다. 그러나 클레멘스 7세는 로마 약탈 이후 신성로마제국 카를 5세와 우호적인 관계를 유지하고 있었고 그 대가로 카를 5세는 피렌체 공격을 단행하여 함락시켰다. 메디치가는 다시 한번 복권되었고 카를 5세가 알레산드로 데 메디치(Alessandro de' Medici)에게 공작의 작위를 내림으로써 피렌체 공화국은 종말을 고했다.

1533년 성립된 피렌체 공국(Ducato di Firenze)은 메디치 가문의 세습 군주 체제였다. 알레산드로 데 메디치가 후사를 남기지 못한 채 공화주의자들의 사주를 받은 먼 친척 로렌치노 데 메디치에 의해 암살됨에 따라 피렌체 공작의 자리는 메디치가의 먼 방계 출신인 코시모 1세 데 메디치(Cosimo I de' Medici)에게로 넘어갔다. 코시모 1세는 이탈리아 반도를 두고 프랑스와

자코모 폰토르모가 그린 19세의 코시모 1세 데 메디치의 초상

경쟁하던 신성로마제국 황제 카를 5세를 원조하는 대가로 피렌체의 통치권을 인정받을 수 있었다. 신성로마제국과의 협력 관계는 메디치 가문의 대가 끊기기 전까지 계속되었다. 이렇게 피렌체 내부에서 권력 기반을 다진 코시모 1세는 곧바로 인근의 시에나 공국(Ducato di Siena)으로 시선을 돌렸다. 코시모 1세는 1555년 오랜 기간의 공성전 끝에 시에나를 함락시키는데 성공했다. 그리고 시에나 정복이 완수된 뒤로 십년이 지난 1569년 교황 피우스 5세는 시에나 공국(Ducato di Siena)과 피렌체 공국을 행정적으로 병합하는 칙령을 발표했고 이로 인해 토스카나 대공국(Granducato di Toscana)이 성립되었다. 메디치가는 토스카나 전역을 장악했으며 루카(Lucca)와 피옴비노(Piombino) 만이 독립을 유지했다.

코시모 1세는 이미 토스카나 대공이 되기 이전부터 피렌체를 토스카나의 정치적, 행정적 중심지로 만들기 위한 작업을 진행시키고 있었다. 이와 같은 코시모 1세의 의도는 오늘날 르네상스 회화의 보고로 널리 알려진 우피치

미술관의 건축을 통해 잘 드러난다. 이탈리아어로 우피치(uffizi)는 사무공간을 의미한다. 우피치는 본래 미술관이 아닌 토스카타 대공국의 여러 행정기관들을 하나로 통합해 놓은 종합청사로 계획된

우피치 미술관

건축물이다. 1559년 코지모 1세는 조르지오 바사리(Giorgio Vasari)에게 베키오 궁에서 아르노 강에 이르는 직사각형 모양의 부지 위에 우피치 건축을 의뢰했다. 우피치는 1560년 착공에 들어갔고 코시모 1세와 바사리 모두 세상을 떠난 후인 1581년에 완공되었다.

우피치가 건설된 부지는 이미 공화국 시기부터 피렌체의 정치적, 행정적 중심이었던 곳이다. 코시모 1세는 우피치를 건축하며 기존에 있던 건물의 일부를 보존하고 싶어 했다. 보존된 건물들 가운데 가장 중요한 것은 여러 전쟁에서 피렌체의 승리를 기념하는 트로피가 보관되어 있던 산 피에트로 성당(Chiesa di San Pietro Scheraggio)과 피렌체의 화폐를 발행하던 제카(Zecca), 즉 화폐국 건물이었다. 1252년부터 발행되기 시작한 플로린은 유럽 최초로 주조된 금화이며 유럽 전체에서 유통되고 있었고 이렇게 볼 때 화폐국은 피렌체와 메디치 가문의 경제적 헤게모니를 상징적으로 보여줄 수 있는 건물이었다. 결국 보존이 결정된 건축물들은 모두 피렌체 혹은 메디치 가문의 영광과 관련된 것들이었다. 결국 우피치는 피렌체의 통치자로서 메디치 가문이 갖는 정치적 정통성과 더불어 새로이 성립된 토스카나 대공국 안에서 피렌체가 갖는 경제적, 문화적 우월성을 상징하는 건축물이었다.

오스만 투르크와 베네치아 공화국

오스만 투르크는 아나톨리아 북서부의 유목민족으로부터 기원한다. 이들은 13세기 중반부터 소아시아에서 세력을 확장해 나가기 시작했고 소아시아를 완전히 차지한 14세기에는 비잔틴 제국을 향해 영토를 확장해 나갔다. 이후 1453년 "정복자"라 불리는 술탄 메흐메트 2세(Mehmet II)는 비잔틴 제국의 수도 콘스탄티노플을 함락시키고 지중해 동부를 완전히 장악했다. 오스만 투르크의 확장은 동방 무역을 통해 많은 수익을 올리고 있던 제노바 공화국과 베네치아 공화국에 큰 타격을 입혔다. 그러나 제노바 공화국이 1453년부터 1475년까지 흑해와 에게해 연안에 있는 무역 거점들을 모두 빼앗기고 쇠퇴의 길로 접어들었던 반면 베네치아 공화국은 지중해 동부의 패권을 놓고 오스만 투르크와 대립을 계속했다. 1463년 베네치아의 함대가 펠로폰네소스 반도의 아르고스(Argos)를 점령했고 코린토스(Korinthos) 공격을 개시했지만 오스만 투르크의 대규모 함대가 원조에 나서자 후퇴할 수밖에 없었다. 이후 펠로폰네소스 반도에서 오스만 투르크와 밀고 밀리는 전투가 계속되었다. 베네치아 공화국은 계속 수세에 몰려있었다. 베네치아 공화국의 함대가 아테네를 함락시켰지만 곧 파트라스(Patras)에서 대패하였고 1470년에는 대규모의 오스만 투르크 함대가 에비아(Evia)를 점령했다.

1464년 교황으로 선출된 파울루스 2세(Paulus II)와 그의 후임이었던 식스투스 4세(Sixtus IV)는 오스만 투르크의 확장에 맞서 이탈리아 군주국들의 동맹을 체결하려 시도했지만 결국 실패로 돌아갔고 그동안 오스만 투르크는 각각 1473년과 1477년 베네치아 본토에 가까운 프리울리(Friuli)에 대한 공격을 단행하였다. 이에 따라 베네치아 공화국은 펠로폰네소스 반도의 점령지를 포기하고 오늘날 알바니아의 영토에 해당하는 슈코더르(Shkodra)를 양도하는 굴욕적인 조건의 강화 조약을 체결해야만 했다. 그러나 이탈리아 반도 정복을 꿈꾸고 있던 술탄 메흐메트 2세는 이에 만족하지 않았다. 1480년 오스만 투르크는 이탈리아 남부를 공격하여 오트란토(Otranto)를 손에 넣었지만 1481년 메흐메트 2세가 이집트 원정 중 세상을 떠남으로써 이탈리아 반도 진출은 좌절되었다. 메흐메트 2세의 사망 후 베네치아 공화국은 반격을 개시하여 키프로스 섬을 손에 넣었다.

1512년 술탄의 자리에 오른 셀림 1세(Selim I)가 아라비아 반도 서부와 북아프리카 동부의 맘룩 왕조를 멸망시킴으로써 다시 긴장이 고조되기 시작했다. 이어 셀림 1세는 에게 해 남동부 도데카니사 제도에 위치한 로도스(Rhodes) 섬 공략을 준비하던 중 병으로 세상을 떠나게 된다. 1520년 술탄의 자리에 오른 쉴레이만 1세(Süleyman I)는 셀림 1세의 팽창정책을 그대로 계승하여 1522년 로도스 섬 공격을 단행했다. 당시 로도스 섬은 1차 십자군 원정 직후인 1113년 탄생한 성 요한 기사단의 근거지였다. 성 요한 기사단은 막강한 해군력을 가진 로도스 기사단의 근거지였다. 십자군 원정 이후 이스라엘 북서부의 항구도시 아크레(Acre)를 사수하던 성 요한 기사단은 이후 키프로스 왕국으로 피난했다가 1309년 당시 비잔틴 제국의 영토였던 로도스 섬을 정복한 후 로도스 기사단이 되었다. 이들은 지나가는 상선을 약탈하는 등 사실상의 해적과 같이 활동하고 있었다.

로도스 섬은 오스만 투르크가 이탈리아 반도로 진출하기 위해서는 반드시 지나야 하는 길목에 위치하고 있었다. 1522년 쉴레이만 1세는 대규모의 함대로 로도스 섬 공격을 단행했다. 병력의 차이는 압도적이었다. 정확한 수는 사료에 따라 차이가 있지만 투르크 본국과 이집트로부터 출발한 오스만 투르크의 병력은 약 20만을 헤아렸던 반면 로도스 기사단과 용병을 합친 수는 약 2천에 불과했던 것으로 추산된다. 압도적인 병력의 차이에도 불구하고 기사단은 6개월 동안 오스만 투르크의 대군을 막아냈다. 결국 1522년 12월 쉴레이만 1세의 항복 요구를 받아들이면서 로도스 섬은 오스만 투르크의 수중으로 넘어갔다. 쉴레이만 1세가 제시한 조건은 대단히 관대했다. 쉴레이만 1세는 기사단 전원이 자신의 재산을 가지고 12일 내로 로도스 섬을 떠날 수 있도록 배려했다.

로도스 섬을 떠난 기사단은 몰타에 정착했다. 신성로마제국 황제 카를 5세가 이들로 하여금 북아프리카의 해적들로부터 스페인령 트리폴리를 대신 방어하게 할 목적으로 몰타에 근거지를 마련해 주었기 때문이다. 쉴레이만 1세의 공격은 로도스에서 끝나지 않았다. 1560년 그는 오늘날 튀니지의 영토에 해당하는 제르바(Gerba) 섬에서 스페인을 중심으로 하는 그리스도교 동맹군을 격파한 후 1565년 몰타 공격을 단행했다. 이번에도 병력의 차이는 압도적이었다. 몰타 공방전에 참가했던 이탈리아의 역사가 프란시스코 발비(Francisco Balbi)의 기록에 따르면 오스만 투르크의 병력은 총 48,000을 헤아렸던 반면 몰타 기사단의 병력은 몰타 주민들로 구성된 지원병들까지 합쳐 5,500에 불과했다. 이번에도 기사단의 저항은 완강했다. 5월부터 9월까지 3개월 동안 오스만 투르크의 공격을 큰 피해 없이 막아냈다. 그리고 9월 시칠리아로부터 스페인의 지원군이 도착함에 따라 오스만 투르크를 몰타에서 몰아낼 수 있었다.

몰타 공방전의 승리는 일시적인 것에 불과했다. 쉴레이만 1세는 몰타 정복에 실패했고 이듬해 세상을 떠났지만 그렇다고 오스만 투르크의 군대가 멈추었던 것은 아니었다.

레판토 해전

　쉴레이만 1세의 뒤를 이어 셀림 2세(Selim Ⅱ)가 술탄의 자리에 오르며 오스만 투르크와 베네치아와의 전쟁에 다시 불이 붙었다. 셀림 2세는 베네치아령 키프로스의 수도인 니코시아(Nicosia)를 공격하여 함락시킨 것을 시작으로 파마구스타(Famagusta)를 제외한 키프로스 전역을 손에 넣었다. 법률가 출신의 베네치아 군 장교 마르칸토니오 브라가딘(Marcantonio Bragadin)이 불과 8,000의 병력으로 75,000에 이르는 오스만 투르크의 군대를 방어하고 있는 상황이었다. 베네치아 공화국은 오스만 투르크에 대항하기 위해 다른 그리스도교 국가들의 힘을 빌려야 하는 상황이었다. 1571년 교황 피우스 5세(Pius V)의 주도로 교황령 국가, 베네치아 공화국, 스페인, 토스카나 대공국, 사보이아 공국의 동맹이 결성되었다.

　시칠리아의 메시나(Messina) 앞바다에 집결했던 동맹군의 병력 규모는 다음과 같다. 도제 세바스티아노 베니에르(Sebastiano Venier)가 직접 이끄는 베네치아 공화국의 갤리선 108척과 갤리어스 6척, 제노바 출신의 해군 제독 조반니 안드레아 도리아(Giovanni Andrea Doria)가 이끄는 스페인의 갤리선 81척, 시칠리아의 부왕이자 교황령 국가의 총사령관 마르칸토니오 콜론나

파올로 베로네제가 그린 레판토 해전

(Marcantonio Colonna)가 이 끄는 갤리선 12척에 사보이아 공국과 몰타 기사단에서 보낸 갤리선 총 6척이 더해졌다. 승선한 전투원은 모두 약 20,000을 헤아렸는데 그 가운데 절반 이상이 이탈리아인이었다. 동맹군의 총사령관은 신성로마제국 황제 카를 5세의 사생아였던 돈 후안 데 아우스트리아(Don Juan de Austria)였다.

메시나를 출발한 동맹국의 함대는 10월 7일 코린토스 만 북쪽의 레판토 앞바다에서 알리 파샤(Ali Pascia)가 이끄는 오스만 투르크의 해군과 맞닥뜨렸고 곧 대규모의 해전이 벌어졌다. 오스만 투르크의 병력은 대형 갤리선 208척과 소형 갤리선 66척 그리고 푸스타 64척으로 구성되어 있었다. 동맹군의 중앙에는 베니에르와 콜론나가 이끄는 베네치아와 교황령 국가의 함대가 위치하고 있었고 좌익과 우익에는 각각 바르바리고의 베네치아 함대 그리고 도리아가 이끄는 스페인 함대와 몰타 기사단의 함대가 자리 잡았다. 동맹군은 중앙과 좌익에서 투르크의 군대를 압도했다. 특히 중앙의 베네치아와 교황령 국가의 연합군은 알리 파샤의 배에 올라타 그를 참수시키는 성과를 올렸다. 전투에 늦게 참여했던 데다가 본대로부터 다소 떨어진 거리에 있던 우익의 스페인 함대가 고전했지만 전투의 결과에 영향을 미치지는 못했다. 전투는 오전 11시 경부터 오후 5시 경까지 약 다섯 시간 동안 진행되었다. 동맹군의 갤리선 가운데 약 40여 척이 파손되었고 7,500명이 전사했던 것에 반해 오스만 투르크의 함대는 최소 170여척의 갤리선이 격침되었고 약 20,000에서 30,000에 이르는 사망자가 발생했다.

　오랜 기간 동안 유럽인들은 레판토 해전을 이슬람 세계의 팽창을 저지한 그리스도교 세계의 빛나는 승리로 이해해왔다. 그러나 결국 승자는 없었다. 이후 스페인이 동맹에서 빠져나가게 되면서 베네치아는 레판토 해전의 승리를 세력 확장으로 이어가지 못했다. 결국 1573년 오스만 투르크와 베네치아 공화국 사이에 강화조약이 체결되었고 이에 따라 베네치아는 지중해 동부에서 무역활동을 지속하는 대신 키프로스를 오스만 투르크에 양도하고 배상금까지 지불해야 했다. 그리고 오스만 투르크는 레판토 해전의 패배 이후 함대를 복구했음에도 불구하고 지중해로의 진출을 포기하고 유럽 중부에서 육로로의 진출을 모색하게 된다. 지중해 지역에서 오스만 투르크는 직접적인 군사적 행동보다는 북아프리카를 근거지로 하는 해적들을 활용하기 시작했다. 키프로스를 상실한데다가 신항로의 개척으로 동방 무역의 주도권을 빼앗기게 된 베네치아의 쇠퇴가 시작되었고 오스만 투르크의 팽창 역시 정체되었다.

대항해 시대의 개막과 이탈리아의 항해가들

이미 중세 말부터 발달해 온 조선술과 항해술을 바탕으로 대규모의 범선이 제작되고 나침반이 항해에 사용되기 시작하며 대양으로의 장거리 항해가 가능해졌다. 이리하여 15세기 말부터 유럽인들은 동방으로 갈 수 있는 새로운 항로의 개척에 나서게 된다. 스페인이나 포르투갈과 같이 대서양에 면한 유럽의 군주국들은 일찍부터 통일국가를 형성하여 정치적 안정을 달성한 뒤 국가적 차원에서 탐험가들의 활동을 적극적으로 지원하였다. 1488년 포르투갈 왕 후안 2세(Juan II)의 지원을 받은 바르톨로메우 디아스(Bartolomeu Diaz)가 희망봉에 도달하였고 1498년 바스코 다 가마(Vasco da Gama)가 희망봉을 돌아 인도의 캘리컷에 도착하였다. 한편 스페인 이사벨라 여왕의 후원을 받은 콜롬부스는 1492년 서쪽으로 항해하여 오늘날 서인도 제도의 산 살바도르(San Salvador)에 상륙하였다.

이탈리아 반도의 군주국들이 신항로 개척을 직접적으로 지원했던 것은 아니었지만 신항로 개척에 대한 이탈리아인들의 공헌은 적지 않다. 먼저 파올로 달 포초 토스카넬리(Paolo dal Pozzo Toscanelli)의 사례를 들 수 있다. 토스카넬리는 파도바 대학교에서 수학한 피렌체 출신의 천문학자로 지구구형설을 주장한 것으로 널리 알려져 있다. 그러나 지구구형설이 토스카넬리만의 독창적인 이론은 아니었다. 고대 그리스의 여러 철학자들이 이미 지구구형설을 주장했던 바 있다. 토스카넬리는 당시 코시모 데 메디치에 의해 피렌체의 궁정에 초청된 그리스 철학자 플레톤(Plethon)으로부터 고대 그리스인들의 지리학에 대해 알게 되었고 이를 토대로 서쪽으로의 항해를

콜롬부스

제안했을 뿐이다. 1474년 토스카넬리는 리스본 출신의 성직자 페르난 마르틴스(Fernan Martins)에게 서쪽으로 항해하는 계획안을 담은 편지와 지도를 보냈고 이는 포르투갈 왕 아폰수 5세(Afonso V)에게 전해졌다. 이 내용을 전해 들은 콜롬부스는 편지의 사본을 손에 넣을 수 있었고 이후 토스카넬리에게 직접 항해에 대한 자문을 구했다.

콜롬부스는 1451년 제노바에서 태어난 항해가이다. 일찍부터 상업에 종사하였다는 것 외에 그의 유년시절에 대한 정보는 알려져 있지 않다. 1479년 그는 상업활동을 위해 리스본으로 건너갔는데 이 시기 마르코 폴로의 『동방견문록』을 읽고 중국과 인도를 향해 서쪽으로 항해할 계획을 세우게 된다. 콜롬부스가 서랍 속의 꿈이었던 계획을 구체화시킬 수 있었던 것은 바로 토스카넬리의 영향이었다. 콜롬부스는 자신의 계획을 실현시키기 위해 후원자를 찾아 나섰다. 1484년 포르투갈의 주앙 2세(Juan II)에게 후원을 요청했지만 거절당했다. 주앙 2세는 당시 서쪽 항로보다는 희망봉을 돌아하는 항로에 관심이 있었던 데다가 콜롬부스의 요구사항이 지나치게 까다로웠던 탓이다. 자신에게 귀족의 작위를 내려줄 것과 더불어 자신이 발견한 땅에서 얻은 수

아메리고 베스푸치

입의 1/10 그리고 자신이 발견한 땅을 다스리는 총독의 지위를 요구했는데 당시로서는 대단히 파격적인 조건이었다. 이 조건을 받아들인 것은 스페인의 이사벨라 여왕이었다. 이사벨라 여왕이 후원을 결정한 데에는 포르투갈에 대한 경쟁의식이 크게 작용했다.

이리하여 콜롬부스는 인도를 찾아 서쪽으로 떠났고 1492년 10월 12일 산 살바도르(San Salvador) 제도에 도착했다. 그리고 1502년까지 세 차례 더 서쪽 항로를 항해했다. 콜롬부스는 세상을 떠날 때까지 자신이 발견한 땅을 아시아라고 믿었다. 이 땅이 신대륙이라는 것을 깨달은 이는 피렌체 출신의 탐험가 아메리고 베스푸치(Amerigo Vespucci)였다. 메디치가의 상점에서 점원으로 일하던 그는 1492년 로렌체 데 메디치(Lorenzo de' Medici)가 세상을 떠난 후 가문의 사업을 물려받은 로렌초 디 피에르프란체스코 데 메디치(Lorenzo di Pierfrancesco de' Medici)의 호의를 사 스페인의 카디즈(Cádiz)의 지점에 파견되었다. 스페인에서 그는 콜롬부스의 항해를 지원하던 잔노초 베라르디(Giannozzo Berardi)의 상사의 업무를 보게 되었고 이후 직접 탐험 활동에 나서기 시작했다. 특히 1501년에서 1502년 사이의 항해로 그는 콜롬부스가 발견한 땅이 신대륙이라는 사실을 깨닫게 되었다. 항해를 마치고 스페인으로 돌아온 그는 1503년 아메리쿠스 베스푸치우스(Americus Vespuccius)라는 자신의 라틴어 이름으로 『신세계』(Mundus Novus)라는 제목의 책을 발간하였다. 이 책이 전 유럽에 널리 유통되었고 그로부터 4년이 지난 1507년 독일의 지도제작자 마르틴 발트제뮐러(Martin Waldseemüller)가 아메리고 베스푸치의 이름을 따 신대륙을 아메리카라고 명명하였다.

새로운 항로의 개척과 지중해 무역의 쇠퇴

초기에는 스페인과 포르투갈이 해상 탐험을 주도했지만 곧 유럽의 다른 군주국들 또한 신항로 개척에 동참하기 시작했다. 콜럼버스의 항해가 성공한 직후 영국의 헨리 8세는 베네치아 출신의 항해가 조반니 카보트(Giovanni Cabot)의 북아메리카 탐사를 후원했다. 조반니 카보트는 아들 세바스티안 카보트(Sebastian Cabot)와 함께 북아메리카와 캐나다를 여러 차례 탐사하고 귀환했다. 프랑스는 다소 늦은 16세기 초부터 아메리카 탐사에 끼어들었다. 프랑스 탐험가 자크 카르티에(Jacques Cartier)는 1534년에서 1541년 사이 북아메리카 대륙 북동부를 탐사했고 이는 훗날 프랑스가 이 지역에 대한 영유권을 주장하는 근거가 되었다. 이 시기의 해상 탐험은 "지리 혁명"이라고 불릴 정도로 유럽 문명 전반에 큰 영향을 미쳤다. 무엇보다 가장 큰 역사적 의의는 유럽 문명의 중심이 지중해에서 대서양으로 이동했다는 것이다. 고대부터 르네상스 시기까지 유럽사의 무대는 이탈리아 반도를 중심으로 하는 지중해였다. 중세 후반부터 이탈리아의 해상 공화국들과 비잔틴 제국, 이슬람 세력이 지중해를 사이에 두고 다투어왔다. 그러나 이제 포르투갈과 스페인, 영국, 프랑스 등이 대서양을 중심으로 경쟁하며 유럽 문명을 주도해 나가기 시작했고 이에 따라 이탈리아 반도는 점차 유럽 문명의 중심으로부터 멀어졌다.

물론 이탈리아의 쇠퇴와 몰락이라는 현상의 원인을 전적으로 해상 탐험과 새로운 항로의 개척 탓으로만 돌릴 수는 없다. 이미 그 이전부터 이탈리아 반도는 정치적 분열과 외세의 침입으로 극심한 혼란을 겪고 있었다. 이탈리아 반도의 군주국들이 해상 탐험에 적극적이지 못했던 이유는 바로 이러한 혼란 때문이기도 했다. 그러나 신항로의 개척이 경제적인 측면에서 이탈리아 도시국가들에 결정적인 타격을 입혔던 것만은 분명하다. 유럽은 이전부터 육로를 통해 동방으로부터 향신료와 금, 은, 면, 비단 등을 수입해오고 있었다. 베네치아와 제노바를 위시한 이탈리아의 도시국가들은 동방으로부터 들어오는 상품들을 유럽 본토에 공급하는 중개 무역을 통해 막대한 부를 축적할 수 있었고 이는 이탈리아의 도시국가들이 찬란한 르네상스 문화를 꽃 피울 수 있었던 배경 가운데 하나였다. 그러나 이제 유럽인들은 향신료를 포함한 일부 상품들을 아프리카 남단을 돌아 혹은 서쪽 항로를 통해 이탈리아 상인들을 거치지 않고 동방과 직접 교역하기 시작했다.

16세기 초 베네치아 공화국의 향신료 무역과 관련된 사례는 이러한 변화를 효과적으로 증명한다. 1498년 바스코 다 가마가 이끄는 포르투갈의 선단이 인도의 캘리컷에 도착했을 때 베네치아 내부에서는 이 사건이 몰고 올 여파에 대한 갑론을박이 벌어졌다. 다양한 전망들 가운데 우세했던 것은 포르투갈의 인도 항로 개척이 베네치아의 향신료 무역을 몰락에 이르게 할 것이라는 비관적 전망이었다. 1502년 이 문제에 대처하기 위해 특별 위원회를 구성하는 한편 오스만 투르크의 공동 대응을 촉구하는 외교적 노력을 기울였다. 그러나 1507년 포르투갈의 함대는 인도의 디우 항 인근에서 오스만 투르크의 함대를 격파하고 인도 안에 주요 무역거점들을 확보하는데 성공했다. 이리하여 1510년대가 되면 포르투갈은 베네치아를 제치고 유럽의 향신료 무역에서 독점적인 지위를 확보하게 된다.

향신료 무역은 하나의 사례일 뿐이다. 새로 개척된 항로를 통해 이전에 비해 다양한 상품들이 훨씬 싼 가격으로 유럽에 공급되기 시작했다. 이에 따라 시간이 갈수록 이탈리아 상인들의 활동은 둔화되었고 런던, 안트베르펜, 낭트, 리스본, 카디스, 함부르크 등 대서양에 면한 항구 도시들이 교역의 중심지로 부상했다. 물론 이러한 과정이 어느 한 순간에 진행된 것은 아니다. 새로운 항로의 개척과 함께 지중해 교역이 완전히 사라진 것도 아니다. 오스만 투르크는 그리스도교 국가와의 무역 활동에 적대적이지 않았다. 지중해 동부를 통한 무역은 술탄에게 막대한 재정적 이익을 가져다주는 사업이었다. 물론 교역량이 눈에 띄게 줄어든 것은 사실이지만 그럼에도 불구하고 17세기까지도 지중해 동부를 통한 중개 무역은 대서양 무역과 공존하고 있었다.

이탈리아의 노예무역

　이탈리아 반도에서 이루어졌던 노예무역의 현황은 대서양 항로의 개척으로 인해 나타난 지중해 무역의 쇠퇴뿐만 아니라 당대 이탈리아 반도의 산업 구조를 이해하기 위한 좋은 사례가 된다. 향신료 및 금, 은, 면, 비단과 더불어 노예 역시 이탈리아 상인들이 취급하던 하나의 중요한 교역 상품 가운데 하나였다. 14세기까지 이탈리아에 노예를 공급했던 것은 해상 공화국 베네치아와 제노바였다. 이들은 킬로스(Khilos), 라이아초(Laiazzo), 카파(Caffa), 타나(Tana), 파마구스타(Famagusta) 등 흑해와 지중해 동부 연안의 비그리스도교인들을 포획하여 노예화한 후 이탈리아 각지에 판매했다. 타르타르인과 체르케스인 그리고 사라센들이 주를 이루었으며 그 밖에 소수의 그리스 정교인들, 루마니아, 알바니아, 아르메니아인들이 포함되어 있었다. 이탈리아 남부의 경우에는 사정이 좀 달랐는데 아프리카 북부에 근거지를 둔 사라센 해적들과 계속되는 전쟁의 와중에 무어인과 사라센인 전쟁 포로들이 노예가 되었다.

　15세기 후반이 되면 베네치아와 제노바의 노예무역은 쇠퇴하기 시작한다. 오스만 투르크가 비잔틴 제국의 영토를 침범하면서 흑해 연안과 지중해 동부에서 베네치아와 제노바의 영향력이 감소했기 때문이다. 1453년 콘스탄티노플 함락으로 비잔틴 제국이 멸망한 뒤로는 흑해 연안과 지중해 동부 연안에서의 노예 포획이 사실상 불가능해졌다.

15세기 후반부터는 아프리카 남단을 돌아가는 항로를 개척했던 포르투갈이 새로운 노예의 공급처로 떠올랐다. 포르투갈의 탐험가들은 항해왕이라 불리는 엔리케(Henrique) 왕자의 후원 하에 세네갈(Senegal)과 기니(Guinea)의 흑인들을 포획하여 노예화한 후 리스본이나 알가르베(Algarve)를 통해 유럽 각국으로 판매했다. 이탈리아도 중요한 판매처 가운데 하나였다. 특히 피렌체의 중요한 금융회사였던 캄비니 은행이 포르투갈을 통한 노예무역에 가담하고 있었다. 이들은 1460년대부터 매년 리스본으로부터 흑인 노예들을 수입하여 피렌체, 루카, 피사 등 토스카나의 여러 도시들로 판매했다. 간혹 토스카나의 항구도시 리보르노(Livorno)에 기항하는 포르투갈의 상선에서 구입하는 경우도 있었다. 따라서 15세기 후반이 되면 이탈리아에 공급되는 노예는 아프리카 흑인들로 바뀌게 된다. 물론 이전에도 아라비아 상인들을 통해 흑인 노예가 공급되기는 했지만 타르타르인과 체르케스인 그리고 사라센인과 무어인에 비하면 극소수에 불과했다.

포르투갈이 아프리카의 흑인 노예 사업에 관여하기 이전부터 이탈리아 반도의 북부와 남부에 수입되는 노예에는 큰 차이가 있었다. 우선 상공업을 기반으로 하는 자치도시들이 발달했던 이탈리아 반도의 중부와 북부의 노예들은 거의 전적으로 여성들, 그 중에도 특히 어린 소녀들이었다. 이들은 주로 가사를 담당했다. 농업이나 수공업 분야에 종사하는 노예는 극히 드물었다. 그러나 대농장을 경영하던 남부의 경우 대부분의 노예는 남성이었고 이들은 농업에 종사했다. 또한 남부의 경우 중부와 북부보다 전체 인구에서 노예가 차지하는 비율이 훨씬 높았는데 이는 중세 후반 계속되는 해적들의 침략과 전쟁 그리고 전염병의 창궐 때문이었다. 이와 같은 구도는 포르투갈로부터 흑인 노예가 수입되기 시작한 15세기 후반 이후에도 변함없이 지속되었다. 캄비니 은행이 최초로 토스카나에 흑인 노예를 수입한 것은 1461년이었다. 이후 1478년까지 그들이 수입한 흑인 노예는 모두 여성이었다. 여성노예는 공식적으로는 가사에 투입되었지만 전적으로 가사일만 했던 것은 아니다. 토스카나 대부호들의 성적인 만족을 위한 수단이기도 했다. 캄비니 은행이 흑인 노예를 공급하던 것과 같은 시기 피렌체의 산 갈로 병원(Ospedale di San Gallo)과 인노첸티 병원(Ospedale degli Innocenti)의 문 앞에 버려진 업둥이들 가운데 많은 수는 혼혈이었다.

트리엔트 공의회

메디치가 출신의 레오 10세(Leo X)는 역사상 가장 불명예스러운 교황 가운데 하나로 기록되어 있다. 바티칸의 산 피에트로 성당 건축을 위해 면벌부를 판매함으로써 마르틴 루터(Martin Luther)의 종교개혁을 촉발시켰던 장본인이기 때문이다. 1508년부터 비텐베르크 대학에서 신학 강의를 시작했던 루터는 이전부터 선행과 구원의 문제에 대해 고민해오고 있었다. 여기에서 선행이란 오늘날의 쓰임처럼 도덕적으로 올바른 행위를 의미하는 것이 아니다. 가톨릭교회가 지정한 일련의 행위, 예를 들면 성사, 기도, 단식, 성지순례 등을 의미한다. 영혼의 구원을 위해서는 선행을 해야 한다는 것이 당대 가톨릭의 교리였다. 1515년 마르틴 루터는 오로지 믿음에 의해서 구원이 가능하다는 결론에 이르게 된다. 그가 면벌부의 판매에 반대했던 것도 이러한 이유였다. 아래는 95개의 조항 가운데 면벌부 판매와 직접적으로 연관된 조항의 내용이다.

〈제 21조〉 면벌부를 옹호하는 이들이 말하는 것처럼 교황이 사면한다고 모든 벌이 면죄되는 것은 옳지 않다.

〈제 27조〉 상자 속에서 돈이 쨍그랑 거리면 영혼이 연옥에서 벗어난다고 설교하는 것은 어불성설이다.

마르틴 루터의 주장을 간단하게 요약하자면 순수했던 초기 그리스도교 시절, 즉 교부시기의 그리스도교로 회귀하자는 것이었다. 루터가 보기에 면벌부의 판매뿐만 아니라 성사와 성변화의 문제, 성직자 금혼, 연옥에 대한 믿음, 성인 숭배 등 가톨릭의 전통은 모두 후대의 교황들에 의해 만들어진 것이므로 거부되어야 마땅한 것이었다. 루터는 1522년 비텐베르크에서 루터파를 조직하여 가톨릭 교회로부터의 독립을 선언했고 루터파는 신성로마제국 북부와 스칸디나비아 반도로 확산되었다. 이후 츠빙글리, 칼뱅 등의 종교개혁가들이 루터의 뒤를 이었다. 특히 칼뱅의 예정설은 신흥 상공업 계층의 폭넓은 지지를 얻으며 전 유럽으로 확산되었고 영국의 헨리 8세 역시 1534년 수장령(Act of Supremacy)을 공포하여 영국 국교회를 로마가톨릭으로부터 분리시켰다.

이리하여 16세기 중반 유럽에서 가톨릭의 영역으로 남아있던 곳은 이탈리아 반도와 신성로마제국 남부 그리고 스페인뿐이었다. 가톨릭교회는 종교개혁으로 인해 이전까지 누려왔던 종교적, 정치적, 문화적 헤게모니의 대부분을 상실하게 되었다. 재정적으로도 마찬가지였다. 유럽 전역에서 거두어들이던 헌금 수입이 줄어들었을 뿐만 아니라 유럽 곳곳의 교회와 수도원이 소유하고 있던 부가 모두 프로테스탄트에게로 넘어갔다. 이러한 상황에 위기의식을 느낀 가톨릭교회의 대응이 바로 반종교개혁이었다. 반종교개혁의 시작을 알린 것은 트리엔트 공의회였다. 1534년 교황으로 선출된 파울루스 3세(Paulus Ⅲ)는 종교개혁에 대한 대책 마련을 위해 1545년 이탈리아 북부의 트렌토(Trento, 독일어로 트리엔트)에서 공의회를 소집했다. 공의회는 피우스 4세(Pius Ⅳ)의 재임시기인 1563년까지 총 세 차례의 회기로 개최되었다. 공의회에서 이루어진 논의들을 단순하게 요약하면 마르틴 루터 이전으로의 회귀였다. 교황의 권위와 우월성뿐만 아니라 루터가 부정했던 가톨릭의 전통들이 재확인되었다. 아래는 트리엔트 공의회의 교령 가운데 성사에 관한 법규로, 트리엔트 공의회가 공격의 대상으로 삼았던 것이 마르틴 루터의 사상이었음을 상징적으로 보여준다.

성사가 구원에 이르는 길이 아니며 무의미한 것이고 …… 오직 믿음만으로 의화義化의 은총을 받을 수 있다고 주장하는 이는 누구든 파문되어야 한다.

또한 트리엔트 공의회를 통해 가톨릭의 내부 단속이 이루어졌다. 성직계층의 퇴폐와 부패를 근절하기 위한 노력이 경주되었으며 면벌부의 판매와 당대에 만연했던 성직 매매의 관행도 금지되었다.

한편 가톨릭교회는 유럽에서 상실한 영향력을 유럽 바깥에서 보충하려 했다. 이에 따라 트리엔트 공의회 이후 예수회라는 선교단체를 중심으로 비유럽 세계에 대한 선교활동에 적극적으로 나서기 시작했다. 예수회를 창립한 이는 스페인의 신학자 이냐시오 로욜라(Ignazio Loyola)였다. 신성로마제국 황제 카를 5세의 장교 출신이었던 그는 37세의 늦은 나이에 파리 대학교에서 신학을 공부하기 시작했고 1539년 예수회라는 이름의 수도회를 창립했다. 로욜라는 예수회를 선교를 목적으로 하는 하나의 군대조직으로 만들기를 원했다. 예수회 헌장을 살펴보면 군대 조직에서 통용되는 상명하복의 윤리와 관련된 언급이 반복적으로 등장한다. 스페인과 포르투갈 출신의 예수회 선교사들이 라틴 아메리카로 파견되었던 반면 마테오 리치(Mattero Ricci)나 마르티노 마르티니(Martino Martini) 등 이탈리아의 선교사들은 주로 중국에서 활동하였다. 선교사들은 선교지에 뼈를 묻을 각오를 하고 떠난 사람들이었다. 이들은 중국의 언어와 문화에 대해 배웠고 중국의 복식을 하고 지내며 중국인들과 사교했다. 이들은 중국의 역사와 문화에 대한 책들을 라틴어로 집필하여 유럽에 유통시켰다. 이때부터 비로소 중국 문명에 대한 구체적이고 사실적인 정보들이 유럽에 전해지기 시작했다. 한편 예수회는 청년들에게 쇄신된 가톨릭의 정신을 가르침으로써 프로테스탄트 세력의 확산을 막을 수 있다고 생각했다. 이리하여 그들은 로마에 교리 학교를 설립한 것을 시작으로 어린이와 문맹자들의 교육에 힘썼고 대중을 상대로 한 설교에 몰두했다. 뿐만 아니라 그들은 쾰른을 포함한 프로테스탄트 지역과 비유럽 세계에 수많은 대학을 건립하기도 했다.

가톨릭의 사상탄압

트리엔트 공의회의 교령에는 두 가지 주안점이 명시되어 있는데 "행실의 개혁"과 "이단의 근절"이었다. 전자가 가톨릭교회의 부패를 일소하고자 하는 일종의 내부 단속이었다면 후자는 프로테스탄트 사상을 포함하여 가톨릭의 교의에 어긋나는 사상의 유통을 막고자 하는 일종의 사상 탄압이었다. 탄압의 수단은 검열과 종교재판이었고 이리하여 1546년 최초의 금서목록(Index librorum prohibitorum)이 작성되었다. 트리엔트 공의회에서 결의된 바에 따르면 금서를 인쇄한 자, 유통한 자가 파문과 벌금에 처해지는 것은 물론이고 금서를 소지하고 있거나 읽은 자들 역시 처벌의 대상이 되었다. 금서목록은 1962년부터 1965년까지 개최된 제 2차 바티칸 공의회까지 유지되었다. 이 시기 동안 금서로 지정된 저작들은 수없이 많지만 대표적인 사례를 든다면 츠빙글리나 칼뱅 등 프로테스탄트 사상가들의 모든 저작은 물론이거니와 교황 보니파시우스 2세를 지옥에 떨어진 것으로 묘사한 단테 알리기에리(Dante Alighieri)의 『신곡』(La Divina Commedia)이나 마키아벨리(Machiavelli)의 군주론(Il principe) 그리고 갈릴레오 갈릴레이의 모든 저작 등이 금서 목록에 들어 있었다.

오늘날 로마 캄포 데이 피오리의 모습. 조르다노 브루노가 화형 당한 장소다.

　또한 반종교개혁 시기에 종교재판소(Inquisizione)의 기능도 크게 강화되었다. 본래 종교재판소는 1184년 교황 루키우스 3세(Lucius Ⅲ)와 신성로마제국 황제 프리드리히 바르바로사가 개최한 베로나 공의회에서 시작된 이단 심문기관으로 이탈리아 북부와 스페인 그리고 포르투갈에서 간헐적으로 가톨릭의 교의에 어긋나는 사상을 탄압하는 기능을 수행해왔다. 파울루스 3세(Paulus Ⅲ)는 트리엔트 공의회의 첫 번째 회기가 시작되기 3년 전인 1542년 종교재판소를 검사성성(檢邪聖省, Sant'Uffizio)이라는 이름의 상설 기구로 개편하는 동시에 6명의 추기경을 재판관으로 배치하였을뿐더러 이들의 권한을 대폭 강화하였다. 검사성성은 가톨릭의 교의에 어긋나는 사상을 폭압적으로 탄압했다. 대표적인 사례가 16세기 이탈리아의 철학자 조르다노 브루노(Giordano Bruno)이다. 조르다노 브루노의 여러 견해들 가운데 가장 핵심적인 것은 우주 무한론이었다. 즉 브루노는 우주는 무한하며 태양과 같은 항성이 여러 개가 존재한다는 주장을 펼쳤는데 이는 그리스도교의 우주론에 명백히 어긋나는 주장이었다. 결국 그는 검사성성의 종교재판에 회부되어 8년 동안 심문을 받았고 예수회 출신의 추기경 로베르토 벨라르미노(Roberto Bellarmino)에 의해 화형을 선고받았다. 결국 조르다노 브루노는 1600년 2월 17일 로마의 캄포 데 피오리(Campo de' Fiori) 광장에서 화형에 처해졌다.

　널리 알려진 또 다른 사례는 갈릴레오 갈릴레이(Galileo Galilei)였다. 피사

(Pisa) 출신의 과학자 갈릴레이가 1632년 피렌체에서 출판한『두 가지 주요 세계관에 관한 대화』(Dialogo sopra i due massimi sistemi del mondo)는 코페르니쿠스의 지동설에 대한 지지를 담고 있었다. 당대의 가톨릭교회는 성서에 대한 문자 그대로의 해석에 강박에 가까운 집착을 보이고 있었다. 갈릴레이는 지동설을 지지하기 위해 성서를 문자 그대로 해석할 필요가 없다는 견해를 주장했고 바로 이것이 갈릴레이가 검사성성의 종교재판에 회부된 이유였다. 1633년 궐석재판에서 유죄 판결을 받았지만 고령의 나이와 건강 상태로 인해 가택연금 이외에 직접적인 처벌은 내려지지 않았다. 당대의 교황이었던 우르바누스 8세(Urbanus VIII)와의 친분도 작용한 결과였다.

한편 예술가들이 검사성성에 고발되어 로마의 종교 재판소에 회부되는 경우도 빈번했다. 트리엔트 공의회를 주도했던 인물 가운데 하나인 밀라노의 대주교 카를로 보로메오(Carlo Borromeo)는 1577년 교회를 위해 일하는 화가와 조각가 그리고 건축가들이 따라야 하는 지침을 출판했는데 이 지침은 반종교개혁 초기의 엄격한 문화적 분위기를 그대로 반영하고 있었다. 검사성성이 예술의 영역에 개입했던 가장 대표적인 경우는 후기 르네상스를 대표하는 화가 파올로 베로네제(Paolo Veronese)의 사례였다. 1573년 베로네제는 최후의 만찬을 주제로 하는 회화 작품 한 점을 제작했는데 이 작품은 성서의 에피소드와 아무런 관련이 없는 장면들로 채워져 있었다. 가톨릭교회는 베로네제의 작품을 묵과할 수 없었던 것은 당연하다. 무엇보다 최후의 만찬으로부터 유래되는 성변화(聖變化), 즉 빵과 포도주가 예수의 살과 피로 바뀌게 된다는 믿음은 프로테스탄트의 주된 공격의 대상이었으며 트리엔트 공의회에서 수호하려 했던 가톨릭의 가장 중요한 전통 가운데 하나였기 때문이다. 결국 베로네제는 검사성성에 출두하여 예술적 표현의 자유에 대해 호소하였고 검사성성은 작품의 일부를 수정하고 제목을 바꿀 것을 요구했다. 이 작품이 오늘날「레위 가의 향연」(La cena in casa Levi)이라는 제목으로 불리게 된 것은 바로 이러한 이유 때문이다.

파올로 베로네제의 사례에서도 드러나듯 전반적으로 가톨릭교회는 문학 작품이나 학문적 저작들과 비교해 볼 때 예술 작품에 대해서는 상대적으로 관대한 태도를 취하고 있었다. 이는 가톨릭교회가 성상 파괴의 노선을 따랐던 프로테스탄트 진영과는 달리 과거부터 교리의 확산과 포교를 목적으로 예술 활동을 적극 활용해오고 있었던 탓이다.

나폴리의 무신론자 재판

　반종교개혁 이후 가톨릭교회의 사상통제는 물질적인 면, 문화적인 면에서 이탈리아의 쇠퇴를 야기했다. 오늘날의 역사가들은 보통 코페르니쿠스가 지동설을 주장했던 1543년에서부터 뉴턴이 중력 법칙을 제시하는 1687년까지 유럽에서 이루어진 자연과학의 눈부신 발전을 "과학혁명"이라고 부른다. 이탈리아 반도는 이러한 현상으로부터 완전히 소외되어 있었다. 알프스 이북에서 활발하게 유통되었던 과학혁명의 기반이 되는 사상들이 이탈리아 반도에서는 가톨릭 교회에 의해 이단으로 간주되어 탄압받았기 때문이다. 탄압의 대상이 되었던 것은 고대 그리스의 자연철학이나 아르키메데스의 수학적 자연관 그리고 가상디(Gassendi)에 의해 부활한 데모크리토스와 에피쿠로스의 원자론, 데카르트의 기계론적 세계관 등이다. 17세기 나폴리 왕국에서 벌어졌던 이른바 "무신론자 재판"(Processo agli ateisti)이 이러한 상황을 효과적으로 보여준다.

　나폴리는 전통적으로 중세의 스콜라 철학의 영향력이 지배적인 곳이었다. 그러나 17세기 중반 이후 알프스 이북의 사상이 유입되며 스콜라 철학의 권위로부터 벗어나게 된다. 이러한 변화의 한가운데에는 스스로를 "탐구자"(Investiganti)라고 불렀던 젊은 세대의 지식인들이 있었다. 이들은 알프스 이북의 학자들과 활발하게 교류하며 나폴리의 문화적 쇄신을 이끌었다. 이들의 학문적 노선에 가장 큰 영향을 미친 것은 고대의 원자론이었다. 당시 프랑스 철학자(Pierre Gassendi)에 의해 부활한 고대 철학자 에피쿠로스의 사상이 나폴리로 유입되면서 나폴리의 지식인들 사이에 원자론에 대한 관심이 크게 증가했고 이와 때를 같이 하여 로마 시인 루크레티우스의 『만물의 본성에 대하여』(De rerum natura)가 널리 유통되기 시작했다.

  에피쿠로스가 작성한 문헌들 가운데 남아있는 것은 극히 일부에 지나지 않는다. 에피쿠로스 철학의 대부분은 루크레티우스의 저작을 통해 후대에 전해져 왔다. 에피쿠로스 철학의 핵심은 원자론이었다. 에피쿠로스는 세계를 움직이는 초자연적인 힘의 존재를 부정했다. 그에 따르면 만물의 생성과 소멸은 원자의 우연한 결합에 의해 이루어진다. 영혼마저도 원자로 이루어져 있으며 신체가 사라지는 동시에 소멸한다. 이러한 유물론 철학은 영혼불멸에 대한 믿음이나 성변화(聖變化) 같은 가톨릭의 교의와 결코 조화를 이룰 수 없는 것이었다. 이에 더해 17세기 말부터 데카르트의 철학이 나폴리에 유입되기 시작했는데 데카르트 자신이 무신론자가 아니었다고 할지라도 그가 제시한 기계론적 세계관은 에피쿠로스의 유물론적, 무신론적 사상을 뒷받침하는 것으로 생각되었다.

  이미 17세기 중반부터 나폴리를 "이단적인 사상의 용광로"라고 규정하고 있던 검사성성은 1671년 나폴리의 대주교 인니코 카라치올로(Innico Caracciolo)에게 "고대 그리스인들의 원자론에 대한 관심을 일깨웠던 르네 데카르트의 철학적 견해를 설파하는 사람들"에 대한 감시와 보고를 소홀히 하지 말라는 공문을 하달했다. 그리고 1688년부터 1697년까지 이들에게 무신론의 혐의를 씌워 이른바 "무신론자 재판"을 통해 나폴리의 상황에 직접 개입했다. "무신론자 재판"의 표적은 에피쿠로스의 원자론과 데카르트의 사상을 추종하는 나폴리의 젊은 지식인들, 즉 "탐구자"들이었다. 무신론자 재판은 1697년 종결되었지만 18세기 중반까지 나폴리에서 종교재판은 지속되었고 새로운 사상의 추종자들로부터 스콜라 철학의 헤게모니를 수호하기 위한 효과적인 무기로서 위력을 발휘했다.

결국 17세기 말에서 18세기 말까지의 나폴리는 하고 싶은 얘기를 자유롭게 할 수 없는 사회였다. 이러한 문화적 분위기 속에서 나폴리의 지식인들은 이단의 혐의로부터 벗어나기 위해서 여러 가지 전략과 장치들을 고안해내게 된다. 쉽게 말하면 가톨릭교회의 검열을 피하기 위한 글쓰기, 진짜 하고 싶은 얘기들을 숨기는 글쓰기를 하게 되는 것이다. 이 시기 나폴리의 지식인들이 쓴 글 안에 난해한 문체, 모순적인 진술들, 왜곡된 인용들이 빈번하게 등장하는 것은 바로 이 때문이다. 이 시기 나폴리의 지식인들에게 공통적으로 나타나는 절충주의(ecleticism)적 성향 역시 이러한 전략 가운데 하나였다. 일반적으로 절충주의는 여러 사상 체계에서 필요한 요소들만 추출하여 하나의 새로운 사상 체계를 만들어내는 것을 의미한다. 17세기에서 18세기 사이에 나폴리의 사상가들은 검열을 피하기 위해 알프스 이북에서 유입된 근대의 철학을 어떤 식으로든 가톨릭의 요의와 융합시킬 필요가 있었다.

한편 당대 나폴리의 보수적인 문화적 기후와 그로 인해 지식인들이 느꼈을 압박감을 효과적으로 증언하는 기록이 있는데 바로 18세기 나폴리를 대표하는 철학자 잠바티스타 비코(Giambattista Vico)의 『자서전』(Vita scritta da se medesimo)이다.

비코는 17세기 말 나폴리의 문화적 기후를 다음과 같이 증언했다. 1688년 "피에르 가상디를 통해 에피쿠로스의 철학이 확산되기 시작했다. 그리고 이년 후 젊은이들이 에피쿠로스의 열렬한 추종자가 되었다는 소식이 들려왔다." 또한 1695년 "데카르트의 물리학이 저명한 지식인들 사이에서 절정의 명성을 누리고 있었다."

잠바티스타 비코

이 시기 비코는 젊은 세대의 지식인들과 활발하게 교류했고 그들과 마찬가지로 에피쿠로스의 사상에 경도되어 있었다. 무신론자 재판이 비코의 청년기를 특징짓는 가장 중요한 사건이었음은 분명하지만 비코의 자서전에 이에 대한 언급은 단 한 차례도 등장하지 않는다. 다만 "에피쿠로스 철학은 어린아이들의 제한된 정신이나 여성들의 약한 정신을 만족시킬만한 철학"이라는 비판이 등장할 뿐이다. 또한 자서전에 따르면 무신론자 재판이 시작된 1688년 이후의 시기를 "9년이나 지속되었던 고독"이라고 회고하며 나폴리에서 일어난 정치적, 종교적 사건들로부터 자신이 무관하다는 사실을 강조했다. 이것이 사실이 아님은 명백하다. 비코가 출입했던 살롱과 아카데미에서 가장 빈번하게 논의되는 주제들 가운데 하나였을 것이다. 게다가 1688년부터 진행된 무신론자 재판에서 희생된 탐구자들 가운데 여럿은 비코의 사적인 친구이자 학문적인 동료들이었다. 결국 무신론자 재판에 대한 비코의 침묵은 반종교개혁 이후 가톨릭교회가 폭력적으로 탄압했던 새로운 철학적 조류들과의 연관성을 최소화하기 위한 일종의 전략적 장치였다.

제7장
스페인 지배 시기

ITALY

밀라노 공국

　오늘날의 많은 역사가들은 신성로마제국 황제 카를 5세의 로마 약탈을 이탈리아 르네상스 문명의 종말로 해석한다. 로마 약탈 이후의 이탈리아의 역사를 특징짓는 키워드는 쇠퇴이다. 반종교개혁 이후 보수적인 문화적 분위기가 문화적 쇠퇴를 야기한 원인이었다면 왕조전쟁 이후 이탈리아 반도에 대한 스페인의 지배는 정치적 쇠퇴를 야기한 원인이었다. 이와 관련하여 19세기 초 프랑스의 낭만주의 문화를 대표하는 저작이자 이탈리아 꼬무네의 역사와 관련된 가장 중요한 연구서 가운데 하나인 시몽드 드 시스몽디(Sismonde de Sismondi)의 『중세 이탈리아 공화국들의 역사』(Histoire des Républiques italiennes du moyen âge, 1807-1818)에 주목해 볼 필요가 있다. 그는 중세 후기 꼬무네의 역사적 부침에 대해 저작의 대부분을 할애했고 부록의 형태로 덧붙여진 마지막 권에서 이후의 역사에 대한 요약적인 설명을 덧붙였다. 그에 따르면 16세기 이후 이탈리아사에서 꼬무네 시기의 영광은 자취를 감추는 한편 가톨릭교회에 대한 종교적 종속과 스페인에 대한 정치적 종속으로 인한 굴종과 부패가 그 자리를 대신한다.

　무엇보다 1559년 4월 카토-캉브레시스 조약은 이탈리아 반도 내에서 스페인 합스부르크 왕가의 영향력이 확대되는 결과를 낳았다. 베네치아 공화국과 신성로마제국 황제의 영향력 하에 있던 제노바 그리고 이탈리아 반도 내부의 정세에 큰 영향력을 행사할 수 없었던 소규모의 군주국 및 독립 공화국들을 제외한다면 앙리 2세가 포기한 밀라노, 나폴리, 시칠리아, 사르데냐 등 이탈리아 반도의 절반 이상이 펠리페 2세 치하의 스페인에 귀속되었다.

1563년 펠리페 2세는 마드리드에서 이탈리아 반도의 통치를 위해 스페인의 장관들과 나폴리의 대표자 2인 그리고 시칠리아와 밀라노의 대표자 각 1인으로 구성된 이탈리아 통치 위원회(Supremo consiglio d'Italia)를 설치했고, 1674년부터 이탈리아 반도의 각지에 감독관을 파견하였다. 그러나 감독관의 권한은 크지 않았다. 위원회의 본래 목적은 이탈리아 반도의 각 지역을 정치적, 행정적으로 통치하기 위한 것이었지만 실제적으로는 이탈리아 반도에 있는 스페인의 토지와 재산을 재정적으로 관리 및 감독하는 제한된 기능만을 수행했다. 위원회나 감독관의 활동과는 별개로 스페인은 부왕(副王)이나 총독을 통해 이탈리아를 통치하였다. 스페인의 지배를 받게 된 국가에서 이전의 제도와 통치 기구들은 대부분 그대로 존속했지만 시민이 아닌 스페인의 왕조를 대변하는 역할로 전락해버렸다. 이러한 상황에서 스페인의 통치에 반대하는 시민들의 봉기가 일어나기도 했지만 소수에 불과하여 스페인의 통치에 큰 영향을 미치지 못했다.

부왕이 파견되었던 사르데냐, 시칠리아, 나폴리와 달리 밀라노의 경우에는 스페인 총독의 통치를 받는 지역이었다. 스페인 치하의 밀라노에서는 루이 12세가 설치한 통치 위원회가 그대로 존속했다. 원로원의 전신은 이전 스포르차 가문이 통치를 위해 활용했던 비밀 위원회였으며 의장 한 명과 14인의 사법관 그리고 롬바르디아 지역 주요 7개 도시의 대표자로 구성되어 있었다. 통치 위원회가 행정적, 사법적 기능을 수행했다면 재정적 기능은 별도의 재정 위원회가 담당했다. 재정 위원회 역시 비스콘티 가문과 스포르차 가문의 지배 시기부터 국고와 세무를 담당하던 기구였다. 이에 더해 스페인 지배 시기에는 각 계층의 대표자들이 참여하는 국가 회의체가 설치되었다. 그러나 이 모든 통치 기구가 갖는 권한은 명백하게 규정되어 있지 않았기 때문에 각

성 카를로 보로메오

기구들 사이의 분쟁이 일어나는 경우가 빈번했다. 여기에 교회의 관할권이 독립적으로 인정되었기 때문에 혼란은 더욱 가중되었다. 각각 1565년부터 1584년까지 그리고 1595년부터 1631년까지 밀라노 대주교로 재직했던 카를로 보로메오(Carlo Borromeo)와 페데리코 보로메오(Federico Borromeo) 추기경은 반종교개혁에 핵심적인 역할을 담당했던 인물로 스페인 치하의 밀라노에서 성직 계층의 특권을 강화하고 가톨릭의 영향력을 확대시키기 위한 정책을 추진했는데, 이로 인해 때때로 세속적인 통치 기구와의 충돌이 발생하는 경우도 있었다. 이후 1630년 페스트의 창궐로 인해 밀라노는 큰 폭의 인구 감소와 경제적 침체를 겪게 된다.

나폴리 왕국과 시칠리아 왕국

나폴리 왕국은 카토-캉브레시스 조약의 체결 이전부터 스페인의 지배를 받고 있었다. 1503년부터 1713년까지 스페인에서 파견된 여러 명의 부왕들이 나폴리 왕국의 모든 행정적, 군사적 권한을 독점했다. 나폴리의 부왕은 기본적으로 스페인 왕조의 정책을 대변했지만 지리적 거리로 인해 스페인 본토로부터 직접적인 명령의 하달이 어려웠기 때문에 상당한 범위의 자율적 권한을 행사했다. 부왕의 공식적인 임기는 3년이었지만 때때로 6년을 연임한 부왕들이 나타났고 피에트로 알바레즈 디 톨레도(Pietro Alvarez di Toledo)와 같이 1532년부터 1553년까지 21년 동안 부왕으로 재임했던 경우도 있었다. 피에트로 알바레즈는 재임 기간 동안 나폴리 왕국의 모든 권한이 자신에게 집중되도록 함으로써 마치 전제 군주와 같은 통치를 행했다.

스페인의 통치 기간 동안 나폴리 왕국은 사회적, 경제적 침체에 빠지게 된다. 가장 큰 원인은 스페인 정부의 수탈이었다. 세금의 납부와 병역의 의무와 관련하여 스페인 본토의 사람들과 왕국의 시민들 사이에 법적인 차별은 존재하지 않았지만 실질적으로는 나폴리 왕국의 자원과 인력 그리고 재정은 언제나 스페인 본토의 필요에 따른 징발의 대상이었다. 오늘날의 역사가

들이 추산한 바에 따르면 1504년에서 1664년 사이에 나폴리 왕국은 공식적
인 세금 이외에 공납의 명목으로만 스페인 왕조에 8,000만 두카토를 그리고
1664년부터 1733년 사이에 550만 두카토를 납부했다. 그리고 30년 전쟁 기
간에는 총 5,500필의 말과 4만 8천 명의 군인이 징발되었다.

수탈의 주체는 스페인 왕조만이 아니었다. 중세 이후로 로마의 교황들은
나폴리를 개인적인 봉토로 생각하고 있었다. 교황령 국가와 나폴리 왕국 사
이에 존재하는 지배와 예속의 관계는 "키네아"(chinea)의 관행을 통해 상징적
으로 드러난다. "키네아"는 매년 나폴리의 왕 혹은 부왕이 교황에게 공물로
헌상한 백마를 의미한다. 키네아 이외에도 나폴리 왕국은 매년 교황령 국가
에 적지 않은 세금과 공납을 바쳐야 했다. 또한 나폴리 왕국에 거주하는 모
든 성직자들은 세금의 납부로부터 면제되었는데 그들의 수는 17세기 중반에
약 5만 6천 그리고 18세기 초에는 약 7만 3천에 이르렀다.

나폴리 왕국의 시민들은 스페인 정부의 수탈에 끊임없이 저항해왔다.
1647년에 일어났던 마사니엘로(Masaniello)의 민중봉기가 대표적인 사례이다.
1621년 스페인의 왕위에 오른 펠리페 4세는 국내외적인 위기에 상황에 직
면해 있었다. 내부적으로는 카탈루냐의 반란이 일어났고 대외적으로는 네덜
란드 독립전쟁과 30년 전쟁이 적지 않은 재정적 부담을 안겨주었다. 펠리페

4세는 나폴리 왕국의 수탈을 통해 재정적 위기를 돌파하려 했다. 1646년 펠리페 4세는 나폴리 왕국에 증가된 액수의 공납을 부과했고 이듬해인 1647년 나폴리의 귀족들이 이를 충당하기 위해 시장의 상인들에게 과일세를 신설하자 폭동이 일어났다. 이 폭동을 이끌었던 것이 어부이자 어물상이었던 톰마소 아니엘로(Tommaso Aniello)였다. 마사니엘로는 톰마소 아니엘로의 별명이었다.

불과 25세의 나이에 불과했던 마사니엘로는 자신의 추종자들을 이끌고 부왕의 군대와 싸웠다. 결국 마사니엘로는 부왕의 궁정을 장악하고 세금 제도와 사법 제도의 개혁을 추진했다. 그러나 그는 자신의 추종자들에게 귀족들을 살해하고 재산을 약탈하도록 부추겼고 이로 인해 귀족들이 고용한 살인 청부업자에 의해 암살되고 말았다. 결국 마사니엘로의 민중봉기는 나폴리에 근본적인 변화를 가져오지 못했다. 나폴리는 1631년의 화산 폭발 1647년의 마사니엘로 민중봉기 그리고 1656년 페스트의 창궐을 겪으며 끝없는 침체에 빠져들었다.

시칠리아의 상황도 크게 다르지 않았다. 스페인 왕조는 나폴리와 마찬가지의 방법으로 시칠리아에서도 수탈을 자행했다. 스페인의 귀족들로부터 매년 적지 않은 액수의 공납을 받았을 뿐만 아니라 시칠리아의 곡물 무역을 독점하여 막대한 수익을 올리기도 했다. 마사니엘로 혁명이 발발하기 직전인 1647년 5월 시칠리아의 팔레르모(Palermo)에서도 스페인의 수탈에 저항하는 민중 봉기가 일어났는데 팔레르모의 봉기는 마사니엘로와 그의 추종자들에게 큰 영향을 주기도 했다.

이처럼 왕국 전체의 사회적, 경제적 침체에도 불구하고 왕국의 수도 나폴리만은 큰 번영을 누렸다. 이미 16세기부터 나폴리는 이탈리아 반도 남부의 행정적, 정치적 중심이었고 따라서 군주에 대한 충성을 증명하고자 하는 봉건 귀족들의 이주가 잇따르고 있었다. 이에 더해 나폴리는 이탈리아 반도의 북부 그리고 바다 건너 외국과의 교역의 중심지이기도 했다. 따라서 이 시기의 나폴리는 스페인, 네덜란드, 롬바르디아, 베네치아, 제노바, 로마 그리스 심지어는 스페인의 적국이었던 프랑스인들까지 거주하는 세계도시의 모습을 띠고 있었다. 수많은 외국인들이 공무나 상업에 종사했으며 관광이나 여행을 목적으로 체류하는 외국인들의 수도 상당했다. 한편 이 시기 이탈리아 남부 전역의 수많은 빈민들이 생존을 위해 수도 나폴리로 이주함으로써 빈부격차의 문제가 하나의 사회 문제로 대두되기도 했다.

토스카나 대공국

1569년 교황 피우스 5세(Pius V)의 칙령으로 토스카나 대공국이 성립된 이후 메디치가의 군주들은 토스카나 전역에서 전제적인 권력을 행사하기 시작했다. 그러나 루카 공화국과 피옴비노 공화국 같이 토스카나 안의 오래된 공화국들은 여전히 독립을 유지하고 있었다. 특히 루카 공화국은 토스카나 대공국에 흡수되는 것을 막기 위해 스페인과 제노바에 의지했다. 루카 공화국을 통치하는 것은 행정부의 수반인 곤팔로니에레(gonfaloniere)였고 곤팔로니에레를 선임하는 의결 기구로는 36인 위원회와 90인 대위원회가 있었다. 위원회의 모든 구성원들은 공직에 있는 사람들 가운데 선출되었고 공직에 오를 수 있는 사람은 대단히 제한적이었던 탓에 사실상 루카 공화국은 소수 귀족들의 과두정과 같은 형태를 띠고 있었다.

초대 토스카나 대공이었던 코시모 1세 데 메디치는 강력한 중앙집권적 체제를 확립했고 스위스와 독일의 용병들을 사병으로 고용하여 자신의 권력을 보호하였다. 무엇보다 그는 국토의 방위를 위해 많은 노력을 기울였다. 오늘날 시에나(Siena), 아레초(Arezzo), 그로세토(Grosseto), 산 세폴크로(San Sepolcro)에 있는 요새와 더불어 피사의 성벽 그리고 포르토페라이오(Portoferraio), 엘바(Elba), 테라 델 솔레(Terra del Sole)의 성채 등이 바로 이 시기에 건설된 것이다. 그 밖에 그는 중세부터 토스카나의 해안을 끊임없이 습격해왔던 해적들로부터 대공국의 영토를 방어하기 위해 피사에 산토 스테파노(Santo Stefano) 기사단을 창설하고 대규모의 갤리선 함대를 편성하여 운용하였다.

해안 경비의 강화는 상업 활동의 촉진과도 직접적으로 연관된 문제였다. 코시모 1세는 상업적 목적으로 리보르노(Livorno)와 포르토페라이오의 항구를 강화하였고 아드리아해의 교역을 통해 얻은 수익으로 인해 막대한 국가의 부채를 모두 상환하는데 성공했다. 한편 코시모 1세는 토스카나 대공국의 성립을 승인해 주었던 교황령 국가와 우호적인 관계를 유지하였고 재임 기간 내내 토스카나 대공국의 영토 안에서 로마의 종교재판소가 활발하게 기능하였다.

1562년 피사를 여행하던 그의 두 아들 조반니(Giovanni)와 가르치아(Garzia)가 말라리아로 사망한 이후 코시모 1세는 피렌체 근교의 빌라 디 카스텔로(Villa di Castello)로 은거하였고 또 다른 아들인 프란체스코 1세 데 메디치(Francesco I de' Medici)에게 대공의 자리를 물려주었다. 코시모 1세가 확립해 놓은 전제적 권력은 프란체스코 1세 대에도 그대로 유지되었다. 그러나 프란체스코 1세는 민중들의 생활을 돌보지 않은 채 소수의 귀족들에게 둘러싸여 지냈고 이것이 1575년에 일어난 반란의 원인을 제공했다. 반란은 결국 주동자의 처벌과 가담자들의 재산을 압수하는 것으로 끝이 났다. 한편 프란체스코 1세는 1565년 신성로마제국 황제 페르디난트 1세(Ferdinand I)의 딸이었던 오스트리아의 요하나(Johanna von Österreich)와 결혼한 이래로 신성로마제국의 이해를 대변하는 가신처럼 행동했고 이로 인해 토스카나 대공국의 독립성이 크게 훼손되었다. 한편 프란체스코 1세는 1573년 리보르노와 피사를 연결하는 운하를 건설하였는데 이로 인해 리보르노 항만시설의 정비작업이 본격적으로 시작되면서 기존에 하나의 성이 건설되어 있는 항구에 불과하던 리보르노가 도시로 성장하는 계기가 마련되었다.

1587년 토스카나 대공의 자리에 오른 페르디난도 1세는 스페인으로부터의 독립을 모색하기 위한 국제정책을 추진했다. 이를 위해 자신의 딸 마리아를 부르봉 왕가의 앙리 4세와 혼인시킴으로써 프랑스와 우호적인 관계를 구축하는 한편 베네치아와의 관계 개선에 나섰다. 또한 스페인에서 추방된 유대인들을 리보르노에 수용함으로써 인구의 증가와 상업의 발달을 도모하였으며 재위기간 중 피사의 산토 스테파노 기사단이 알제리에 있는 지중해 해적들의 본거지를 공격하는 성과를 올리기도 했다. 이후 1609년 토스카나 대공의 자리에 오른 코시모 2세 데 메디치(Cosimi II de' Medici) 역시 스페인으로부터의 독립을 목표로 하는 페르디난도 1세의 대외 정책을 그대로 계승하였다.

제노바 공화국

대서양 항로 개척과 오스만 투르크의 지중해 동부 진출 이후 제노바 공화국은 베네치아 공화국보다 이른 시기에 코르시카를 제외한 해양 무역거점을 모두 상실하고 쇠퇴의 길로 접어들었다. 그러나 어쨌든 프랑스 혁명 이전까지 독립적 지위를 상실하지는 않았다. 해군제독 안드레아 도리아(Andrea Doria)가 통치권을 획득하면서 수립되었던 제노바와 스페인 사이의 우호적인 관계는 프랑스 혁명 이전까지 지속되었다. 리구리아의 해안도시 오넬리아(Oneglia) 출신의 안드레아 도리아는 46세의 늦은 나이에 해군 지휘관으로서의 경력을 시작한 인물로 본래 프랑스의 프랑수아 1세와 계약을 맺은 용병 대장이었다. 1527년 그는 프랑수아 1세의 지원 하에 제노바 공화국을 점령하여 정치적 실권을 장악하였는데 이듬해 계약 문제로 프랑수아 1세와의 사이가 틀어진 후에는 신성로마제국 황제 카를 5세와 관계를 맺고 스페인의 해군제독으로 활약했다. 이때 제노바 공화국도 자연스럽게 스페인의 영향권 하에 들어가게 된다.

본래 제노바에는 중세 이후 알베르기(Alberghi)라고 하는 소수 귀족 가문들의 모임이 정치적 권리와 공직을 독점하는 과두정치체제가 확립되어 있었다. 제노바의 통치권을 장악한 안드레아 도리아는 기존의 정치 체제를 그대로 채택했다. 본래 알베르기는 평민의 대표자 1명을 제외하고 전부 귀족으로 구성되어 있었으나 안드레아 도리아의 시기에는 23명의 귀족과 5명의 평민 대표가 참여하였으며 이후 평민 대표의 수는 10명까지 늘어나게 된다. 알베르기의 구성원들은 의결기관인 대위원회(Consiglio Maggiore)와 소위원회(Consiglio Minore)를 구성하게 되고 두 위원회에서 행정부의 수

안드레아 도리아

반인 임기 2년의 도제(doge)와 9인의 행정관이 선출되었다. 도제와 행정관은 두 위원회에 법률을 제안할 수 있는 권한과 더불어 대외관계 혹은 전쟁을 결정할 수 있는 권한을 가지고 있었다. 그러나 안드레아 도리아는 막강한 해군 용병 함대와 스페인의 지원에 힘입어 사실상 아무런 견제를 받지 않는 전제적인 권력을 행사했다.

도리아 가문 출신인 안드레아 도리아의 독재에 다른 귀족 가문들이 반발했던 것은 당연한 일이다. 1547년 피에스키 가문의 주도하에 도리아 가문에 대한 암살 시도가 벌어졌고 안드레아 도리아의 조카였던 자네티노(Gianettino)가 희생되는 일이 발생했다. 안드레아 도리아는 반란 음모를 성공적으로 진압했고 반란에 가담한 이들을 철저하게 숙청했다.

피에스키 가문의 음모 이후 안드레아 도리아는 베키오 포르티코(Vecchio Portico)라고 불리는 구 귀족 가문들의 정치적 권력을 강화하고 누오보 포르티코(Nuovo Portico)라고 불리는 신 귀족 가문들의 정치적 권한을 축소시키는 개혁을 단행했다. 이에 대해 불만을 품은 신 귀족들이 반란을 일으켰고 자

네티노의 조카였던 잔안드레아 도리아(Gianandrea Doria)가 이끄는 구 귀족들이 진압에 나섰지만 여의치 않았다. 교황과 스페인, 신성로마제국까지 개입한 끝에 결국 신흥 귀족들의 요구가 받아들여졌다. 1576년 알베르기는 폐지되었고 구 귀족과 신 귀족 사이의 법적인 차별은 철폐되었다. 그러나 문화적인 면에서 구 귀족과 신 귀족의 구분은 18세기까지 지속되었다. 카탈루냐 출신의 프랑스 귀족으로 1728년에서 1739년까지 제노바 주재 프랑스 외교관으로 근무했던 자크 드 캉프르동(Jacques de Campredon)이 프랑스 외무부에 보낸 보고서에 따르면 당시 제노바의 사교 모임은 둘로 나뉘어 있었는데 첫째는 구 귀족들만 참여할 수 있는 모임이었고 둘째는 구 귀족과 신 귀족이 모두 참여하는 모임이었다.

한편 제노바 공화국의 유일한 해외 거점으로 남아 있던 코르시카는 제노바의 통치에 도움이 되었기보다는 어려움을 가져왔던 요인이었다. 제노바 공화국은 코르시카 섬을 낙후된 상태로 방치하고 있었고 코르시카 섬의 거주자들은 이에 불만을 품고 있었다. 이미 카토-캉브레시스 조약이 체결되기 이전부터 반란이 일어나기도 했다. 이전 교황령 국가의 용병 출신이었던 삼피에로 코르소(Sampiero Corso)는 코르시카의 독립을 목표로 반란을 일으켰고 프랑스와 오스만 투르크의 힘을 빌어 스페인과 제노바 공화국의 연합군에 대항하였다. 카토-캉브레시스 조약의 체결 이후 프랑스와 오스만 투르크는 코르시카 섬에서 손을 떼고 물러났지만 삼피에로의 투쟁은 1567년 가문 간의 암투로 인해 살해될 때까지 지속되었다.

베네치아 공화국

카토-캉브레시스 조약의 체결 이후 이탈리아 반도의 절반 이상이 스페인의 영향력 하에 들어갔다. 이탈리아 반도에서 외세로부터 실질적인 독립 상태에 있던 지역은 베네치아가 유일했다. 베네치아는 이탈리아 반도 북부와 아드리아 해에서 스페인 및 신성로마제국과 계속해서 대립하였는데 1613년 발발한 우스코치(Uskoci) 전쟁이 대표적이다. 우스코치는 본래 보스니아와 달마티아에 거주하던 그리스도교인들을 가리킨다. 이 지역이 오스만투르크의 수중에 떨어지자 우스코치는 오스트리아 대공의 영토로 탈출하였다가 오늘날 크로아티아의 항구도시 센(Senj)에 정착하여 아드리아 해에서 오스만투르크를 상대로 해적행위를 하게 된다. 오스만 투르크와의 관계가 다시 악화되는 것을 우려하고 있던 베네치아 공화국은 1613년 우스코치에 대한 진압을 시도하였고 이로 인해 발발한 전쟁이 바로 우스코치 전쟁이다. 베네지아 공화국은 1615년 오스트리아 대공령이던 그라디스카(Gradisca) 공격을 단행했다. 1617년 9월까지 약 2년 동안 진행된 공성전은 마드리드에서 오스트리아 대공과 베네치아 공화국 사이의 강화조약 체결로 끝을 맺었다. 베네치아 공화국은 그라디스카에서 자국의 군대를 철수시켰고 오스트리아 대공은 우스코치를 내륙으로 이주시켰다. 한편 우스코치 전쟁이 진행되는 동안 스페인에서 파견된 나폴리의 부왕은 아드리아 해에서 베네치아 함대에 대한 공격을 단행했다. 아드리아 해에서 밀고 밀리는 전투가 계속되었지만 뚜렷한 성과를 거두지 못한 부왕은 결국 함대를 철수시켜야 했다.

1626년 만토바 공작의 계승 문제로 다시 한 번 베네치아는 전쟁에 연루되었다. 만토바 공국(Ducato di Mantova)을 통치하던 페르디난도 곤차가(Ferdinando Ganzaga)가 후사를 남기지 못한 채 세상을 떠나자 만토바 공작의 상속권은 그의 조카 마리아 곤차가(Maria Gonzaga)에게로 넘어갔다. 이듬해 마리아 곤차가는 느베르 공작 샤를 곤차가(Charles Gonzaga)와 결혼했는데 이로 인해 만토바 공국이 프랑스의 세력권 안에 들어갈 가능성이 커지게 되었다. 이리하여 이탈리아 북부에서 신성로마제국과 스페인 그리고 사보이아 공국이 프랑스와 대립하게 되었고 이때 베네치아 공화국은 프랑스와 연합하여 만토바를 지원했다. 그러나 베네치아 공화국의 군대가 만토바에서 신성로마제국의 군대에게 크게 패배한 데다가 전쟁이 끝난 직후인 1630년 페스트의 유행으로 인구가 급감함에 따라 베네치아의 세력이 크게 약화되었다.

베네치아의 적은 스페인, 신성로마제국 그리고 오스트리아뿐만이 아니었다. 레판토 해전으로 베네치아 공화국과 오스만 투르크 사이에 강화조약이 체결되었지만 이것이 곧 대립의 종결을 의미하는 것은 아니었다. 아드리아 해와 지중해 동부에서 베네치아의 함대와 오스만 투르크의 지원을 받는 해적들 사이의 다툼이 계속되었다. 1638년 오스만 투르크 측의 해적들이 크레타 섬을 공격함으로써 분쟁이 일어났고 6년이 지난 1644년 오스만 투르크의 함대가 크레타 섬의 칸디아(Candia) 항구를 공격함으로써 본격적인 전쟁이 시작되었다. 이를 크레타 전쟁이라 한다. 베네치아 공화국은 몰타 기사단, 교황령 국가, 토스카나 대공국과 피사의 산토 스테파노 기사단 그리고 프랑스와 연합하여 오스만 투르크에 맞섰다. 크레타 전쟁은 25년 동안 지속되었고 1645년 오스만 투르크의 함대가 달마티아 공격을 단행하면서 전장이 베네치아 본토로까지 확대되었다. 베네치아의 함대는 달마티아에서 오스만 투르크의 함대를 성공적으로 격퇴했지만 1669년 칸디아 섬을 오스만 투르크에게 빼앗겼다. 그리고 1671년 강화조약의 결과 베네치아는 크레타 섬을 완전히 상실하게 되었다.

칸디아 전쟁은 이미 이전 세기부터 진행되어 왔던 베네치아 공화국의 몰락을 가속화시켰다. 이제 베네치아의 해외영토는 지중해 동부의 티노스(Tinos) 섬과 키티라(Kythira) 섬 그리고 달마티아뿐이었다. 1683년에서 1687년 사이 도제 프란체스코 모로시니(Francesco Morosini)의 지휘 아래 펠로폰네소스 반도를 정복했는데 이것이 베네치아의 마지막 해양 정복 활동이었다. 이전까지 해양 무역에 종사했던 베네치아의 귀족 계층은 17세기 중반 베네치아가 지중해에서 영향력을 상실한 이후 자신들의 부를 내륙의 토지 구매에 투자함으로써 토지 귀족으로 변모하였다.

파올로 사르피

스페인의 지배 시기 동안 교황령 국가라는 영토 국가의 군주로서 교황이 갖는 세속적 권한은 크게 쇠퇴하였다. 르네상스 시기 현상유지의 한 축을 담당했으며 한때 이탈리아 반도의 통일을 꿈꾸기도 했던 교황령 국가는 이탈리아 반도 내부의 정세에 거의 아무런 영향력을 미치지 못하는 처지로 전락하고 말았다. 그러나 이와 별개로 반종교개혁 이후 가톨릭 세계, 토스카나, 프랑스, 스페인, 포르투갈, 토스카나, 신성로마제국에서 교황이 갖는 종교적, 문화적 영향력은 더욱 확대되었다. 피우스 5세(Pius V)에서 클레멘스 8세(Clemens VIII)에 이르기까지 16세기 후반의 모든 교황들은 이탈리아 반도 내부의 정치적인 문제에 관여하기보다는 트리엔트 공의회의 의결사항들을 가톨릭 세계의 각 지역에서 효과적으로 시행되도록 하는 일에 집중했다. 그러나 베네치아 공화국에서는 이러한 정책을 받아들이지 않았다.

16세기 말 베네치아 공화국은 교황 클레멘스 8세와 오스만 투르크에 대항하기 위한 동맹을 체결하며 어느 정도 우호적인 관계에 있었지만 1605년 클레멘스 8세의 뒤를 이어 파울루스 5세(Paulus V)가 교황의 자리에 오르며 베네치아 공화국과의 본격적인 대립이 시작되었다. 파울루스 5세는 성직자의 면책 특권이 베네치아 공화국에서 인정되기를 원했지만 베네치아가 그것을 거부한 것이 대립의 발단이었다. 또한 베네치아의 원로원이 교회와 수도원의 재산 소유를 금지하는 법안과 교회의 설립을 국가가 승인하도록 하는 법안을 통과시켰던 것도 파울루스 5세를 분노케 만들었다. 베네치아의 원로원은 사법적인 영역에서 교회의 관할권과 국가의 관할권을 분리해야 한다는 입장을 고

파올로 사르피

수하고 있었는데, 이를 고려한다면 1606년 베네치아 정부에 의해 법률 위반으로 기소된 두 명의 가톨릭 성직자가 가톨릭교회의 종교재판소가 아닌 베네치아 공화국의 세속재판소에 회부되어 유죄를 선고받았던 것은 전혀 놀라운 일이 아니다. 이때 파울루스 5세는 사제 신분의 사람이 세속법에 의해 처벌받는 일은 성직자의 면책 특권에 어긋난다고 주장하며 이들의 신병을 교회에 인도할 것을 요구했다.

베네치아 공화국의 입장을 변호했던 것은 교회법학자 파올로 사르피(Paolo Sarpi)였다. 그는 역사적, 신학적 그리고 법률적인 차원에서 교회와 국가의 관할권 분리를 주장하는 문서를 작성했고 1606년 파울루스 5세가 베네치아 공화국에 성무금지령을 내렸을 때 굴하지 않고 맞설 것을 촉구했다. 베네치아 공화국은 파올로 사르피의 주장을 파울루스 5세에게 제출했고 공화국 정부의 방침을 따르지 않는 모든 성직자들을 추방해 버렸다. 결국 이 문제는 이듬해는 1607년 프랑스와 스페인이 중재에 나서며 해결되었다. 베네치아 공화국의 입장에는 변함이 없었다. 공화국 정부는 가톨릭 신앙을 지켜나갈 것을 선언하는 동시에 파울루스 5세가 문제시했던 법률의 폐지를 거부하였고 결국 자신의 조치가 효과를 거두지 못했다고 판단한 파울루스 5세는 성무금

지령을 철회해버렸다.

　이후 파올로 사르피는 공화국의 영웅이 된 동시에 교황 파울루스 5세의 표적이 되었다. 파울루스 5세는 눈엣가시와 같은 사르피를 로마로 불러들여 제거하려는 계획을 세웠으나 여의치 않자 자객을 고용하였다. 파올로 사르피는 자객의 습격을 받아 칼에 15회나 찔리는 상처를 입었지만 구사일생으로 목숨을 건졌다. 이후 사르피는 은거하여 자신의 사상을 글로 남기는 일에 몰두하였는데 이리하여 1619년 드디어 기념비적인 저작『트리엔트 공의회의 역사』(Istoria del Concilio Tridentino)가 세상에 나오게 된다. 피에트로 소아베 폴라노(Pietro Soave Polano)라는 필명으로 런던에서 출판된 이 저작에서 사르피는 1차 사료에 근거하여 레오 10세부터 트리엔트 공의회의 마지막 회기까지의 교회사를 상세하게 재구성하였다. 사르피가 보기에 트리엔트 공의회는 신성함이나 경건함과는 거리가 먼, 오히려 교회사에서 가장 타락하고 수치스러운 순간을 보여주는 사건이었다. 사르피에 따르면 교회의 개혁은 내적인 종교성의 회복, 즉 엄격한 윤리와 정결한 신앙의 회복을 통해서 가능한 일이었는데, 트리엔트 공의회의 결의 사항들은 이와는 아무런 관련이 없어 보였다.

　『트리엔트 공의회의 역사』는 17세기 이탈리아의 정교분리주의를 상징하는 저작으로 전 유럽적으로 큰 성공을 거두었다. 또한 개신교가 확산되어 있던 알프스 이북에서 반가톨릭 감정을 고무시키는데 크게 기여했을 뿐만 아니라 17세기의 자유사상가들과 18세기 계몽주의자들의 교회비판에도 커다란 영향을 미쳤다. 사르피 연구의 권위자인 이탈리아 역사가 인펠리제(Mario Infelise)에 따르면 무엇보다 "1619년에서 1799년 사이에 교회의 관할권 문제와 관련된 논의가 등장할 때마다 사르피의 저작이 인용되는 것은 당연한 논리적 결말이었다.

피에몬테

1553년 카를로 3세 디 사보이아(Carlo III di Savoia)의 뒤를 이어 에마누엘레 필리베르토(Emanuele Filiberto)가 사보이아 공작의 자리에 올랐을 때 사보이아 가문이 소유한 대부분의 영지는 프랑스의 지배 하에 있었다. 에마누엘레 필리베르토는 프랑스로부터 가문의 영지를 회복하기 위해 스페인의 합스부르크 가문을 위해 복무했고 1555년부터 1559년까지 펠리페 2세 치하에서 네덜란드 총독을 지냈다. 그는 1559년 카토-캉브레시스 조약으로 인해 피에몬테에 있는 사보이아 가문의 영지를 다시 수복할 수 있었지만 토리노(Torino), 키에리(Chieri), 피네롤로(Pinerolo), 키바쏘(Chivasso), 빌라노바 다스티(Villanova d'Asti) 등은 여전히 프랑스 왕의 영토로 남아 있었다. 에마누엘레 필리베르토는 프랑스와 스페인의 역학관계를 적절히 활용하는 한편 자신의 아내였던 앙리 2세의 딸 마르그리트(Marguerite)의 인적 관계를 이용하여 상기의 영토들을 차례로 넘겨받았고 이리하여 1574년 피에몬테 전역을 손에 넣게 되었다.

에마누엘레 필리베르토의 통치 노선은 대외적으로는 부국강병과 영토확장 그리고 대내적으로는 프랑스 지배 시기의 잔재 일소와 사보이아 왕가의

에마누엘레 필리베르토

중앙집권적 통치체제의 확립으로 요약될 수 있다. 에마누엘레 필리베르토는 스위스 제네바에 대한 사보이아 왕가의 권리를 주장하는 한편 프랑스의 영향력 하에 있던 탕드 백작령(Contea di Tende)과 오넬리아 군주국(Principato di Oneglia)을 매입하고 인접한 제노바의 해양 무역 활동을 위축시키려는 의도로 선단을 구축하여 해양으로의 진출을 모색했지만 사보이아 공국의 함대는 레판토 해전에서 큰 손실을 보았다. 게다가 토스카나 대공 코시모 1세 데 메디치가 피사에 산토 스테파노 기사단을 창설했던 것처럼 기존의 기사단들을 개혁하여 산 마우리치오 기사단(Cavalleria di San Mauro)과 라차로 기사단(Cavalleria di Lazzaro)을 창설했지만 역시 큰 성공을 거두지는 못했다. 다만 에마누엘레 필리베르토 시기에 기존의 용병 중심의 군대를 국민군대로 대체하는 개혁이 이루어졌는데 개혁의 효과는 그의 후계자였던 카를로 에마누엘레 1세의 시기의 영토 확장으로 나타나게 된다.

또한 에마누엘레 필리베르토는 1563년 사보이아 공국의 수도를 프랑스의 샹베리(Chambéry)에서 토리노(Torino)로 이전시키는 한편 공국의 공식 언어를 라틴어에서 이탈리아어로 대체시켰다. 물론 공국의 영토 안에서 프랑스어 역시 널리 사용되었지만 어쨌든 토리노 천도 이후 사보이아 공국은 프랑스와는 뚜렷하게 차별화되는 이탈리아의 군주국으로 성장하게 된다. 에마누엘레 필리베르토는 과거 프랑스 지배 시기에 존재했던 여러 통치 위원회들을 모두 폐지했고 프랑스가 샹베리와 토리노에 설치했던 의회를 하나로 통합하는 한편 사법행정을 개혁하고 민법, 형법을 정비함으로써 사보이아 왕

가의 중앙집권적 통치체제를 완
비하였다.

　독실한 가톨릭 신자였던 에마
누엘레 필리베르토는 임기 내내
교황령 국가와의 우호적인 관계
를 유지했다. 트리엔트 공의회의
칙령들을 실행하고 프랑스 지배
시기 동안 사보이아 공국의 영토
내에 확산되어 있던 프로테스탄
트를 탄압하는 데 앞장섰다. 그러
나 이후 위그노였던 아내에게 설
득되어 프로테스탄트에게 제한적
인 종교의 자유를 허가하였다.

　1580년 사보이아 공작이 된 카
를로 에마누엘레 1세는 에마누엘
레 필리베르토의 정책을 그대로

카를로 에마누엘레 1세

계승하였다. 대내적으로 그는 개혁에 필요한 재원 마련을 위해 농업과 직물
산업의 진흥 그리고 아오스타와 광산 개발에 투자하였고 대외적으로는 적극
적인 영토 확장의 의지를 보였다. 이는 당시 이탈리아 반도의 다른 모든 국
가들과는 차별화되는 태도였다. 베네치아 공화국, 토스카나 대공국 그리고
교황령 국가는 모두 현상유지의 대외정책에 주력하고 있었다. 카를로 에마
누엘레 1세는 1588년 오랜 기간 동안 프랑스의 영향력 하에 있던 살루초 후
국(Marchesato di Saluzzo)을 점령한 데 이어 1590년에는 밀라노 공국의 도움을
받아 프로방스 지역의 여러 도시들을 점령하였다. 이에 대한 보복으로 프랑
스 왕 앙리 4세는 피에몬테 공격을 단행하여 사보이아 공국이 전란에 휩싸
이기도 했다. 16세기 말에는 프랑스와 스페인 사이의 대립이 일시적으로 완
화되었다. 프랑스 왕 앙리 4세가 가톨릭으로 개종한 후 1598년 스페인의 펠
리페 2세와 베르뱅(Vervins)에서 강화조약을 체결하였는데 당시까지 양국에

게 귀속된 영토를 인정한다는 내용을 담고 있었다. 여기에는 사보이아 공국에 병합된 살루초 후국의 문제도 개입되어 있었는데 1601년 카를로 에마누엘레 1세와 앙리 4세 사이에 리옹 강화조약의 체결로 오늘날 쿠네오(Cuneo)현에 위치하고 있는 카스텔델피노(Casteldelfino)를 제외한 살루초 후국의 영토가 사보이아 공국에 귀속되었다.

이후로도 카를로 에마누엘레 1세의 영토 확장 시도는 계속되었지만 그다지 성공적인 결과로 이어지지는 않았다. 이듬해 카를로 에마누엘레 1세는 스위스의 제네바를 재침공하였다. 앙리 4세는 사보이아 공국이 프랑스의 롬바르디아 재정복을 돕는다는 조건의 합의가 있었기 때문에 사태에 개입하지 않았지만 그럼에도 불구하고 스위스 군대의 영웅적인 방어로 인해 제네바 정복은 실패로 끝나고 말았다. 또한 우스코치 전쟁이 발발했을 때 사보이아 공국은 베네치아와 연합하여 몬테라토 후국(Marchesato di Monferrato)을 공격하였지만 이 역시 실패로 끝나고 말았다. 그럼에도 불구하고 에마누엘레 필리베르토와 카를로 에마누엘레 1세의 치세를 거치며 사보이아 공국은 이탈리아 반도에서 유일하게 다른 유럽의 열강들과 경쟁할 수 있는 수준으로 성장했다. 특히 오늘날의 많은 역사가들은 카를로 에마누엘레 1세를 스페인과 프랑스 사이에서 중립외교를 통해 사보이아 왕가의 성장을 도모하고 이탈리아의 독립을 지켜나간 인물로 평가한다.

30년 전쟁과 이탈리아 반도

사보이아 공국의 성장과 동시에 이탈리아 반도에서 스페인의 영향력은 서서히 약화되고 있었다. 카를로 에마누엘레 1세의 치세 말년에 발발한 30년 전쟁이 주된 원인이었다. 30년 전쟁은 종교개혁 이후 일어난 종교전쟁들 가운데 가장 대규모의 전쟁으로 처음에는 신성로마제국 내의 문제가 발단이 되었지만 시간이 지나며 유럽 대다수의 국가들이 참여하는 국제전으로 확대되었다. 30년 전쟁의 주된 원인은 종교적인 것으로 카를 5세의 시기 슈말칼덴 전쟁으로 인해 체결된 1555년의 아우크스부르크 화의의 한계와 연관된다. 아우크스부르크 화의로 인해 신성로마제국의 영토 내에서 루터파에게 종교의 자유가 허가되었지만 1552년 이후 프로테스탄트로 개종한 제후는 더 이상 가톨릭 측의 재산을 점거할 수 없었으며 칼뱅파에 대해서는 여전히 종교적 관용이 이루어지지 않고 있었다. 그 밖에 발트해 진출을 둘러싼 유럽 열강들의 경쟁과 긴장 그리고 프랑스 대 신성로마제국과 스페인의 합스부르크 왕가의 전통적인 대결 구도 또한 주된 원인 가운데 하나였다.

이탈리아 반도의 군주국들은 30년 전쟁 기간 내내 프랑스와 스페인 사이에서 눈치를 보아야 하는 상황에 놓이게 되었다. 특히 1642년에 사보이아 공국에서 벌어진 다툼이 이러한 상황을 효과적으로 대변한다. 1630년 사보이아 공작이 된 비토리오 아메데오 1세(Vittorio Amedeo I)는 카를로 에마누엘레 1세와 스페인 왕 펠리페 2세의 딸이었던 합스부르크 왕가의 카테리나 미켈라(Caterina Michela)의 아들이었다. 따라서 비토리오 아메데오 1세의 조부는 스페인 왕 펠리페 2세가 된다. 비토리오 아메데오 1세는 유년 시절의 대부분을 펠리페 2세의 궁전에서 보냈고 이렇게 볼 때 사보이아 공작이 된 초기에 스페인에 우호적인 태도를 취했던 것은 이상한 일이 아니었다. 비토리오 아메데오 1세는 프랑스로부터 영토를 방어하기 위해 스페인에 의지했으나 1631년 케라스코(Cherasco) 강화조약으로 인해 전략적 요충지인 피네롤로(Pinerolo)를 프랑스에게 양도해야 했다. 그러나 그 뒤로 비토리오 아메데오 1세는 리슐리외 추기경의 사주로 인해 이탈리아에서 반스페인 동맹을 결성하여 몇 차례 전투에서 승리를 얻어냈다.

문제는 비토리오 아메데오 1세의 사후에 발생했다. 1637년 비토리오 아메데오 1세가 세상을 떠나자 그의 아들이었던 프란체스코 지아친토(Francesco Giacinto)가 뒤를 이었고 1년 후 프란체스코 지아친토가 열병으로 요절하면서 그의 동생인 카를로 에마누엘레 2세(Carlo Emanuele II)가 4세의 어린 나이로 사보이아 공작의 자리에 올랐다. 이때 섭정을 한 것이 비토리오 아메데오 1세의 아내이자 프란체스코 지아친토와 카를로 에마누엘레 2세의 어머니가 되는 부르봉 왕가의 공주 마리아 크리스티나(Maria Cristina di Borbone)였다. 그녀가 프랑스 궁정의 요구를 충실히 따르는 통치를 했던 것은 당연한 일이었고 이에 반대하는 사보이 가문의 방계 출신 형제들이 스페인의 편에 서게 되어 내전이 벌어졌다.

한편 이탈리아 반도 남부에서 30년 전쟁은 스페인의 통치를 약화시키는 결정적인 계기를 제공했다. 30년 전쟁의 종결 직전에 일어났던 1647년 용병대장 주세페 알레씨(Giuseppe Alessi)가 주도했던 팔레르모의 민중봉기 그리고 같은 해에 일어난 나폴리의 마사니엘로 민중봉기는 모두 스페인 정부의 수탈에 대한 민중들의 분노를 보여주는 사건들이었다. 마사니엘로 봉기 이후 민중들의 불만은 가중되었고 스페인 통치자에 대한 암살 시도와 반란이 잇달았다. 특히 마사니엘로의 추종자였던 젠나로 안네세(Gennaro Annese)는 마사니엘로의 민중봉기 직후 프랑스의 보호 아래에 독립 공화국을 선포하기도 했다. 이때 프랑스의 재상이었던 마자랭 추기경은 젠나로 안네세를 지원하기 위해 프랑스의 용병 대장 앙리 드 기스(Henry de Guise)를 파견하였지만 이듬해인 1648년 스페인의 원조를 받은 나폴리 귀족들에 의해 이러한 시도는 무위로 돌아갔고 나폴리는 다시 스페인의 지배하에 들어갔다.

1648년 베스트팔리아 조약으로 인해 30년 전쟁은 끝이 났다. 종교적인 면에서는 유럽에 세 개의 그리스도교 종파, 즉 가톨릭과 루터파 그리고 칼뱅파가 공존하는 상황이 되었고 정치적인 면에서는 네덜란드가 완전한 독립을 달성했으며 프랑스는 알자스의 일부 지역과 로렌 지역의 대부분 그리고 메츠 지역을 영토에 편입시켰다. 그리고 신성로마제국을 구성하는 각 제후들은 영토에 대한 완전한 주권과 외교권, 조약 체결권과 전쟁 선포권을 획득했다. 결국 30년 전쟁에서 최대의 수혜국은 프랑스였다. 신성로마제국과 스페인의 합스부르크 왕가는 쇠퇴하고 프랑스가 유럽의 패권을 장악했다. 그리고 이로 인해 이탈리아 반도 안에서 스페인의 힘은 점점 쇠퇴하기 시작했다.

루이 14세의 이탈리아 정책과
비토리오 아메데오 2세

1643년 루이 13세가 갑자기 세상을 떠난 후 채 다섯 살을 채우지 못한 루이 14세가 프랑스의 왕위에 올랐다. 루이 14세의 이탈리아 정책은 스페인이 지배하던 지역들을 프랑스의 영향력 하에 편입시키는 것에 초점이 맞추어져 있었다. 이리하여 루이 14세의 치세 동안에는 이탈리아 반도를 놓고 프랑스와 스페인이 각축전을 벌이는 양상이 전개되었다. 먼저 프랑스는 시칠리아의 메시나(Messina)에서 스페인에 대한 반란을 선동하였고 메시나를 원조한다는 구실로 시칠리아에 함대를 파견하였다. 이리하여 1674년 시칠리아 인근에서 프랑스의 함대와 스페인-네덜란드의 연합 함대 간에 여러 차례의 전투가 펼쳐졌다. 전투에서 큰 소득을 보지 못한 루이 14세는 결국 1678년 네덜란드의 네이메헌(Nijmegen)에서 강화조약을 체결함으로써 메시나를 포기하고 물러났다. 당시 메시나를 수복한 스페인의 군대는 메시나를 철저하게 약탈하고 시민들을 잔인하게 학살하였다.

메시나 정복은 실패하였지만 루이 14세의 이탈리아 진출 시도는 그치지 않았다. 1681년에는 몬페라토를 공격하여 카살레 요새(Fortezza di Casale)를 점령하였고 1684년에는 프랑스의 함대가 제노바를 열흘 동안 포격하였다. 당시 제노바의 도제였던 프란체스코 마리아 레르카리(Francesco Maria Imperiale Lercari)가 항복의 뜻을 전하러 베르사유 궁전을 방문했고 루이 14세는 그로부터 앞으로 스페인을 위한 갤리선을 만들지 않겠다는 서약을 받은 후 포격을 중지했다. 이 사건 이후 제노바는 모든 정치적 힘을 잃고 복구 불가능한 쇠퇴의 길로 빠지게 되었다. 카를로 에마누엘레 2세는 이미 이전부터 제노바 공화국을 사보이아 공국의 세력권 안에 편입시키기 위해 노력해오고 있었다. 이에 따라 사보이아 공국은 1671년부터 제노바에 대한 공

비토리오 아메데오 2세

격을 단행하는 한편 내부의 반란을 획책했는데, 1673년까지 진행된 제노바에 대한 직접적인 공격은 큰 효과를 보지 못했고 카를로 에마누엘레 2세의 사주를 받은 라파엘레 델라 토레(Raffaelle della Torre)의 반란 역시 실패로 끝나고 말았다.

1675년 카를로 에마누엘레 2세의 뒤를 이어 그의 아들인 비토리오 아메데오 2세가 9세의 어린 나이로 사보이아 공작이 되었다. 따라서 그의 어머니였던 마리아 조반나 바티스타(Maria Giovanna Battista di Savoia-Nemours)가 섭정을 하였는데 그녀는 이전 카를로 에마누엘레 2세를 섭정했던 부르봉 왕가의 마리아 크리스티나(Maria Cristina di Borbone)와 마찬가지로 철저하게 프랑스의 이익을 따라 움직였다. 사보이아 공국은 1685년 루이 14세가 낭트칙령을 폐지한 후 프랑스 남부의 발도파(Waldenses) 탄압에 힘을 보탰고 1688년 아우크스부르크 동맹전쟁이 발발하였을 때에도 프랑스의 편에 섰다. 프랑스의 팽창에 위협을 느낀 잉글랜드왕 윌리엄 3세, 신성로마제국의 레오폴트 1세, 스

페인의 카를로스 1세 등 유럽의 많은 군주들이 아우크스부르크 동맹을 체결하여 프랑스에 맞섰는데 초기에 프랑스의 편에 서 있던 비토리오 아메데오 2세는 어머니가 세상을 떠나고 섭정으로부터 벗어나자 1689년부터 대외정책의 노선을 바꾸어 동맹군의 일원으로 전쟁에 가담했다.

이리하여 사보이아 공국과 프랑스 군대의 대립이 시작되었다. 1690년 살루초 인근 스타파르다(Staffarda) 전투에서 대승을 거둔 프랑스 군대는 1691년 니스까지 점령하였지만 같은 해 쿠네오(Cuneo)에서는 신성로마제국 황제의 지원을 받은 사보이아 공국의 군대에 패배하였다. 사보이아 공국의 군대는 여세를 몰아 프랑스 남동부의 도피네(Dauphiné)까지 진격하였지만 비토리오 아메데오 2세의 질병으로 인해 전세가 기울기 시작했다. 1693년 프랑스의 군대는 마르살리아(Marsaglia) 전투에서 다시 한 번 승리를 거두고 피네롤로(Pinerolo)를 손에 넣었다. 결국 1696년 8월 비토리오 아메데오 2세와 루이 14세 사이에 강화조약이 체결됨으로써 피네롤로는 다시 사보이아 공국의 영토로 편입되었다.

1697년 레이스베이크 조약(Trattato di Ryswick)으로 인해 아우크스부르크 동맹전쟁은 종결되었다. 전쟁 비용 마련에 어려움을 겪은 루이 14세가 스트라스부르를 제외한 모든 점령 지역을 포기하고 물러났다. 그리고 사보이아 공국은 이전 프랑스의 영향력 하에 있던 알프스 이남의 모든 지역을 차지하게 되었다.

왕위계승전쟁과
사르데냐 왕국의 성립

1700년 스페인 왕 카를로스 2세가 후사를 남기지 못하고 세상을 떠나자 루이 14세의 손자인 부르봉 왕가의 앙주 공작 필리프(Philip, duc d'Anjou)가 펠리페 5세로 즉위하였다. 이에 신성로마제국 황제 레오폴트 1세(Leopold I)는 스페인의 왕위를 합스부르크 왕가가 계승해야 한다고 주장하였고, 이로 인해 스페인 왕위계승전쟁이 시작되었다. 대다수의 유럽 열강들은 프랑스의 영토 확장을 원치 않았다. 이리하여 신성로마제국과 오스트리아 이외에도 영국과 포르투갈, 네덜란드 등이 동맹을 맺고 프랑스와 스페인 연합에 대항했다. 이탈리아 반도에 있는 대다수의 국가들은 스페인 왕위계승전쟁에 끼어들지 않은 채 중립을 유지했다. 만토바 공국과 사보이아 공국만이 예외였다. 만토바 공작 페르디난도 카를로 곤차가(Ferdinando Carlo Gonzaga)는 프랑스의 편에 있고 비토리오 아메데오 2세 역시 초기에는 프랑스를 지지했으나 1703년 오스트리아의 편으로 전쟁에 가담했다. 그러나 사보이아 공국의 군대는 프랑스의 군대에 패배를 거듭했다. 루이 14세는 사보이아 왕국을 침공하여 피에몬테의 많은 지역들을 손에 넣은 후 수도인 토리노 공격을 단행했다. 토리노의 시민들은 1707년 오스트리아의 지원군이 도착하기 이전까지

18세기 사르데냐 왕국의 지도

용감하게 저항했다. 특히 광산에서 복무하던 군인 피에트로 미카(Pietro Micca)
가 결정적인 역할을 했다. 그는 다량의 화약을 성문 뒤에 설치한 후 프랑스
의 군대가 토리노 요새의 성문을 뚫고 들어오려 할 때 폭파시킴으로써 주변
에 있던 프랑스 군인들을 궤멸시켰다. 피에트로 미카 역시 폭발로 인해 큰
상처를 입었고 결국 세상을 떠났다.

　스페인 왕위계승전쟁은 1713년 위트레흐트(Utrecht) 조약과 1714년 라슈타
트(Rastadt) 조약의 체결로 종결되었다. 앙주 공작 필리프는 펠리페 5세로 즉
위하는 대신 프랑스의 왕위 계승권을 포기해야 했다. 또한 스페인이 유럽에
가지고 있던 영토들이 분할되면서 동맹군으로 참전한 사보이아 공국이 밀라
노 공국에 속해 있던 롬바르디아의 일부와 시칠리아 섬을 양도받게 되었다.

그러나 이후 협상 과정에서 시칠리아 왕국을 내놓는 대신 사르데냐 왕국을 양도받음으로써 사르데냐 왕국이 성립되었다. 사르데냐 왕국의 초대 왕은 사보이아 공작 비토리오 아메데오 2세가 되었다.

1733년에는 폴란드 왕위계승전쟁이 발발했다. 폴란드의 아우구스트 2세가 세상을 떠나자 러시아와 연합한 오스트리아가 그 아들인 아우구스트 3세를 즉위시켰고 이에 반발한 프랑스는 스페인 및 사르데냐 왕국과 연합하여 오스트리아에 맞섰다. 전쟁의 결과 오스트리아는 롬바르디아 서쪽 지역을 점유하였고 피에몬테의 노바라(Novara)와 토르토나(Tortona)가 사르데냐 왕국으로 넘어갔다. 한편 합스부르크 왕가는 이탈리아 남부의 영토 전부를 상실하였고 나폴리 왕국과 시칠리아 왕국이 스페인 부르봉 왕가의 소유가 되었다.

1740년에는 신성로마제국 황제 카를 6세가 후사를 남기지 못한 채 세상을 떠났다. 합스부르크 왕가의 남자 상속인이 남아 있지 않게 되자 카를 6세는 1713년 합스부르크 왕가의 여성이 자신의 뒤를 이을 수 있도록 상속법을 개정하였고 이리하여 카를 6세의 장녀였던 마리아 테레지아가 합스부르크 왕가의 모든 영토를 상속받게 된다. 이에 대해 유럽의 여러 나라가 반발하였고 결국 합스부르크 왕가의 계승권을 주장하던 바이에른, 스페인, 작센, 프로이센, 프랑스가 동맹을 형성하여 영국과 연합한 오스트리아에 선전포고함으로써 오스트리아 왕위계승전쟁이 발발했다. 폴란드 왕위계승전쟁 당시 프랑스 측으로 참전했던 사르데냐 왕국이 이번에는 오스트리아의 편에 섰다. 이탈리아 반도가 본격적인 전장이 되었을 때 이탈리아 반도의 여러 국가들 역시 자신들의 이해관계에 따라 전쟁에 끼어들었다. 제노바 공화국은 프랑스의 군대가 이탈리아 중부로 진격할 수 있도록 도왔고 나폴리는 스페인을 지원했다. 1744년 프랑스와 스페인의 연합군이 이탈리아 반도 북부에서 영국, 오스트리아, 사르데냐 연합군에 큰 승리를 거두었지만 이후 전세가 역전되기 시작했고 1747년 알프스의 협곡에서 벌어진 전투에서 사르데냐 왕국의 군대가 프랑스의 군대를 크게 물리쳤다. 결국 1748년 아헨 조약의 체결로 오스트리아 왕위계승전쟁은 끝을 맺었다. 마리아 테레지아는 왕위를 보존할 수 있었지만 그 대가로 슐레지엔(Schlesien)을 프로이센에 내주어야 했다. 그리고 피에몬테의 노바라를 포함하여 보게라(Voghera)나 비제바노(Vigevano)와 같은 롬바르디아의 도시들이 사르데냐 왕국의 영토로 편입되었다. 이리하여 오스트리아 왕위계승전쟁 이후 사르데냐 왕국의 영토는 피에몬테, 롬바르디아의 남서부, 사르데냐 그리고 오늘날 프랑스의 영토에 해당하는 니스와 탕드 백작령으로 확정되었다.

한편 폴란드 왕위계승전쟁이 끝난 이후 토스카나 공작의 자리는 메디치 가문에서 로렌 가문으로 넘어갔다. 1737년 메디치 가문의 마지막 토스카나 대공인 잔 가스토네 데 메디치(Gian Gastone de' Medici)가 후사를 남기지 않고 세상을 떠나자 훗날 마리아 테레지아(Maria Theresia)와의 결혼으로 신성로마제국황제의 자리에 오르게 되는 로렌 가문의 프란츠 1세 슈테판(Franz I. Stephan)이 뒤를 이었다.

제8장
혁명의 시대

ITALY

나폴리의 정교분리주의

나폴리 왕국은 스페인 왕위계승전쟁 이후 스페인의 합스부르크 왕가가 차지하고 있던 다른 영토들과 더불어 오스트리아에 양도되었다가 뒤이어 발발한 폴란드 왕위계승전쟁으로 인해 1734년부터 스페인 부르봉 왕가의 지배 아래에 들어갔다. 스페인 왕 펠리페 5세의 장자로 파르마(Parma) 공작이었던 부르봉 왕가의 샤를이 1759년 스페인 왕 카를로스 3세로 즉위하기 이전까지 나폴리 왕국과 시칠리아 왕국을 다스렸다. 샤를은 무엇보다 나폴리 왕국의 봉건적 잔재를 타파하고 근대국가로 만들기 위해 유능한 인재를 등용하여 여러 가지 개혁 조치를 단행했다. 부르봉 왕가의 개혁을 실질적으로 이끌었던 총리 베르나르도 타누치(Bernardo Tanucci) 역시 샤를에 의해 등용된 인물이었다.

1698년 토스카나의 아레초 인근 스티아(Stia)에서 태어난 타누치는 1725년 피사 대학교 법학과를 졸업한 후 모교의 교수로 재직하고 있었다. 부르봉 왕가의 샤를은 폴란드 왕위계승전쟁 당시 나폴리 점령을 위해 토스카나 대공국을 통과하여 남하하였는데 이때 토스카나 대공이었던 잔 가스토네 데 메디치(Gian Gastone de' Medici)가 타누치를 천거하였고 샤를은 그를 나폴리 왕국의 총리로 임명하였다.

부르봉 왕가와 타누치가 추진했던 개혁 조치들 가운데 가장 중요한 것은 교황으로부터 사법권의 독립을 달성한 것이었다. 사실 세속적인 영역에서 교회의 사법권을 제한하려는 정교분리의 시도는 이미 중세 말부터 있어 왔다. 나폴리 왕국도 마찬가지였다. 부르봉 왕가의 샤를이 나폴리의 지배자가 되기 이전부터 나폴리의 정교분리주의자들은 가톨릭교회의 면책권(immunità

베르나르도 타누치

ecclesiastiche)을 제한하기 위한 투쟁을 지속해오고 있었다. 면책권이란 사물, 장소 그리고 사람과 관련하여 교회가 누리던 특권을 의미한다. 교회의 모든 재산은 세금으로부터 면제되었으며 교회와 부속 건물은 세속 국가의 사법권이 미치지 않는 지역이었다. 또한 성직자들 역시 국가의 세금이나 병역에서 면제되었고 위법 행위를 했을 경우 세속 재판소가 아닌 종교 재판소에 의해 재판을 받았다. 나폴리의 정교분리주의자들은 역사적, 문헌학적, 법학적 측면에서 교회의 면책권을 신랄하게 공격하는 한편 키네아(chinea)로 대변되는 가톨릭교회와 나폴리 왕국의 봉건적 관계에 대해서도 의문을 제기했다.

면책권이 선교 사업을 위해 필수적인 것이라고 생각했던 가톨릭교회가 나폴리의 정교분리주의 운동을 강경하게 탄압했던 것은 당연한 일이었다. 1723년 피에트로 잔노네(Pietro Giannone)의 망명은 나폴리의 정교분리주의에 대한 교회의 탄압을 상징적으로 보여주는 사건이었다. 잔노네는 17세기 베네치아의 파올로 사르피와 더불어 근대 이탈리아를 대표하는 정교분리주

피에트로 잔노네

의 이론가였다. 그는 1723년 출판된 기념비적인 저작 『나폴리 왕국의 시민사』(Istoria civile del regno di Napoli)에서 나폴리 왕국의 쇠퇴를 교회의 탓으로 돌리며 이전까지 교회가 누려왔던 법적, 정치적, 행정적 특권들에 의문을 제기했다. 잔노네의 저작은 유럽의 여러 언어로 번역되었고 영국, 프랑스 그리고 독일에서 큰 반향을 불러일으켰다. 한편 가톨릭교회는 잔노네의 저작을 묵과할 수 없었다. 『나폴리 왕국의 시민사』는 금서로 지정되었으며 잔노네에게는 파문이 내려졌다. 이로 인해 잔노네는 나폴리를 떠나 유럽의 여러 나라들을 떠돌게 된다.

잔노네 이전 나폴리의 정교분리주의자들은 정신적인 영역에서 교회가 누리는 권력에 아무런 의문을 제기하지 않았다. 그들은 단지 세속적인 영역에서 교회의 관할권에 대한 제한 그리고 일상적인 행정의 영역에서 세속 권력이 누리는 권리와 특권을 옹호했을 뿐이다. 그러나 잔노네의 망명이 나폴리의 정교분리주의를 더욱 급진적이고 투쟁적으로 바꿔놓았다. 잔노네 이후 이탈리아 남부의 정교분리주의자들은 교회의 권력에 대한 국가의 일방적인 규제와 통제를 주장하는 방향으로 나아갔다. 이러한 분위기 속에서 부르봉 왕가와 타누치는 국가의 행정을 교황의 권력으로부터 독립시키기 위한 개혁을 추진했다. 1741년 나폴리 왕국과 교황령 국가 사이에 체결된 교회의 면책권에 대한 협약은 그 결실이었다. 물론 이 협약으로 인해 면책권이 전면적으로 폐지되었던 것은 아니지만 상당 부분 제한할 수 있었던 것은 사실이다.

밀라노의 계몽주의자들

밀라노는 전통적으로 신성로마제국의 영향력 하에 있는 지역이었다. 따라서 1618년 30년 전쟁이 발발하였을 때 신성로마제국 치하의 밀라노 역시 전란에 휘말렸다. 밀라노가 신성로마제국으로부터 독립하게 된 계기는 1648년의 베스트팔렌 조약이었다. 이후 밀라노는 1630년에 창궐한 페스트로 인해 도시의 인구가 급감하며 침체기를 겪었고 1701년 스페인 왕위계승전쟁 당시에는 프랑스가 밀라노를 침공함에 따라 유럽 열강들의 각축장으로 전락했다. 그리고 1714년 스페인 왕위계승전쟁을 종결지은 라슈타트 조약에 따라 최종적으로 오스트리아의 합스부르크 왕가에 귀속되었다.

밀라노의 새로운 지배자가 된 합스부르크 왕가는 광범위한 개혁에 착수하였는데, 세수확보를 위한 토지 대장의 정비 등 무엇보다 막대한 전쟁 비용으로부디 경제를 회복시키기 위한 재정 개혁에 초점이 맞추어져 있었다. 밀라노의 귀족 계층은 합스부르크 왕가의 개혁에 적극적으로 협조하였다. 이리하여 오랫동안 침체기를 겪은 밀라노에 경제적 부흥과 함께 문화적 부흥이 찾아오게 된다.

밀라노의 부흥은 1740년 오스트리아의 계몽군주 마리아 테레지아가 합스

『범죄와 형벌』

부르크 왕가의 실권을 장악하며 가속화되었다. 마리에 테레지아는 자신이 추진하고자 했던 개혁을 위해 밀라노의 계몽주의자들을 적극적으로 활용했다. 밀라노의 계몽주의자들은 정부의 요직에 몸담으며 행정 개혁 및 농업과 상업의 부흥을 위한 활동에 앞장섰다.

당시 밀라노의 계몽주의자들을 한데 모으는 구심점의 역할을 했던 것은 푸니 아카데미(Accademia dei Pugli)였다. 푸니 아카데미의 설립을 주도했던 것은 경제 사상가 피에트로 베리(Pietro Verri)였는데, 1728년 밀라노 귀족집안에서 태어난 그는 오스트리아 군대의 일원으로 7년 전쟁에 참여한 후 빈(Wien)에 정착했다. 1761년 밀라노로 돌아온 그는 자신의 동생 알레산드로 베리(Alessandro Verri)를 비롯하여 루이지 람베르텡기(Luigi Lambertenghi), 잠바티스타 비피(Giambattista Biffi), 피에트로 세키(Pietro Secchi), 알폰소 롱고(Alfonso Longo), 체사레 베카리아(Cesare Beccaria) 등 개혁적 성향의 지식인들과 함께 푸니 아카데미를 설립했다.

푸니 아카데미의 회원들은 프랑스의 계몽주의자들과 활발하게 교류했다. 돌바크(Paul Henry Thiry d'Holbach), 볼테르(Voltaire)뿐만 아니라 디드로(Denis Diderot), 달랑베르(Jean-Baptiste Le Rond d'Alambert)와 같은 백과전서파 지식인들과 활발하게 서신을 교환했고 학문적 교류를 위해 직접 파리를 방문하는 일도 빈번했다. 당시 프랑스 계몽주의자들의 저작은 출판되는 즉시 밀라노에서 번역 없이 유통되었다. 밀라노의 계몽주의자들은『일 카페』(Il Caffè)라는 이름의 기관지를 창간하였다.『일 카페』는 1764년 6월부터 1766년 5월까지 2년 동안 열흘 단위로 발간되었고 문학, 철학, 경제, 의학 등의 다양한 분야의 논문들이 게재되었다.

이후 1788년 마리아 테레지아의 후원을 받은 밀라노의 계몽주의자들은 애국인 협회(Società patriottica di Milano)를 발족하여 수공업과 농업의 진흥을 위한 활동을 벌였지만 1780년 마리아 테레지아가 세상을 떠난 후 요제프 2세(Joseph II)가 오스트리아의 단독 통치자가 되면서 밀라노에서 계몽주의자들의 입지가 좁아지기 시작했다. 이후 밀라노가 나폴레옹에 의해 정복되었을 때 이들은 나폴레옹의 괴뢰정부인 치살피나 공화국(Repubblica cisalpina)의 성립에 참여하게 된다.

체사레 베카리아의『범죄와 형벌』(Dei delitti e delle pene)은『일 카페』와 더불어 밀라노의 계몽주의를 대표하는 문헌 가운데 하나이다.『범죄와 형벌』은 특히 미셸 푸코(Michel Foucault)가『감시와 처벌』(Surveiller et punir)에서 형벌의 목적이 신체의 처벌에서 교정, 감화, 치료로 넘어가는 분기점으로 인용하며 널리 알려졌다. 이 저작에서 베카리아는 사회계약설과 천부인권 사상에 근거하여 형벌의 온건함을 강조하였는데 베카리아의 사상은 토스카나 대공이자 오스트리아 황제 요제프 2세의 동생이었던 계몽군주 피에트로 레오폴도(Pietro Leopoldo)에게 깊은 영향을 주었다. 1786년 토스카나 대공국에서 세계 최초로 사형제가 폐지되었던 것은 체사레 베카리아의 영향이었다.

나폴리의 계몽주의자들

　나폴리 왕국은 밀라노 공국과 더불어 이탈리아 반도에서 계몽주의 운동이 가장 활발했던 지역이었다. 밀라노에서 계몽주의 운동이 시작된 시점을 피에트로 베리가 빈 생활을 마치고 돌아온 1760년대 초로 본다면 나폴리의 계몽주의 운동 역시 이와 비슷한 시기에 시작되었다고 할 수 있다. 밀라노와 마찬가지로 나폴리의 계몽주의 역시 프랑스 계몽주의와의 영향관계 속에서 발전했는데 이와 관련하여 가장 먼저 언급되어야 할 인물은 『화폐에 대하여』(Della moneta)라는 저작으로 널리 알려진 경제학자 페르디난도 갈리아니(Ferdinando Galiani)였다. 1728년 아브루초(Abruzzo)의 키에티(Chieti)에서 태어난 갈리아니는 1759년부터 1769년까지 파리 주재 나폴리 대사관에 근무하였다. 이 시기 그는 파리의 살롱에 출입하며 프랑스의 여러 계몽 사상가들과 교류했는데 그 가운데에는 백과전서파의 디드로(Denis Diderot)가 포함되어 있었다. 갈리아니가 나폴리로 돌아온 직후에 출판된 『곡물의 교역에 대한 논고』(Dialogues sur le commerce des bleds)는 이탈리아와 프랑스의 지식 사회에 큰 반향을 불러일으켰다. 이후 갈리아니는 생애 말년에 이르기까지 경제뿐만 아니라 언어와 철학 등 다양한 주제의 저술들을 집필했다.

그의 사상이 프랑스 계몽 사상가
들과의 영향 혹은 그에 대한 반응
으로 발전했던 것은 사실이지만 어
디까지나 갈리아니의 활동은 개인
적인 저술에 국한되어 있었다. 나폴
리가 이탈리아 계몽주의의 중심이
될 수 있었던 것은 갈리아니보다는
"나폴리의 디드로"라고 불렸던 안
토니오 제노베지(Antonio Genovesi)의
공이었다.

안토니오 제노베지

제노베지는 1713년 살레르노 인
근에 있는 카스틸리오네 델 제노베
지(Castiglione del Genovesi)에서 구두 수선공의 아들로 태어났다. 1738년 그는
25세의 나이에 사제 서품을 받은 후 나폴리로 이주하였고 1741년 나폴리 대
학의 형이상학 교수가 되었다. 그러나 형이상학에 대한 그의 주장들이 이단
이라고 공격받게 되자 강의를 그만둘 수밖에 없었고 1745년 과거 잠바티스
타 비코(Giambattista Vico)가 담당했던 윤리학 강의를 물려받게 된다. 그리고
1754년에는 경제학 연구의 성과를 인정받아 이탈리아에서 최초로 개설된
경제학과의 교수로 임용되었다.

제노베지는 가톨릭 사제 출신이었음에도 불구하고 나폴리의 문화적, 경제
적 쇠퇴를 야기한 원인이 신학 중심의 학문 풍토에 있다고 생각했고 이에 따
라 상업이나 농업과 같은 실용적인 학문 그리고 예술의 부흥을 강조했다. 그
의 연구가 주로 나폴리 왕국의 부를 증대시키기 위한 경제정책에 집중되어
있었던 것 역시 이러한 문제의식을 바탕으로 하고 있었다. 한편 그가 현실
정치에 대한 참여를 마다하지 않은 것도 동일한 이유였다. 직접 공직을 역
임했던 것은 아니지만 나폴리 정부의 사무관이었던 바르톨레메오 인티에리
(Bartolomeo Intieri)와 활발하게 교류하며 나폴리 왕국의 개혁에 지대한 영향을
미쳤다. 한편 제노베지는 디드로가 이끌었던 백과전서파와 마찬가지로 나폴

리 왕국의 개혁을 위해서는 독립적이고 자율적인 학문을 추구하는 지식인 집단을 형성할 필요가 있다고 생각했고 이러한 신념에 따라 그는 대학의 강의를 통해 많은 제자들을 길러냈는데 그 가운데 가장 대표적인 인물이 가에타노 필란지에리(Gaetano Filangieri)였다.

가에타노 필란지에리는 1753년 나폴리 인근 산 세바스티아노 알 베수비오(San Sebastiano al Vesuvio)에서 태어난 법학자이다. 그는 변호사로 큰 성공을 거둔 후 1780년 기념비적인 저작 『입법의 학문』(La Scienza della legislazione)을 출판했다. 총 두 권으로 구성되어 있는 이 저작의 첫 번째 권에서 필란지에리는 나폴리 왕국의 입법 절차에 대해 그리고 두 번째 권에서는 경제적인 문제에 대해 다루고 있다. 필란지에리의 핵심적인 주장은 무엇보다 자유로운 교역과 상업의 발전을 촉진하는 데 장애로 작용하는 법률들을 일소해야 한다는 것이었다. 결국 필란지에리의 주된 관심 역시 스승이었던 제노베지와 마찬가지로 나폴리 왕국의 경제적 부흥을 위한 개혁의 방법을 제안하는 데 있었다.

나폴리의 자코뱅 혁명

1789년 프랑스 혁명의 발발 이후 이탈리아 반도 안에서 혁명 이념이 전파되기 시작했다. 특히 이탈리아 각지에서 자코뱅 당의 세력이 크게 확산되었다. 자코뱅은 프랑스 혁명의 시작과 함께 생겨난 여러 정파들 가운데 하나로 자코뱅 수도원이 있는 자리에서 회합을 가졌던 까닭에 자코뱅 당으로 불리게 되었다. 이들은 처음에는 부르주아 계층을 대변하며 온건하고 타협적인 노선을 지향했으나 이후 루이 16세의 처형을 주장하며 급진적 노선으로 선회하게 된다. 자코뱅 당은 온건파인 지롱드 당과의 세력 싸움에서 최종적인 승리를 거두었고 로베스 피에르에 의한 공포정치를 성립시켰다.

자코뱅 당원들은 이탈리아 반도의 각지에서 혁명을 획책했지만 결국 모두 실패로 끝나고 말았다. 토스카나에서는 1790년 필리포 부오나로티(Filippo Buonarroti)가 자코뱅 당의 봉기를 시도했지만 체포되어 프랑스로 추방되었다. 나폴리에서는 1792년 프랑스 공화국의 함대의 지원 하에 시도된 자코뱅 혁명이 실패로 끝났고 1794년 10월 혁명을 주도했던 에마누엘레 데 데오(Emanuele de Deo)가 교수형에 처해졌다. 비슷한 시기 토리노에서도 자코뱅 당원들의 모임이 형성되기 시작했는데 모임을 주도했던 이들은 사보이아 왕가에 의해 색출되어 교수형에 처해졌다. 볼로냐와 시칠리아도 마찬가지였다. 1794년 볼로냐의 자코뱅 당을 이끌었던 루이지 참보니(Luigi Zamboni)도 교수형에 처해졌고 1795년 시칠리아의 팔레르모에서 자코뱅 혁명을 기획했던 프란체스코 파올로 디 블라시(Francesco Paolo di Blasi)에게도 교수형이 선고되었다.

이탈리아의 자코뱅 혁명은 로마와 나폴리에서 뚜렷한 정치적 결과로 나타났다. 1797년 로마에서 자코뱅 당원들이 탄압을 피해 프랑스 대사관으로 몸을 피하는 사건이 벌어졌다. 이를 빌미로 프랑스 장군 뒤포(Duphot)가 로마를 점령하였고 이때 로마 공화국(Repubblica Romana)이 선포되었다. 나폴리의 상황도 다르지 않았다. 당시 나폴리의 지배자였던 스페인의 부르봉 왕가가 혁명에 적대적인 입장이었던 것은 당연한 일이었다. 부르봉 왕가 치하의 나폴리 왕국은 왕국 내에서 혁명에 동조하는 자들을 색출하여 탄압하는데 그치지 않고 1793년 제1차 대 프랑스 동맹의 일원으로 프랑스의 혁명정부를 상대로 한 전쟁에 참가했지만 그럼에도 불구하고 나폴리의 귀족 계층과 지식인들 사이에서 혁명 이념이 확산되는 것을 막을 수는 없었다. 이 시기 나폴리는 혁명이념을 지지하는 공화파와 왕당파로 양분되어 있었고 공화파를 구성하는 대다수는 자코뱅 당에 소속되어 있었다. 1799년 샹피오네 장군이 이끄는 프랑스 공화국의 군대가 나폴리 왕국을 향해 남하하기 시작했을 때 나폴리에서는 공화파와 왕당파 사이의 내전이 시작되었다. 그러나 1799년 1월 20일 결국 프랑스 공화국의 군대가 나폴리에 입성하여 산텔모 성(Castel Sant'Elmo)을 점령했고 그로부터 나흘 후 귀족과 지식인들로 구성된 공화주의자들이 나폴리에 파르테노페 공화국(Repubblica Partenopea)의 성립을 선언했다.

혼란의 연속이었던 파르테노페 공화국은 결국 백일천하로 끝나고 말았다. 무엇보다 공화국의 지도자들은 군사력을 전적으로 샹피오네의 프랑스 군대에 의존하고 있었고 이를 대가로 적지 않은 돈을 지불하고 있었다. 그리고 이로 인한 재정난이 자국 군대의 양성을 불가능하게 만드는 악순환이 계속되었다. 이러한 혼란을 틈타 왕당파였던 추기경 파브리치오 루포(Fabrizio

Ruffo)가 칼라브리아(Calabria)에서 군대를 조직하여 공화국 영토 곳곳을 공격했고 결국 1799년 6월 13일 수도 나폴리를 함락시켰다. 이후 1806년 2월 16일 나폴레옹 치하의 프랑스 군대가 나폴리를 정복함에 따라 나폴리의 왕위는 나폴레옹의 형 조세프 보나파르트(Joseph Buonaparte)와 이후 나폴레옹의 매부이자 휘하의 장군이었던 조아생 뮈라(Joachim Murat)에게 넘어갔다.

나폴레옹의 이탈리아 원정

1769년 코르시카 섬의 아작시오(Ajaccio)에서 태어난 나폴레옹은 가족을 따라 프랑스로 이주한 후 사관학교에 입학하여 군사 지도자로서 경력을 쌓게 된다. 그는 귀족 출신의 장교가 부족했던 제1공화정 때에 빠르게 진급하여 1794년 준장이 되었고 1796년 조세핀(Josephine de Beauharnais)과 결혼한 직후 이탈리아 원정군의 총사령관으로 임명되었다. 나폴레옹이 이끄는 원정군은 이탈리아 중부까지 파죽지세로 점령해나갔다. 오스트리아 군대가 떠난 밀라노를 손쉽게 정복한 원정군은 이탈리아 북부에서 베네치아와 전투를 벌였고 보르게토(Borghetto)에서 승리를 거두면서 베로나를 손에 넣었다. 이후 남하하기 시작한 원정군은 볼로냐, 페라라, 로마냐, 페사로, 우르비노 등 교황령 국가에 속한 도시들을 차례로 점령했다. 당시 교황이던 피우스 6세(Pius VI)는 나폴레옹과 휴전협정을 체결하는 것 외에는 다른 도리가 없었다. 6월 23일 체결된 휴전협정으로 인해 피우스 6세는 볼로냐와 페라라를 포기해야 했으며 바티칸 도서관에 소장된 법전과 수많은 예술작품을 나폴레옹에게 양도해야 했다. 같은 해 나폴레옹은 7월 5일 전략적인 목적으로 리보르노를 점령하였다. 리보르노는 프랑스 공화국과 전쟁 중이던 영국, 오스트리아, 러시아의

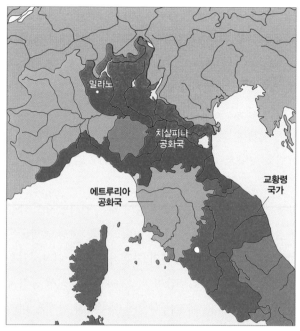

치살피나 공화국의 세력 범위

함대가 기항지로 사용했던 곳이었다. 오스트리아는 프랑스의 이탈리아 원정을 가만히 두고 보지 않았다. 1796년에서 1797년 사이 오스트리아의 군대가 만토바(Mantova)를 프랑스로부터 해방하려 노력했지만 프랑스 원정군이 1796년 11월과 1797년 1월 각각 아르콜레(Arcole)와 리볼리(Rivoli)에서 승리를 거두며 허사로 돌아갔다.

이탈리아 원정이 승리를 거두게 됨에 따라 이탈리아 반도의 각 지역에서는 혁명 이념의 추종자들을 주축으로 하는 괴뢰정부가 수립되었다. 1796년 롬바르디아에는 트란스파다나 공화국(Repubblica Transpadana)이 성립되었고 이에 따라 이탈리아 각지의 애국주의자들이 밀라노로 몰려들기 시작했다. 트란스파다나 공화국이 성립된 후로 몇 달이 지나지 않아 레지오 에밀리아에는 치스파다나 공화국(Repubblica Cispadana)이 성립되었다. 1796년 10월 모데나, 볼로냐, 페라라, 레지오 에밀리아 네 지역의 대표들이 모데나에서 회합을 갖고 이 네 지역을 치스파다나 연방(Confederazione Cispadana)으로 합병하기로 결정했다. 1797년 5월 나폴레옹이 본격적으로 베네치아를 공격하기 시작하면서 베네치아에도 산 마르코 공화국(Repubblica di San Marco)이라는 이름의 혁명정부가 성립되었고 같은 해 7월 9일에는 롬바르디아에 새로이 치살피나 공화국(Repubblica Cisalpina)이 성립되어 치스파다나 공화국과 트란스파다나 공화국의 영토를 흡수했다. 치살피나 공화국의 수도 역시 밀라노였으며 푸니 아카데미와 『일 카페』를 중심으로 활동했던 밀라노의 계몽주의자들이 공화국의 성립에 참여했다. 제노바에도 혁명의 바람이 불었다. 1797년 5월 프랑스 공화국 헌법을 모델로 리구리아 공화국(Repubblica Ligure)이 탄생하였다.

이탈리아 각지의 신생 공화국은 나폴레옹의 원정이 낳은 결과였지만 사실이들과 나폴레옹과의 관계는 그리 좋지 못했다. 이탈리아의 신생 공화국은 파리에 공물을 바쳐야 했는데 이는 마치 중세의 봉건적 관계를 연상시켰을 뿐더러 공화국 정부에 적지 않은 재정적 부담이 되었다. 게다가 신생 공화국에 대한 나폴레옹의 군사적 지원이 불가능한 상황에 봉착하자 관계는 더욱 악화되었다. 러시아 장군 슈바로프(Suvarov)가 롬바르디아와 피에몬테에서 프랑스의 군대를 여러 차례 패퇴시킴에 따라 프랑스 군대가 제노바 안에 갇혀 버렸기 때문이다. 1799년에는 오스트리아군이 치살피나 공화국의 전 국토를 점령하는 일도 있었다. 그러나 결국 1800년 피에몬테의 알레산드리아(Alessandria) 인근 마렝고 평원에서 나폴레옹의 프랑스 군대가 오스트리아의 군대를 물리쳤고 이듬해인 1801년에는 리보르노를 시작으로 원정을 감행하여 토스카나 전역을 손에 넣었다. 오스트리아의 군대가 이탈리아에서 물러감에 따라 치살피나 공화국은 1802년 이탈리아 공화국(Repubblica italiana)으로 재건되었다.

이후 1804년 프랑스 제1 제정이 성립되고 스스로 황제의 자리에 오른 나폴레옹은 이탈리아의 신생 공화국들을 직접 지배하기로 결정했고 이듬해인 1805년부터 이탈리아 왕을 자처하면서 이탈리아 공화국의 국명은 이탈리아 왕국(Regno Italico)으로 변경되었다. 나폴레옹의 양자였던 외젠 드 보아르네(Eugène Rose de Beauharnais)가 부왕으로서 이탈리아 왕국을 통치하다가 1814년 나폴레옹의 패배와 함께 소멸되었다.

왕정복고

1812년 러시아 원정의 실패로 큰 타격을 입은 나폴레옹은 1813년 라이프
치히에서 러시아, 프로이센, 오스트리아 등이 참여한 동맹군에 의해 패배하
면서 완전한 몰락의 길을 걷기 시작했다. 나폴레옹은 엘바 섬으로 유배되었
고 프랑스에는 부르봉 왕조가 복귀되었다. 1815년 그는 엘바 섬을 탈출하여
파리로 돌아왔지만 같은 해 6월 18일 바텔로(Waterloo) 전투에서 웰링턴이 지
휘하는 연합군에 패배함으로써 나폴레옹 시대는 완전히 막을 내리게 되었
다. 나폴레옹이 엘바 섬에 유배 중이던 1814부터 유럽의 열강들은 오스트리
아 빈에서 나폴레옹 이후 유럽의 국제질서 조정을 위한 회합을 시작했다. 영
국, 프랑스, 오스트리아, 러시아가 참여한 회합을 주도했던 것은 오스트리아
의 재상 메테르니히였다. 빈 회의에서 논의되었던 사항을 간단히 요약하면
프랑스 혁명 이념인 자유와 평등의 말살 그리고 나폴레옹 이전 구체제로의
회귀였다. 빈 회의 이후 폭압적인 사상통제가 시작되었고 이를 위해 경찰력
이 강화되었다. 아래는 1819년 독일 연방의회에서 채택된 칼스바트령의 일
부로 빈 회의 이후 사상통제의 분위기를 잘 보여준다.

각 대학에는 국왕을 대신하는 특사가 파견된다. …… 특사는 대학교수가
강의에서 보이는 태도를 주의 깊게 관찰한다. …… 공공질서에 대항하는 해로운
사상을 제창하거나 기존 정부 방침을 전복하는 모든 교수를 대학이나 공교육
기관으로부터 추방한다.
대학 내의 비밀 결사와 관련된 법은 엄격하게 시행된다. 비밀 불법 결사에 가입하고
있다는 증거가 있는 모든 사람은 공직취임의 자격을 상실한다.

한편 빈 회의의 결과 나폴레옹에 의해 폐위되었던 대부분의 왕조가 부활
하면서 이탈리아 반도 역시 나폴레옹 이전의 체제로 회귀했다. 먼저 사르데
냐 왕국은 다시 사보이아 왕가의 손에 들어갔다. 사보이아 왕가는 과거의 모
든 영토를 회복한 것에 더해 제노바 공화국까지 병합하였다. 모데나 공국
(Ducato di Modena)은 합스부르크-에스테 가문의 프란체스코 4세(Francesco IV)
에게 돌아갔다. 프란체스코 4세는 마싸와 카라라까지 차지하였다. 마싸와 카
라라를 제외한 토스카나 전체는 합스부르크-로렌가에게 돌아갔다. 그리고
이스트리아(Istria)와 달마티아(Dalmatia) 그리고 여러 도서지역을 포함하는 롬
바르도-베네토 왕국이 성립되어 오스트리아 황제의 지배하에 들어갔다. 또
한 나폴리 왕국과 시칠리아 왕국은 병합되어 1816년 양 시칠리아 왕국(Regno
delle Due Sicilie)이 탄생하였다. 양 시칠리아 왕국의 통치자는 부르봉 왕가의
페르디난도 1세였다. 결국 왕정복고 이후 이탈리아 반도 대다수의 지역은 오
스트리아의 세력권으로 편입되었고 파르마 공국과 토스카나 대공국을 제외
한 사르데냐 왕국, 교황령 국가 그리고 양 시칠리아 왕국에는 빈 회의의 반
동적 성향에 충실한 정부가 수립되었다.

나폴레옹 시대의 가장 큰 의의는 그가 지배했던 모든 지역에 자유와 평등
이라는 혁명 이념을 확산시켰다는 것이다. 나폴레옹 역시 이에 대해 잘 알고
있었다. 세인트헬레나 섬에 유배당했던 기간에 그는 자신이 가졌던 야망에
대해 "이성 및 이성을 완전하게 행사하는 왕국, 인간적 능력을 완벽하게 향
유하는 왕국을 수립하는 것"이었다고 회고했다. 그리고 이로 인해 나폴레옹
자신이 원했건 그렇지 않았건 간에 유럽 각지에서 자유주의와 민족주의의

왕정복고 이후 이탈리아

씨앗이 자라나게 되었다. 이탈리아의 통일은 19세기 내내 유럽을 풍미했던 민족주의의 가장 큰 성과라고 할 수 있다. 무엇보다 이탈리아 공화국 그리고 이탈리아 왕국에 대한 경험은 그 구성원들에게 처음으로 문화적 동질감이 아닌 민족적 동질감을 느끼게 만들었다. 빈 회의를 주도했던 메테르니히가 이탈리아 반도를 나폴레옹 이전으로 되돌리기 위해서는 "그들이 이탈리아인 이라는 사실을 잊을 필요가 있다"고 선언한 것은 결코 우연이 아니었다. 나폴레옹의 지배가 끝나갈 무렵부터 이탈리아 반도 곳곳에서 비밀결사들이 생겨나기 시작했는데 이들의 목적은 바로 이탈리아의 통일과 독립이었다.

제9장
리소르지멘토와
통일의 완성

ITALY

19세기 이탈리아의 상황과
유럽 각국의 정치적 각축

프랑스 혁명 이전의 이탈리아는 계몽주의 사상이 전파되면서 지식인들의 확충과 함께 사회 전반에 새로운 사상적 기운이 싹트기 시작하였다. 이는 평등사상과 공상주의적 사회주의 사상에 의해 촉발된 것으로 대중이라든가 인민이라는 새로운 개념들이 등장하면서 더욱 구체화되었다. 이탈리아 학문적 연구의 대상을 국가라든가 국민 또는 새로운 학문이나 사상 및 정치적 제도 등으로 확대시켰다.

인민에게 권리가 있다는 '천부인권'이나 '국민국가'의 개념이 등장하게 된 것도 바로 이 무렵이었다. 계몽주의로부터 촉발된 이와 같은 새로운 사상의 전파는 '이탈리아'라는 지리적이고 정치적인 단위에 대한 자각과 의식을 유발시켰다. 여전히 계몽주의의 성격이 세계 지향적이었지만, 전파는 다른 의미를 부여할 수 있었다. 다시 말해 르네상스 시기의 이탈리아와 18세기의 이탈리아는 정치적 의미에서 전혀 다른 성격을 가지게 되었다. 르네상스 시기에는 '군주'나 '절대왕정' 개념의 이탈리아였다면, 이 시기는 이탈리아 반도의 국민 국가 개념이 만들어졌다.

이러한 때에 발생했던 프랑스 혁명은 대부분의 지식인들에게 중요한 촉매제가 되었다. 그러나 혁명의 과격함에 놀라고 실망하던 지식인들과 군주들은 소요와 사회불안이 갖는 두려움이 더 컸다. 새로운 시대로의 전진보다는 보수주의와 절대주의로 회귀하는 경향을 보였다. 검열의 강화, 자유 결사체들에 대한 탄압 강화, 소요에 대한 폭력적 대항 등으로 대표되는 낡은 관습으로 후퇴하는 모습을 보이게 되었다. 그러나 반도의 각 지역정부들은 국민의 지지나 새로운 시대를 향한 개혁적 모습을 보이지 못하고 있었다. 단지 자신들의 기득권 유지에만 골몰하고 있었다.

나폴레옹의 이탈리아 지배는 이때 시작되었고, 1년 반이라는 짧은 기간이었지만 많은 흔적을 남겼다. 적어도 외형적으로 이탈리아 북부는 나폴레옹에 의해 해방된 여러 자치도시들이 등장하였다. 이들 자치도시들은 절대군주 체제가 아닌 혁명적이고 자유로운 체제를 통해 통치하였다. 또한 이들은 치열한 외교적 노력을 통해 자신들의 영토 확장을 위해 노력하였으며, 이익 확대에 열을 올리고 있었다. 이와 같은 분열은 프랑스 혁명의 이상과 희망을 퇴색시켰고, 실제로 아무런 정치적 결과도 낳지 못하게 되었다.

이후 나폴레옹은 다시 한번 이탈리아에 침입했다. 이후 50년간 이탈리아 반도는 필요에 따라 국가가 만들어지기도 하고 국경이 변경되는 일이 수없이 반복되었다. 이탈리아라는 국가 정체성이 사라지게 되는 계기였다. 실제로 피에몬테는 리구리아, 움브리아, 라치오 등과 함께 프랑스에 합병되었다. 토스카나는 에트루리아(Etruria) 왕국이 되었으며, 1805년 북부에는 밀라노를 수도로 이탈리아 왕국이 세워져 재건된 치살피나(Cisalpina) 공화국과 합쳐지게 되었다. 1806년 나폴리를 정복하여 자신의 이복형제인 조세프 무라(Joachim Murat)에게 왕위를 계승시켰다.

반도의 상황에 비해 사르데냐와 시칠리아는 영국의 영향권 아래 들어서게 되었다. 나폴레옹이 시칠리아 정복에 실패한 뒤 1806년 영국은 시칠리아 보호라는 명분으로 부르봉가의 왕이 도피해 있던 시칠리아를 정복한다. 또한 사르데냐에 일부 군대를 주둔시켜 사르데냐 왕국을 프랑스로부터 지켜내었다. 그러나 이와 같은 일련의 사태 역시 영국의 이익에 부합하는 것이었기에 발생한 것이었다. 시칠리아의 경우 값비싼 유황과 지중해 상권에 대한 이익이었고, 사르데냐의 경우에는 프랑스의 세력 확장 저지를 위한 것이었다.

그러나 더 중요한 것은 어느 순간에도 이탈리아 일반 국민들의 생각이나 의사가 반영되지 못했다는 점이다. 이는 나폴레옹이 정복 후 시행했던 혁신적인 제도나 법령의 이식과정이나 확립과정에서 아무런 결과도 맺을 수 없었던 근본적 결과로 작용하였다. 실제로 나폴레옹은 점령지에 수많은 제도와 법을 시행하였다. 중앙집권제에 의한 도량형의 통일, 교육제도의 개혁, 세제의 정비, 나폴레옹의 형사법/민사법/상법이 시행되었다. 그럼에도 불구하고 이탈리아는 변한 것이 없었다. 구 귀족제도나 관습은 여전히 현실에서 적용되어 실행되었다. 오히려 나폴레옹의 지배는 통치자와 지방의 귀족들을 연결하여 구귀족이나 호족들의 보이지 않는 인민에 대한 통치를 묵인해주었다.

따라서 정치적 자유와 평등사상이라는 가장 커다란 프랑스 혁명의 이념이 이탈리아에서는 전혀 도입되지 않았다. 오히려 구귀족들의 이익을 확립시키는 계기가 되었다. 프랑스의 경우 부르주아라는 신흥계급을 비롯한 평민계급의 정치적 사회적 우위가 혁명을 계기로 이루어짐으로써 구제도의 몰락을 발생시켰다. 이에 반해 이탈리아의 경우 이와 같은 혁명과정이나 진행이 거의 발생하지 않고, 나폴레옹에 의한 인위적인 개혁과 제도 역시 부의 재분배를 이루지 못하였다. 오히려 구귀족의 영향력을 증가시키는 계기가 되었던 것이다. 특히 남부의 경우 새롭게 등장한 지주계급이나 귀족들은 이와 같은 경향이 더욱 지속되었다.

이는 토지제도의 개혁이라는 명분으로 실시된 토지의 몰수와 그에 따른 재분배 문제에 의해 신흥귀족들의 등장을 촉진시키기도 하였다. 다시 말해 몰수된 땅이 소작농이나 빈농들에게 분배된 것이 아니라 새로운 지방의 귀족들이나 신흥 부르주아 가문에게 분배됨으로써 경제적 개혁을 통한 새로운 국가의 형성이 이루어지지 않았다. 결국 부의 재분배 문제가 몰수된 땅의 소유자가 또 다른 귀족이나 신흥 가문이었다는 점은 오히려 토지의 귀족집중을 강화하는 작용을 하게 되었다. 이때 새롭게 등장한 유력한 가문들이 이탈리아 통일의 주역이었던 카부르(Cavour)나 다젤리오(D'Agellio) 등의 가문들이었다.

　빈(Wein) 회의로 나폴레옹을 무너뜨린 뒤 복귀한 구체제는 유럽 전역에 혁명 이전 상태로의 복귀를 알리는 신호탄이었다. 이탈리아 역시 1814년 나폴레옹 통치가 종식되면서 구체제로의 복귀가 이루어지게 되었다. 그러나 이탈리아의 반대세력들과 구세력들은 어떤 새로운 이념이나 체제를 원했던 것이 아니라 나폴레옹 지배의 몰락이라는 막연한 정치적 목적을 가지고 있었을 뿐이었다. 이들 중 대표적인 것이 피에몬테의 그리스도교 친목 단체와 칼라브리아와 플리아의 칼데라리(Calderari) 등의 종교단체 그리고 과거 자유주의 쟈코뱅들로 구성된 '자유주의' 비밀단체인 카르보네리아(Carboneria)였다. 그러나 이들은 독일과 달리 민족주의라는 이념으로 결합된 것도 아니었으며, 그저 나폴레옹의 몰락에 따른 반사이익에 불과했다. 오히려 국민적 호소는 영국이나 오스트리아, 그리고 나폴리에서 나왔다.

　이러한 와중에서 이탈리아의 지배권은 결국 1815년 승리를 거둔 오스트리아에게로 돌아갔다. 뒤이어 이탈리아 반도의 전역에 구체제 복귀가 일어났다. 비토리오 에마누엘레 1세는 토리노로, 페르디난도(Ferdinando) 3세는 피렌체로, 교황은 로마로 귀환했다. 1815년 빈 회의는 오스트리아의 이탈리아 반도의 지배권을 확인해준 외교적 기도였을 뿐이었다. 소수의 롬바르디아 지역 자유주의자들을 제외하면 반도의 오스트리아 지배는 별다른 저항이나 이견 없이 진행되었다. 이는 왕정복고 이후의 정부들이 나폴레옹 시대의 체계를 수용하고 있었을 뿐만 아니라 지배계급의 이익에 별다른 손실을 발생시키지 않았기 때문이었다.

리소르지멘토의 전개와
피에몬테 왕국

1820년의 나폴리와 시칠리아에서의 혁명은 두 가지 요인에 의해 촉발되었다. 외부적 요인은 당시 유럽의 혁명적 분위기와 카르보나리 단체가 전(全) 유럽적 조직이었다는 사실 등이었다. 내부적 요인은 이탈리아의 남부에서 변화되고 있는 국제적 정치 환경에 적합한 새로운 입헌군주제의 정착과 개혁적 요구였다. 어떻게 보면 이전부터 축적되어 왔던 통일과 독립의 열망들이 본격적으로 분출되었던 시발점으로 생각할 수 있었다. 그러나 혁명을 대하는 행동 수준에서 드러난 정치적 경험 미숙의 문제로 인해 결국 실패로 끝나고 말았다. 문제는 여기서 끝난 것이 아니라 또다시 외세의 적극적 개입을 초래했다는 점에서 국내 통일 세력의 미성숙과 의지의 결여 등을 확인시켜 준 사건이었다.

이에 반해 피에몬테는 다소 사정이 달랐다. 피에몬테 왕국에서 이야기하는 '독립'이나 '통일'이란 곧 오스트리아와의 전쟁을 의미했다. 그럼에도 불구하고 1921년에 들어서면서 알렉산드리아에서는 혁명위원회가 결성되었다. 북부를 중심으로 이탈리아 왕국 건설이라는 목표 아래 오스트리아와의 전쟁도 불사한다는 방침을 세웠다. 전반적으로 피에몬테 지식인들의 성향

은 중도적인 자유주의자
들이 대세를 이루고 있
었다. 특히 체사레 발보
(Cesare Balbo)나 다젤리
오 같은 이들로 대표되는
중도적 온건주의를 표방
하는 일단의 자유주의자
들이 지적으로 다수였다.
이들은 1821년 3월 기병
장교 산토레 데 산토레사
(Santorre di Santarosa)가 민
주주의 분파의 도움으로

체사레 발보

새로운 국가 건설을 위해 쿠데타를 일으켰지만, 이에 참여하는 것을 주저하
여 혁명은 결국 실패하였다.

　이러한 시도가 가능할 수 있었던 것은 여러 동기와 요인에 의한 것이었다.
무엇보다 나폴리와 토리노로 대표되는 남과 북의 도시적 배경과 관계있다.
19세기 이전부터 이탈리아 반도에서 산업적으로 중요한 위치를 차지하고 있
던 나폴리는 1820년대에는 나폴레옹 전쟁의 후유증으로 심각한 재정적자를
겪고 있었다. 그러나 새롭게 재정상에 오른 루이지 데 메디치(Luigi De Medici)
는 곡물가격을 낮추고 관세를 낮추고 국내 산업을 부흥시키기 위한 의욕적
인 정책들을 추진하였다. 그 결과로 1818년 이탈리아에서는 최초로 증기선
을 운항하였고, 1839년 철도를 건설하는 등 한동안 이탈리아 반도의 산업혁
명과 경제부흥을 주도하기도 하였다. 피에몬테 왕국의 수도였던 토리노 역
시 당시 이탈리아의 다른 도시들과는 달리 일찍부터 유럽의 선진문물과 산
업을 받아들여 산업적 기반을 구축하는 산업도시의 역할을 충실히 수행하고
있었다.

　그러나 나폴리는 성숙되지 않은 산업적 기반과 농업의 부진, 교회의 압력
과 정부의 비협조, 밀농사로 발생하는 이익을 둘러싼 지주들과의 반목, 내수

시장의 협소 등의 요인으로 데 메디치의 산업진흥정책이 실패하였다. 이후 나폴리는 경제적으로나 산업적으로 쇠퇴하게 되었으며, 자연히 정치적 무대에서의 영향력도 감소하였다. 이에 반해 토리노를 중심으로 밀라노와 북부의 주요 도시들은 남부에 대해 여전히 산업적 비교우위를 유지하는 데 성공하였으며, 경제적인 역량을 축적할 수 있었다. 이는 결국 향후 이탈리아 통일운동의 방향이 북부를 중심으로 펼쳐질 수밖에 없었던 경제적인 이유였다.

　남부와 북부에 이은 일련의 혁명적 시도와 봉기들은 당시 비교적 정치적으로나 경제적으로 사각지대였던 중부 지방에서도 등장하게 되었다. 1831년 이탈리아 중부지역과 1830년 파리의 7월 혁명으로 고무된 일련의 반란이 그것이었다. 그러나 혁명 지도자들 간의 분열은 또 다른 기회의 상실로 귀착되었다. 이는 1833년 발생한 또 다른 혁명 기도가 무산되는 결과를 초래하였다. 자유주의적이고 다소 민족주의적 강령을 기치로 내건 봉기를 피에몬테의 카를로 알베르토(Carlo Alberto) 국왕은 적대적으로 보고 진압해버렸다. 봉기 진압 뒤에는 오스트리아와 동맹을 체결하는 등 보다 보수적이고 반동적인 입장을 견지하였다. 이는 1830년에서 1833년 사이의 기간에 그나마 존속하던 몇몇 보수적 혁명정부가 인민 대중의 지지를 얻지 못하였던 원인이었으며, 이들 혁명정부의 존속기간 역시 매우 짧았다. 더군다나 당시 봉기의 협력 세력이어야 할 각 지역정부들은 서로를 외국인으로 취급하였다. 이런 상황에서 통일이나 통합은 더 이상 진전될 수 없었고, 오히려 분열과 분열의 영속화에 기여하였다. 당시 볼로냐와 모데나, 파르마 등에 있던 지역정부들은 자신들의 자주성과 독자성을 고집하면서 중부 이탈리아의 정치적 상황을 더욱 복잡하게 만들었다.

　이후 1846년 피우스(Pio) 9세가 사면령을 공포하면서 1948년과 49년의 혁명에 이르는 약 15년간은 리소르지멘토를 지배하던 주요 사상과 흐름들이 이론적으로나 현실적으로 풍부해지는 시기였다. 즉, 리소르지멘토가 새로운 국면을 맞게 되었던 준비 기간이라 할 수 있다. 이 시기 가장 두드러진 사상적 흐름은 크게 세 가지로 나눌 수 있다. 가장 먼저 대중적 차원에서 하나의 주의로 자리잡게 된 것은 마치니주의였다. 마치니의 사상을 집약하여 하나의 정치적 흐름을 형성하였던 정치사상으로 공화주의 이념을 기반으로 정신적이고 도덕적인 측면이 강조되었던 사상적 흐름이었다. 두 번째로 나타난 것은 급진적 자유주의였다. 급진적 자유주의는 당시 발전하고 있던 과학과 기술과 연관이 깊은 정치사상의 흐름이었다. 특히 실증적이고 합리적인 사상적 기반을 갖추었던 사상적 흐름으로, 정치와 사회적인 측면에서 이탈리아 사회의 해

비토리오 에마누엘레 1세

방을 주장하였다. 세 번째는 온건적 자유주의 흐름이었다. 이 흐름은 가장 나중에 나타났지만, 리소르지멘토를 완성했던 사상분파로 입헌왕정과 외국지배의 종식 등이 주요 정치적 목표였다.

피에몬테 정부는 구체제의 복귀 이후에도 프랑스와 오스트리아의 외교적 입장 때문에 비교적 자유로운 입장이었다. 그렇지만 왕위에 복귀한 에마누엘레 1세는 노골적인 구체제로의 회귀를 기도하였다. 로마법의 재(再)채택, 교육의 주체로서 예수회의 재등장, 새로운 관세제도의 도입이 실현되었다. 왕정복고는 진보를 거부하고 전통과 권위 및 종교가 허용하는 계급제도의 우월성을 다시금 주장하였다. 다시 말해 이들에게 있어 현재의 체제 유지가 최대의 목표였던 것이다.

이와 같은 왕정복고는 이탈리아 반도의 경제적이고 상업적인 이익에는 부합하지 않았다. 이 점이 오스트리아에 의한 이탈리아 지배를 달갑지 않게 생각하는 주요 이유였다. 특히 대부분을 농업에 의지했던 이탈리아는 경제적 침체와 함께 많은 타격을 받았다. 농촌은 황폐화되었고, 빈곤은 이제 일반적 사회현상이 되었다. 많은 농민들은 일용노동자가 되었고, 노동력 제공에 필

요한 인구 유입이 필요했다. 역설적이게도 이는 교육의 확대와 자유주의 사
상의 전파라는 이율배반적 상황을 초래하기도 하였다. 이에 늘어난 자유주
의 사상과 중간계급의 지식인들은 왕정복고 하에서 지하로 숨어들 수밖에
없었다.

마치니와 이탈리아 통일운동

리소르지멘토 시기 사상적 대립과 발전과정에서 가장 중요한 역할과 영향력을 가졌던 이는 마치니였다. 앞 장에서 언급한 세 가지 주요 흐름과 사상 역시 마치니와 연계되어 있다는 점에서 마치니에 대한 이해야말로 리소르지멘토의 보다 정확한 이해의 기초이다. 그의 사상적 기조는 계몽주의적이라기보다는 낭만주의적이었으며, 철학적 사유의 바탕은 가톨릭 그 자체였다. 가톨릭이라는 종교적 직관을 통하여 그는, 신이 창조한 국가가 인류의 기본적 단위로 규정할 수 있다고 생각하였다. 궁극적으로 그의 사상은 자유주의적 바탕에 있던 계몽주의자나 프랑스 혁명에 영향을 받은 민주주의자들과는 융합하기 어려운 사상적 기반을 갖고 있었다.

1805년 제노바에서 태어난 마치니는 의사인 아버지와 현명한 어머니를 두고 있었기에 어려서부터 엄격하지만 분별 있는 교육을 받고 자랐다. 당시 제노바는 외세에 복속되었던 역사적 배경이 있었다. 이는 마치니가 어렸을 때부터 가졌던 자유주의 공화국 또는 자유민주주의 체제를 선호하는 원천적 동기였다. 실제로 그는 자신이 어린 시절부터 세 가지 영향 속에서 자랐다고 이야기한다. 첫째는 자신의 부모에 대한 영향으로 사회적으로 그 어느 누구

주제페 마치니

도 차별하지 않았던 부모의 행동과 처신이었고, 둘째는 프랑스 공화정 탄생을 둘러싼 전쟁 이야기였으며, 셋째는 자신의 개인 교사로부터 받은 그리스-로마 시대의 공화정 관련 고전들의 영향이었다.

아버지의 뜻을 따라 의학공부를 시작했지만, 적성에 맞지 않아 곧 그만두고 다시 법학공부를 위해 14세 때 제노바 대학에 입학하였다. 법학 역시 그의 지성과 지적 호기심을 붙잡기엔 역부족이었지만, 그럭저럭 마치니는 자신의 학업에 충실했다. 단테, 셰익스피어, 바이런 등에게서 가장 큰 문학적이고 사상적 영향을 받았다. 단테로부터 인간의 통일과 법의 통일에 대한 개념, 뜨거운 애국심, 세계의 운명을 이끌 지도자로 운명 지워진 이탈리아와 로마에 대한 신념, 통일 이탈리아에 대한 열망, 종교적이고 도덕적인 선과 신앙의 힘 등에 대한 수많은 단서들에서 자신의 사상적 영감을 얻었다.

독일의 괴테나 쉴러 헤르더 등에게도 깊은 매력을 느꼈다. 특히 헤르더로부터 인생에 관한 정신적 개념이나 영혼의 불멸사상, 인류 진보 이론, 신의 역사에 대한 인간의 동참을 배웠거나 확인했다. 이탈리아인들 가운데서는 브루노(Bruno)와 비코(Vico) 및 마키아벨리 등의 사상가와 알피에리나 포스콜로 등의 근대 문학가들에게 많은 영향을 받았다.

젊은 시절 『안톨로지아(Antologia)』라는 당대 저명한 비평지에 글을 기고하면서 19세기 이탈리아의 주요 문학비평가로서 활동하였다. 또한 이 시기부터 본격적인 정치에 관심을 보였으며, 곧이어 '카르보나리에라'라는 비밀결사에 가입했다. 자신만의 방식으로 지하운동을 주도하였지만, 1830년 체포되어 주거 제한 명령을 받아 파리로 망명하였다. 1831년 2월 알프스를 넘어 파리로 가던 중, 리용에서 이탈리아 망명객들과 합류하여 파리행을 취소하고 리용에 머물렀다.

1831년 '청년 이탈리아 당'이라는 비밀결사체를 조직했다. 이 당은 이탈리아 '민중'에 의한 공화국 수립이라는 정치적 목적을 분명하게 내세웠다. 이는 분열되어 있던 이탈리아 민족주의자들에게 통합의 계기를 제공하였다. 중세의 분열 상태를 극복하지 못한 이탈리아 정치적 상황은 마치니에게 통일에 대한 열망을 심어주게 되었고, '청년 이탈리아 당'은 이러한 그의 시작이었다. 프랑스 7월 혁명의 영향으로 이탈리아에서 1831년 2월에 발생한 모데나 지방의 봉기를 필두로 확산된 중부 이탈리아의 혁명은 오스트리아군의 간섭으로 실패로 끝나게 되었다. 혁명 실패의 원인이 민족 지도자와 혁명 목표의 부재라는 것을 파악한 마치니에게 '청년 이탈리아 당'은 새로운 혁명조직이었다.

마치니는 새로운 운동의 원천을 신과 민중에게서 구했다. 새로운 조직체를 '민족 종교'라는 목표 아래 당의 임무를 '신도이자 사도로서 수행해야 할 임무'로 규정하였다. 이와 함께 사회개혁이라는 부수적 목표를 제공하였다. 구현해야 할 정치적 현안은 공화주의와 이탈리아 통일이었다. 마치니와 당원들의 열화 같은 활동으로 세를 확장하던 청년 이탈리아 당은 1833년에 이르면 무려 5만에서 6만에 이르는 당원을 확보하였다. 이들은 통일 후에도 이탈리아의 지식인들과 지도자로서 활동하게 된다. 이 시기에 입당한 유명한 지도자 중의 하나가 바로 가리발디였다.

마치니는 마르세유를 떠나서 스위스에서 이탈리아 혁명을 기도했지만, 실패하였다. 스위스 체재기간 중에 발간했던 『청년 스위스』지로 인해 마치니는 스위스 의회로부터 영구추방이 결정되었지만, 그의 사상은 1948년 스위스 헌법에 반영되었다. 또한 이 시기 이탈리아인, 독일인, 폴란드인들로 구성된 17명의 망명자들과 함께 『청년유럽협약』을 작성하여 서명한 것은 근대 유럽 통합운동의 선구자로도 평가할 수 있다. 마치니는 다시 1837년 런던에서 망명생활을 하였다. 이 시기 마치니에게 미친 가장 큰 경험은 당대 사회사상과의 만남이었고, 혁명운동의 주체를 노동운동 계급에 두어야 한다고 생각하는 계기를 마련하였다. 그럼에도 불구하고 이 운동이 새로운 사회를 위한 계급운동으로 나아가지는 않았다. 1847년 '청년 이탈리아 당'의 재건기구 성격의 '인민국제동맹'을 창설한 것은 그러한 입장의 반영이었다.

이탈리아 국내 상황은 보다 혁명적인 방향으로 진행되었다. 1848년의 1월 팔레르모에서 반란이 일어났고, 부르봉 왕가를 몰아내는 데 성공하였다. 2월에는 토스카나와 피에몬테에서 헌법이 공포되었고, 오스트리아와의 전쟁은 불가피한 것으로 여겨졌다. 그러나 피에몬테의 카를로 알베르토 국왕의 우유부단함으로 인해 오스트리아와의 전쟁은 발생하지 않았고, 오히려 오스트리아 국내 사정에 의한 불가항력적 개입이 발생하였다. 3월이 되자 오스트리아 빈에서 혁명이 발생했고, 이를 틈 타 밀라노에서 반란이 일어났다. 5일간의 처절한 전투 끝에 오스트리아를 물리친 밀라노에 입성한 것은 피에몬테 군대였다. 그러나 그들은 민족주의자들의 대의를 저버리고 명목뿐인 자유주의 귀족들에게 손을 내밀었다. 결국 밀라노의 귀족들은 알베르토를 뒤에 업고 마치니의 공화주의를 배격하였다. 이는 오스트리아에게 반격의 기회를 주었고, 통일은 다시 12년을 기다려야 했다.

오스트리아와의 반목과 마치니의 새로운 구상 등은 프랑스의 침공으로 소멸되었다. 우디노(Udino)가 이끄는 프랑스군을 격퇴하고 가리발디가 이를 추격하여 궤멸시키려 했지만, 마치니의 만류는 프랑스의 재침공의 구실을 주었다. 로마는 마치니와 가리발디를 비롯한 지휘자들을 중심으로 오랫동안 버티었지만, 마치니와 가리발디, 마치니와 의회가 반목하면서 프랑스에 항복하게 되었다. 가리발디는 이에 불복하여 3,000여 명의 병사들을 이끌고 로마를 빠져나갔다. 마치니 역시 로마에 며칠 더 머물다 주변의 권유로 다시 로마에서 탈출하여 제노바를 거쳐 런던으로 향하였다.

런던에서의 망명 생활에서 유력한 영국인들과의 만남을 통해 간접적으로 자신의 이탈리아 통일 구상과 현실적인 외교적 노력을 다하였다. 그러나 유럽 내부의 국제정치 상황은 마치니에게 불리하게 돌아갔으며, 이탈리아 통일은 마치니가 아닌 새로운 중도 성향의 피에몬테 자유주의자들에게 주도권이 넘어갔다.

특히 1850년대의 피에몬테의 상황은 새로운 전기를 맞았다. 알베르토 국왕의 뒤를 이어 비토리오 에마누엘레(Vittorio Emmanuele) 2세가 즉위한 뒤 피에몬테는 유럽의 신흥강국으로 부상하였다. 이탈리아 민중의 보수성과 종교적 영향력 그리고 민족통일이라는 대의에 무관심 등은 마치니의 희망과 기대를 무산시키기에 충분했다. 마치니는 막연한 대의명분으로 이탈리아 민족을 오스트리아나 기타 유럽 열강으로부터 지켜내어 통일을 이룩하기에는 현실성이 없었다.

카부르와 가리발디

유럽의 열강 속에서 그나마 이탈리아를 대표하던 대안 세력은 피에몬테라는 신흥 국가였고, 이를 이끌고 있던 신흥 자유주의 부르주아들이었다. 카부르는 이들의 수장으로서 당시 유럽적 정치적 지형에서 피에몬테가 살아남을 수 있는 정확한 방향을 알고 있었다. 그러나 그는 이탈리아 통일에 대하여는 상당히 부정적 입장을 견지하고 있던 인물이었다. 마치니와 대립적이던 카부르는 마치니보다 5살 아래였던 피에몬테의 정치지도자였다.

그는 신흥귀족 출신으로 가톨릭 영향을 덜 받았으며, 자유주의적 성향을 가진 가정에서 자라고 교육받았다. 그러나 가부장적이고 전통에 대한 보전 및 토지소유자에 대한 불가침권리 등을 자신의 사상적 기본원칙으로 삼을 만큼 보수주의적이며 온건적인 성격이었다. 이러한 그의 성향은 '진보'와 '개혁'을 온건한 질서와 정당한 절차에 따라 발생하는 자유주의적 문명 발달 과정의 하나로 보게 하였다.

특히 카부르에게 있어 1848년의 혁명에서 보여주었던 피의 공포는 적색혁명에 대한 혐오와 공포를 가져다주었고, 이에 대한 반발로 자유주의 노선을 채택하였다. 이러한 카부르의 입장은 당시 유럽 각국의 정치적 상황과 맞물리면서 보다 현실적인 노선으로, 그리고 이탈리아의 당대 현실에 적합한 방향으로 흘렀다. 이러한 상황은 카부르의 의도가 성공할 수 있는 국내 상황과 유럽의 외교적 역학 관계 등이 작용하였던 결과였다. 다시 말해 마치니 등이 주도하는 이탈리아 공화주의에 의한 통일은 이탈리아 민족주의 혹은 국민주의 통일이라는 측면에서 프랑스를 비롯한 유럽의 우려를 자아냈다는 것이다. 이에 반해 카부르가 주도하는 피에몬테 중심의 통일왕정은 유럽에서 보면 단순한 영토 확장에 불과한 것이라고 보았다는 점이다.

바로 이와 같은 왕정 중심의 통합에는 카부르의 정치적 신념이 가장 강력하게 작용했다. 카부르에게 있어 공화주의는 그가 그토록 증오하던 혁명이나 사회주의와 그다지 차이가 없는 혐오스러운 것에 지나지 않았다. 카부르가 진정 싫어했던 것은 혁명 이후에 오는 인민 독재나 국민주권에 기반한 공화주의 독재였다. 카부르는 의회주의에 대한 절대적인 신뢰를 가지고 있었으며, 당대 이탈리아 현실에서 왕정이야말로 가장 적합한 이탈리아의 정치 형태로 보았다. 따라서 의회정과 왕정의 결합인 입헌군주국 형태야말로 카부르의 의도와 신념에 부합하는 것이었다.

이와 같은 카부르의 정치적 신념은 당대의 마치니와도 다르며, 세계관이나 도덕적 인식 역시 근본적인 차이를 보였다. 카부르는 다수에 의한 민주라는 개념보다는 제도와 엘리트 중심의 소수에 의한 진보나 개혁을 더 선호하였다. 이는 정치적 제도인 정당에 의한 의회주의를 신봉하게 된 원인이 되었다. 목적을 위해 윤리와 도덕이 절대적으로 준수되어야 한다는 마치니와 달리 목적을 위해 수단을 정당화하는 도덕적 현실주의의 입장을 표명했다. 이러한 차이는 자유주의에 대한 두 사람 사이의 근본적 인식이 분명했다는 사실을 보여주고 있다. 마치니의 이상주의적 경향은 자유 획득을 위한 투쟁과 다수를 위한 자유가 중시되는데 반하여 카부르에게 자유의 정착이란 제도를 통해서 이루어져야 하고, 이를 위해 다수의 정치적 술책이나 타협도 가능하다는 입장이었다.

또한 카부르의 현실적이고 합리적인 실용주의는 종교와 정치를 구분하였지만, 마치니는 종교와 정치를 결합하는 이상주의적이고 신비주의적 경향을

가리발디

떴다. 통일운동의 과정에서 마치니의 이상주의는 카부르의 현실주의에 패배하였고, 승리한 카부르가 통일을 실현했다. 그러나 통일 이후 자신의 정책과 사상을 제대로 펼치기도 전에 죽음을 맞이함으로써 카부르가 원하는 국가는 완성되지 못했다. 그럼에도 불구하고 카부르는 결정적인 순간에 국왕을 움직여 통일의 과업을 완성하였다는 점에서 이탈리아 통일왕국의 수상으로서 중요한 역할과 업적을 인정받고 있다.

마치니와 카부르에 이어 중요한 인물이 가리발디이다. 흔히 이탈리아 통일의 3대 영웅으로 알려진 세 명 중의 하나로, 1807년 니스에서 선원의 아들로 태어났다. 니스는 본래 사르데냐 왕국의 영토였지만 카부르가 이탈리아 통일 이후 프랑스에게 통일 인정의 호의로 프랑스에게 이양된 지역이었다. 가리발디 청년 시절은 니스가 이탈리아 영토였기에 이탈리아인으로서 자부심을 갖고 살았다.

군 입대 무렵에는 이탈리아로 가서 사르데냐 왕국의 해군으로 복무하게 된 것은 그런 이유가 있었다. 군 복무를 마친 뒤에는 마치니의 청년 이탈리아당에서 활동하였으며, 뛰어난 군사 기술을 통해 주목받았다. 이후 가리발디는 1834년에 마치니가 기획한 혁명 운동에 동참하였지만 실패하여 프랑스로 망명하였다.

프랑스 망명 생활 중에 접한 우루과이 혁명전쟁 소식을 듣고 용병으로 1836년 리오 그란데(Rio Grande)와 우루과이의 혁명전쟁에 참여하여 눈부신 전과를 세우기도 하였다. 1848년 이탈리아의 통일 운동이 일어나자 가리발

디는 의용대를 조직하고 마치니가 이끄는 로마 공화국에 참가하여 나폴레옹 3세의 무력간섭에 대한 방어전을 지휘하였다. 그러나 공화정부가 붕괴되자 뉴욕으로 망명하였다가 1854년 귀국하여 카프레라 섬에서 살았다. 섬에서 은둔 생활을 하던 그는 이탈리아 통일운동의 대의를 피에몬테 왕국에게서 찾았다. 시칠리아에서 발생한 반란 사건을 계기로 이탈리아 남부 지방의 영토를 자신이 조직한 군대로 점령하면서 영토를 통한 이탈리아 통일에 기여하였다.

1859년 이탈리아 통일을 위한 해방 전쟁에서 알프스 의용대를 조직하였고, 이듬해 5월에는 밀레(Mille)라고 불리는 "붉은 셔츠" 의용군을 조직하여 시칠리아 왕국의 반란을 진압하고 점령하였다. 1860년 다시 이탈리아 내륙을 향해 진군하면서 칼라브리아와 나폴리 지방을 다시 점령하였다. 중부 지방으로 향하던 중 마침 중부 지방과 남부 지방으로 내려오고 있던 피에몬테 국왕 비토리오 에마누엘레 2세와 만나 자신의 점령지를 피에몬테에게 바침으로써 기나긴 통일 여정을 완성하였다.

1861년 통일 이후 잠시 카프레라 섬에서 은둔하였지만, 이내 프랑스의 점령지였던 로마를 통합시키고자 1862년과 1867년에 시칠리아에서 의용군을 다시 모집하였다. 가리발디는 모집된 군대를 이끌고 로마 점령을 시도했지만 실패하여 카프레라 섬에 연금되었다. 이후 프랑스로 이주하였고, 한때 보르도 지역에서 국민의회 의원으로 선출되기도 하였다. 정치에 뜻을 접고 다시 카프레라 섬으로 돌아와 여생을 보냈다.

가리발디에 대한 평가는 다양하다. 공통적으로 이야기되는 사실은 정치가로서의 정무적 감각이나 정책 입안 등에서는 다소 부족했지만, 적어도 군인으로서 또 이탈리아를 사랑하는 지도자였다는 점에서 이탈리아 국민들의 사랑과 존경을 받았다.

미완성의 통일과 의미

　마치니, 카부르, 가리발디라는 세 사람의 각기 다른 이탈리아 통일 방식과 내용이 궁극적으로 수렴되었던 것은 피에몬테였다. 1848년과 49년의 혁명 이후 이탈리아 반도에서는 오스트리아적인 중앙집권 강화와 절대주의 행정 체계가 부활되었다. 그러나 피에몬테는 카부르의 지도 아래 1848년 헌법을 고수하고 영토 확장과 부국강병을 위한 준비에 힘을 썼다. 왕과 의회와의 적절한 협력관계나 의회와 행정부 간의 조화에 역점을 두었다. 유럽의 정치 상황을 외교적으로 적절하게 활용하여 자신의 입지를 구축하고 온건적 중도파를 연합하여 1851년부터 수상에 취임하였다. 수상에 취임한 뒤 그는 피에몬테의 산업 발전을 도모하기 위한 재정 및 금융정책을 수립하고, 유럽 국가들과 자유무역협정을 체결하고 자유무역 관세제도를 도입했다. 이를 바탕으로 외교를 통한 위상강화에도 힘써 1854년 발생한 크림전쟁에 참가하기도 했다.

　이후 크림전쟁의 결과 고립된 오스트리아에 대항하고, 북부 중심의 이탈리아 통일을 구상하기 시작하였다. 이를 위해 프랑스를 끌어들이려고 했지만, 나폴레옹 3세가 이탈리아 통일 자체를 반대하였으며, 1858년 7월의 비밀

테아노

회담도 실패하면서 이탈리아의 통일 전쟁은 실패로 귀결되는 듯하였다. 그러나 우연하게도 전쟁의 발발은 이탈리아가 아닌 오스트리아에 의해 일어났다. 1859년 4월 오스트리아는 롬바르디아를 넘어 피에몬테로 진격하였고, 나폴레옹 3세는 즉시 개입하였다. 마젠타(Magenta)와 솔페리노(Solferino)에서 승리를 거두었음에도 나폴레옹은 카부르의 야심과 음모에 의혹을 품고, 오스트리아와 휴전협정을 맺었다. 전쟁은 카부르의 의지와는 전혀 다른 방향에서 진행되었지만, 이 전쟁을 통하여 피에몬테는 다시 한번 영토를 확장하였다. 나폴레옹과 카부르는 독단적으로 밀약을 맺어 니스와 사보이를 프랑스에 넘겨주고 대신 중부 이탈리아 자치 도시들과의 합병을 인정받았다.

북부의 이와 같은 상황과 달리 남부, 특히 시칠리아의 상황은 더욱 복잡하고 혼란스러워졌다. 여전히 봉건적이고 중세적 전통이 남아있던 지주와 농민들의 관계는 급기야 여러 차례 걸친 봉기로 이어졌다. 이 중에서도 1859년 4월에 억압적이고 착취적인 지주들에 대항해 일어난 농민 봉기는 시칠리아뿐만 아니라 이탈리아 통일에 주요한 전환점이 되었다. 봉기가 일어난 뒤 시칠리아의 일군의 지식인들은 농민봉기를 정치적 혁명으로 이끌 필요성을 느끼고 이를 가리발디에게 요청하였다. 마침 런던에서 돌아온 마치니와 그 일파들은 이를 실행시키기 위해 계획을 세우고 준비를 하였다. 가리발디는 '천인대'를 이끌고 시칠리아에 상륙하여 시칠리아를 점령하였다.

가리발디는 시칠리아를 평정한 뒤 다시 본토까지 진격하여 10월 초에는 나폴리에 입성하였고, 남부 전역을 회복하여 교황령과 대치하는 상황을 만들어냈다. 이에 당황한 카부르는 나폴리에서 국민투표를 제안하여 피에몬테와의 합병에 대한 투표를 실시하였고, 결국 압도적인 표 차이로 합병안이 통과되었다. 또한 가리발디보다 먼저 교황령을 점령하기 위해 나폴레옹의 양해를 구하고 에마누엘레 2세를 동원하여 나폴리 북부에 있는 테아노(Teano)까지 진격하였다. 여기에서 가리발디를 만나 설득하는 데 성공함으로써 가리발디가 점령했던 남부를 합쳐 로마를 제외한 통일을 이룩하였다.

통일의 기초를 다지자 이후의 이탈리아 국가는 피에몬테 왕국의 연장선 안에서만 논의되었다. 즉, 모든 지방의 제도와 법령 및 행정과 세금은 피에몬테의 제도와 법령으로 대체되었고, 이는 지배왕권의 교체에 지나지 않는 것이었다. 이로 인해 지배계층과 통일운동의 주류가 새로운 시대와 국가를 위한 이념이나 주의가 아니라 카부르가 내세웠던 중간계급 중심의 중도온건주의 중심으로 수렴되는 이유가 되었다.

따라서 1861년 이후의 시기는 오히려 이탈리아 내부의 지배계급과 귀족들의 경제적이고 정치적 이익을 공고히 하기 위해 신흥 상공업 중간계급들을 끌어들이게 되는 시기였다. 따라서 마치니주의나 지방적 차이를 인정한 정치적 연방주의 중심의 통일운동과 급진 자유주의는 사라지게 되었다. 지배계급의 정치적 이념이 단순화되고 영토적으로 통일이라는 국가적 목표가 완성되었지만, 상황은 정리되거나 단순하게 전개되는 것이 아니라 상당히 복잡한 문제들을 드러내었다.

외부적으로는 새로운 국가 이탈리아에 대한 유럽의 주요 국가들은 우호적이지 않았으며, 오히려 피에몬테 왕국이 아닌 이탈리아 왕국의 출현에 대해 우려하는 입장이었다. 내부적으로는 단지 영토만이 확장된 지리적 통합 이외의 사상적이고 정신적이며 문화적인 통합과 통일은 오히려 그 차별성을 더욱 두드러지게 할 따름이었다. 그에 따른 여러 사회문제들, 예를 들면 국가와 가톨릭의 관계 설정 문제, 준비 없이 완성된 외형적 영토의 통합, 여전히 수복되지 않은 옛 이탈리아의 영토 문제, 남부에 대한 지역적 차별 문제 등이 발생했다. 더군다나 자유주의 이념을 기반으로 했지만, 오히려 자본주의 체제의 불완전성과 허약성을 드러냄으로써 이후 발생하게 될 파시즘에 성장의 토양을 제공하였다.

제10장
미완성 통일이
가져온
다양한 사회문제들

ITALY

준비되지 않은 통일과 남은 문제들

1861년의 통일은 갑자기 그리고 준비되지 않은 상황에서 우연히 찾아왔다. 준비되지 않은 통일은 여러 문제를 불러일으켰다. 역사가들은 이탈리아 통일운동인 리소르지멘토에 대해 두 가지 측면에서 의의를 제시한다. 하나는 영토적이고 정치적인 측면에서 이탈리아 반도의 통일이라는 점이며, 다른 하나는 문화적이고 사상적인 측면에서 더욱 복잡하고 혼란스러운 상황을 초래했다는 점이다. 정치적으로 영토를 통일했음에도 더 많은 사회적 문제들이 발생했다는 점에서 이탈리아 통일은 이탈리아가 복잡한 근대 국가라는 사실을 말해준다.

언뜻 보면 리소르지멘토야말로 20세기를 앞둔 이탈리아가 하나의 국가로서 나아갈 수 있었던 출발점으로 생각할 수 있다. 통일 과정이나 통일 이후의 외형적 모습은 리소르지멘토를 통하여 이탈리아는 근대국가와 국민국가로 전환함으로써 유럽의 열강으로, 또 세계의 열강으로 부활할 수 있었기 때문이다. 그러나 국가 외적인 문제가 아닌 국가 내부의 문제는 오히려 리소르지멘토를 통하여 더욱 명확하고 다양한 방식으로 표출되었고, 사회문제라는 측면에서 논의할 수 있는 이탈리아의 내부적 모순도 그 모습을 드러내기 시작했다.

새로운 현상으로 표출된 몇 가지 사회문제들 중에서 가장 직접적으로 발생한 것은 남부문제(Questione meridionale)이다. 통일 당시 주도세력이었던 피에몬테 중심의 북부와 농업 중심으로 여전히 봉건적 잔재가 남아 있던 남부와의 통합은 당연한 여러 문제를 발생시켰던 것이다. 문제는 이러한 북부와 남부의 역사적·구조적 배경의 차이를 통일 과정이나 그 이후에 해소시키지 못하고 오히려 그 차이와 격차를 더욱 구조적으로 고착화했다는 데 있다. 남부문제가 갖는 북부와 남부의 지역 격차는 국가발전 전반에도 심각한 악영향을 미쳤고, 미완성 국가 발전의 결정적 장애로 지속되었다.

지역별 격차와는 별개로 일부 지역에서는 통일 이후 이탈리아 영토에서 격리되는 일도 발생하였다. 이탈리아에서는 이를 이레덴티즈모(Irredentismo)라고 부른다. 흔히 잃어버린 영토를 되찾는 '실지회복운동'의 의미이다. 이레덴티즈모란 용어와 개념이 등장하게 된 것은 1866년 롬바르디아와 베네토 지방이었다. 통일 이전 이탈리아 영토였던 이들 지역은 이스트라, 카르나로(Carnaro), 트렌티노와 알토 아디제 일부 지역이 여전히 외국(오스트리아-헝가리 제국)의 지배에 놓이게 되면서 이탈리아로 영토편입을 원하는 움직임이 발생하였다. 이에 통일 이탈리아 왕국이 이탈리아 반도 이외 일부 지역을 이레덴티스타(Irredentista)라 명명하고 본격적인 회복운동을 시작하였다.

이런 이유로 이레덴티즈모를 '실지회복운동' 혹은 '미수복영토귀속운동' 등으로 해석할 수 있다. 이레덴티즈모의 가장 대표적인 지역으로는 남티롤, 트리에스테, 게르츠, 이스트라(오스트리아 헝가리 제국령, 테시노(스위스령), 발레다오스타(Valle d'Aosta; 이탈리아 영토), 달마티아(Dalmazia; 슬로베니아 영토), 이스트라(Istra; 슬로베니아 영토), 니스(프랑스령), 몰타, 코르시카(프랑스 영토) 등이었다. 물론 이 지역 중에서 몇몇 지역은 이탈리아의 거의 일방적인 주장에 근거한 지역도 있지만, 역사적인 맥락에서 보면 통일 이전 이탈리아의 영토였다는 공통점이 있다.

통합의 정체성은 통일의 정치사회적 효과일 것이다. 그러나 이탈리아의 경우 통일이 오히려 분리와 지역성을 더욱 부각시키는 역설적 상황을 초래하였다. 가톨릭 문제 역시 통일 이후 더욱 큰 사회 문제로 부각되었다. 세속적인 통일왕국의 등장은 종교적인 교황청의 세력 약화가 불가피했다. 국민의 90% 이상이 가톨릭교도인 상황에서 통일 이탈리아의 왕권 강화는 교황청의 세력을 약화시켜야 하는 현실적 문제였다. 결국 이와 같은 정치권력과 종교권력의 현실적 갈등은 향후 파시즘의 등장이나 제2차 세계대전 이후 제1공화국의 출범에서 교황청이 잘못된 선택을 하게 하는 요인이 되기도 하였다.

이외에도 유럽의 다른 국가들과 마찬가지로 새로운 정치사상으로서 사회주의 사상이 노동자들과 무산자 계급을 중심으로 확산되었다. 더군다나 후발 국가로서 짧은 기간에 유럽의 열강들과 겨룰 수 있는 신흥 강국을 건설해야 한다는 정치지도자들의 조급함 등은 이탈리아가 정상적인 근대국가로 발전하는데 오히려 악영향을 미치게 되었다. 크림전쟁과 제1차 세계대전 참전과 같은 제국주의적 대외정책을 선택하였던 것 역시 이러한 문제로부터 파생된 것이었다.

사정이 이렇다 보니 '이탈리아'라는 국가와 민족의 정체성 문제가 현실적으로 대두되었다. 통일이 되었다는 것은 적어도 이탈리아라는 단일 국가 아래 동질성을 바탕으로 하나의 국가 정체성을 공유한다는 일이었다. 단일 민족이든 다민족이든 이탈리아라는 국가 정체성을 가져야 하는 것이 통일의 정치사회적 효과이기 때문이다. 그러나 이탈리아에서 앞서 이야기한 지역문제, 미수복영토문제, 가톨릭문제와 같은 정치사회적 문제들이 국가정체성보다는 다양한 정체성을 갖게 하는 요인으로 작용했다.

영국이나 프랑스 그리고 프로이센과 같은 다른 유럽 국가들과 달리 국민국가를 제대로 거치지 못한 이탈리아에서 국민이라는 용어와 이탈리아 민족의 실체를 정의하기는 쉽지 않았다. 역사적 사건에 근거한다면 이탈리아 민족 또는 이탈리아 민족주의는 고대 로마제국에서 르네상스 시기까지는 어느 정도 개념적으로 허용될 수 있는 부분이 있다. 그러나 리소르지멘토 이후 시기의 이탈리아 역사에서 'nazione'란 단어를 '민족'으로 'nazionalismo'를 '민족주의'로 보기는 어렵다. 무엇보다 이탈리아가 다민족으로 구성된 다민족

국가라는 점과 역사적으로 민족이라는 개념에 의해 통일된 적은 한 번도 없다는 사실 때문이다. 결국 통일 이후의 역사적 과정은 이러한 정치사회적 문제 해결과 근대국가로의 성장이라는 복잡한 과제를 해결해 나가는 과정이었다.

이레덴티즈모(Irredentismo)와
이탈리아의 미수복영토 회복 문제

이탈리아에서 이와 같은 미수복영토 귀속문제가 본격적으로 불거진 것은 18세기와 19세기를 거치면서 발생했던 유럽 민족주의의 발흥기였다. 당시 시대적으로 민족주의와 민족에 바탕한 민족국가의 등장이 전 유럽을 휩쓸던 시대였다. 이탈리아 반도에 인접해 있던 국가들 역시 이러한 영향 아래 제각기 민족적 정체성을 강조하면서 조금이라도 영토를 늘리려는 유무형의 노력을 전개하고 있었다. 이는 기존 강대국에게도 해당되었고, 프랑스나 독일, 오스트리아, 영국 역시 마찬가지였다.

이탈리아와 국경을 맞대거나 간접적으로 영토적 이해관계가 걸린 국가들이 바로 그런 국가들이었고, 이탈리아의 통일은 영토분쟁의 단초를 제공했다. 1768년에 프랑스에게 양도된 코르시카, 1860년에 프랑스에게 양도된 니스, 1866년 롬바르디아와 베네토 지방 등은 이탈리아 영토가 되었음에도 여전히 외국(오스트리아-헝가리 왕국)의 지배 아래 놓이게 되었다.

이와 같은 정치적 상황에서 당대 이탈리아의 정치적 지도권을 쥐고 있던 피에몬테 왕국에게는 그다지 주요한 문제가 아니었다. 피에몬테에 직접적으로 이해가 걸린 지역문제도 아니었고, 갓 태어난 통일왕국의 번영보다는 여

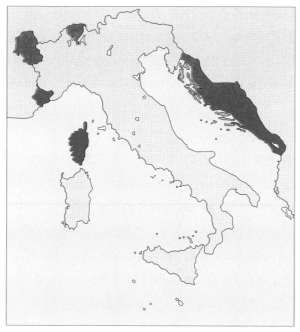

이탈리아 영토 분쟁지역

전히 피에몬테 왕국의 발전이 국가 경영의 중심이었던 온건파 자유주의 정치지도자들에겐 그러한 점유가 주요한 관심사가 아니었다. 오히려 각 지역을 중심으로 이들 점령된 지역의 반환과 수복을 요청하는 움직임이 일어났다. 1877년 마테오 레나토 임브리아니(Matteo Renato Imbriani)가 미수복된 영토를 되찾겠다는 선서를 하면서 사용한 이레덴티즈모는 그렇게 국민적 관심사와 개념으로 발전했다.

이후 이탈리아 통일 이후 통합과정에서 이들 이외 지역까지 확장된 개념으로 미수복영토를 통칭해서 이레덴티즈모라 불렀다. 그러나 결정적으로 국민적인 관심과 전국적인 운동으로 확산되는 계기는 제1차 세계대전이었다. 이탈리아는 통일국가로서 유럽의 열강들과 함께 제1차 세계대전에 참가했다. 승전국임에도 불구하고 이탈리아가 요구했던 이들 미수복 영토들에 대한 반환요구가 일부분에 그치게 되면서 민족주의와 식민지주의 등이 결합한 "다양한 민족주의"의 한 형태로서 이레덴티즈모는 발전하였다.

가장 먼저 이레덴티즈모가 조직적인 사회운동이자 지식인들의 정치적 지항점을 갖춘 조직으로 발전한 것은 앞장에서 거론한 임브리아니와 그의 주장에 동조하는 가리발디, 사피(Saffi), 카르두치(Carducci) 등이 중심이 된 일군의 지식인들이었다. 이들은 1878년 2월에 창간된『이탈리아인들의 이탈리아(L'Italia degli italiani)』라는 소식지를 통해서 이레덴티즈모를 지지했다. 특히 해당 지역들을 본격적으로 거론하고 이들에 대한 수복을 주장하면서, 이 소식지를 중심으로 일종의 결사체를 만들었다.

이들 이레덴티즈모의 동조자들의 민족적 감정에 대한 호소로 트리에스테와 트렌티노 등에 대한 직접적 공격 주장은 중앙정부를 움직였다. 결국 정부 차원에서 이들 지역에 대한 정치적 관심과 정책적 배려를 약속받는 성과를 내기도 하였다. 그러나 삼국동맹이 체결되면서 오스트리아 왕국과의 갈등을 피해야만 했던 이탈리아 정부는 이들 이레덴티즈모 운동과 점차 멀어졌다.

이후 1882년 12월에 이레덴티즈모 지도자 중의 한 사람인 굴리엘모 오베르단(Guliemo Oberdan)이 교수형에 처해졌던 사건과 이레덴티즈모와 관련하여 수감되었던 프란체스코 주세페(Francesco Giuseppe)가 왕의 사면을 거부했던 사건이 발생하면서 반정부운동의 성격으로 변하였다. 이레덴티즈모 운동이 반정부적 성격으로 변모하자 정부는 직접적으로 이들 이레덴티즈모를 탄압하였다. 특히 왕이 직접 나서 반이레덴티즈모 정책을 수립하고, 해당 지역을 중심으로 관련자에 대한 체포와 조직의 와해에 나서게 되었다.

그러나 1889년 다시 한 번 이레덴티즈모를 주창하는 이들은 "단테 알리게리 협회(Dante Aligheri Societa)"를 창설하였다. 이 조직은 크리스피 수상의 집권 기간인 1889~1891년 사이에 자행되었던 탄압적인 국면에도 불구하고 해당 지역의 수준을 넘어서는 보다 확장된 규모의 전국적 운동으로 발돋움하였다. 이러한 운동의 효과에 대해 두 가지의 효과와 영향을 주장한다. 하나는 당시 국가주의자들은 프랑스와의 적절한 긴장감과 유지하고 공세적 방향에서 오스트리아 왕국의 지지를 받는다는 것이다. 다른 하나는 이들 지역에 대한 연방주의적 재통합의 가능성을 주장하는 가시적 성과를 냈다.

이러한 간접적인 시위나 주장의 개진 이외에도 해당 지역에서의 직접적인 행사와 교류들을 조직했다. 특히 1894년 트리에스테와 이스트라에서 이탈리아의 정체성 전시회를 개최한 사건은 중요한 행사였다. 이후 1898년 트렌토에서 단테 기념관의 설립을 "단테협회"가 주도한 사건 등은 이탈리아 문화를 해당 수복 지역에서 직접적으로 보여준 노력이었다. 다소 지역적이던 이레덴티즈모 운동이 국민적인 관심과 세력을 확장하기 위해서는 제1차 세계대전을 기다려야 했다.

남부문제와 지역문제

정작 통일은 이룩되었지만 지역 간 불균형과 갈등이 새롭게 시작되었다. 이후 약 156년이 지난 오늘까지 이탈리아의 지역문제는 '남부문제'라는 이름으로 존재해오고 있다. 통일 이탈리아가 갖는 구조적 사회문제로서 남부문제는 이렇게 시작되었고, 당대의 지식인들을 비롯한 위정자들은 이를 해결하기 위한 방법과 연구 결과물들을 제시하였다. 이 같은 관점에서 이탈리아 남부문제가 형성된 역사와 이를 해결하기 위해 구상된 정책과 입장은 현대적 의미의 남부문제를 이해하기 위한 필수 조건이다. 이는 영남과 호남이라는 지역문제가 언제나 정치적 화두로 존재하는 한국 상황에 비추어보아도 그 중요성은 크다고 볼 수 있다.

피에몬테 중심의 이탈리아 통일은 태생적으로 문제를 안고 갈 수밖에 없었다. 북부 중심의 산업정책에 끼워진 경제정책과 제도들은 국가 제도나 정책, 그리고 현대적 의미의 '국가' 또는 '왕국'에 대하여 무지하였던 남부의 지식인들과 농민들 모두를 혼란과 어려움에 빠뜨렸다. 피에몬테 중심, 보다 확장하여 말하면 북부 중심의 국가계획은 상대적 이질성을 무시한 정책적 오류를 범하게 되었다.

부르주아 지배계급과 지식인들은 이를 합리화하기 위하여 이론과 정책 개발에 박차를 가하였다. 그러나 차이의 격차를 매우지 못하고 사회문제가 되면서 해결이 시급한 과제로 만들고 말았다.

북부의 제조업 중심 구조와 남부 농업 중심 구조의 이중성은 정치적 타협책을 찾을 수밖에 없었다. 정부가 제시한 타협책은 부호무역주의와 곡물세였다. 그러나 이와 같은 경제정책 기조는 당시 이탈리아의 지역 간 불균형과 이질성으로 인해 성공할 수 없는 정책이었고, 구조적으로 고착화된 사회문제로 발전되었다.

통일의 주역 중 한 사람인 카보우르부터 그람시에 이르기까지 당대의 주요 사상가들은 남부문제를 나름의 시각으로 바라보았다. 일반적으로 누가 어떤 관점에서 접근했느냐에 따라 남부문제 해석은 크게 두 가지로 구분할 수 있다. 첫째는 지배적 관점에서 부르주아 사상가들이 바라본 통일국가의 사회문제로서 남부문제를 분석하고 그에 따른 해결방안을 제시한 것이다. 둘째는 피지배적 관점에 따른 것으로 사회주의적 접근방법에서 시작하여 그람시에 이르기까지 좌파적 시각을 가진 사상가들이 분석한 것이다. 초기 남부문제 사상가들의 가장 큰 공통점은 모두 지배계층 출신이며, 자본주의 교육과 훈련을 통해 남부문제를 바라보았다는 점이다. 이에 반해 후기, 특히 그람시가 중심이 된 남부주의자들은 주로 사회주의적 시각에서 남부의 입장을 대변하는 공통점이 있다.

위정자들과 지배계급이 접근했던 남부문제의 정책과 방향은 그 효율성이나 실효성에도 불구하고 결국은 부르주아 지배를 지속시키는 것이 목적이었다. 역사적 · 문화적 · 지리적으로 이질적인 '남부'를 하나의 국가 안으로 통합시키기 위한 여러 정책과 해결책들이 제안되었지만, 남부의 입장이 제대로 반영되지 못했다. 이에 그람시를 중심으로 남부문제를 피지배의 관점, 다시 말해 남부 대중의 입장에서 바라보면서 현실적인 정책을 반영하였다.

남부문제의 출발점으로 리소르지멘토라는 이탈리아 통일운동을 이야기하는 것은 사회적 · 역사적 사건들이 중첩되는 과정에서 서서히 생성된 역사적인 사회문제라는 것을 의미한다. 남부문제에서 주목할 만한 이탈리아 정치

사상가 그람시의 견해는 그래서 중요하다. 특히 그람시는 남부문제를 통해 지식인 문제와 지배계급의 헤게모니 유지 방식 등을 파악하였다. 그람시의 시각과 분석이 더욱 설득력을 얻는 이유는 단순한 사회문제 분석 수준을 넘어 남부문제의 논의 차원을 한 단계 높였다는 점이다. 남부문제를 국가문제로, 국가에 대한 분석에 바탕을 둔 정권획득과 정권창출이라는 국면으로까지 발전시킨 것이 바로 그람시였기 때문이다.

이탈리아 통일 이후 156년이라는 시간이 흘렀지만 '남부'라는 지역문제가 여전히 사회성을 갖는 이유는 여러 가지다. 남부라는 지역의 특수성이나 통일 자체가 갖는 한계, 또 오랜 역사성에서 비롯된 이유 등 상당히 복잡한 문제이다. 가장 중요한 것은 '남부'라는 지역문제를 통해 현대 이탈리아가 갖는 모든 사회적 · 문화적 문제들에 대한 올바른 이해와 접근의 출발점을 찾는 것이다. 남부문제의 현대성은 바로 이 점에 있으며, 이어지는 파시즘과 여러 사회문제와 연결된다.

제1차 세계대전과 사회주의 혁명

20세기가 시작되었지만 이탈리아는 여전히 후진적인 산업구조 속에 국가 경쟁력을 제대로 갖추지 못하였다. 영국이나 프랑스, 그리고 프로이센과 같은 부국 강병을 원했지만 그러기에는 국가 자체의 역량이나 준비가 제대로 뒷받침되지 않았다. 특히 앞서 이야기한 다양한 사회문제들이 몇 가지 국내외적 계기를 통해 봇물 터지듯 터져 나오면서 강대국 이탈리아가 아닌 허울뿐인 통일국가로 전락하였다. 이를 확인해준 국제적인 사건이 바로 제1차 세계대전이었다.

유럽은 당시 새롭게 등장한 국민국가들로 인해 복잡한 국제정치적 상황을 맞이했다. 해외식민지 확장이나 대외적인 국익 추구는 한계에 봉착했으며, 국익을 둘러싼 치열한 유럽 내부 문제(국경 확정 문제, 인종과 종교 문제, 민족국가 등정으로 인한 내부적 갈등 등)들이 드러나기 시작하였다. 보스니아계 청년이 오스트리아 황태자를 저격했던 것은 바로 이러한 문제들이 불거지면서 나타난 표면적인 사건이었다. 그렇게 시작된 제1차 세계대전에 이탈리아는 참전 여부를 두고 1년에 걸친 고민이 있었다. 그것은 대외적으로 충분한 국력이나 역량을 갖추지 못했다는 증거이기도 했다.

전쟁 발발 1년 후인 1915년 참전을 결정하고 연합국 측에서 오스트리아와의 전쟁에 참여하게 되었다. 전쟁 중 몇몇 분야에서는 중요한 발전을 이룩하였다. 특히 전쟁 및 군수보급을 위하여 국가는 '병참' 산업 분야(화학, 철강, 자동차 등)를 국가 주도하에 발전시켰다. 그러나 국가 통제가 사회분야에는 억압적이고 탄압적인 방식으로 표출되었다. 통제의 가혹함은 공장 노동조합 조직에 대한 탄압 및 노동조건의 열악함으로 나타났다.

노동자 계급과 민간 산업 분야의 통제는 국가통제 법률의 강화, 행정부 권한 증대, 그리고 보다 막강해진 국가 권력 등으로 나타났다. 이는 이탈리아가 섣부른 국가병영화 과정을 겪게 되는 주요한 징조들이었다. 사회적 갈등은 심화되었지만, 시민사회 내부는 전쟁 수행을 위한 물자 조달이라는 국가의 억압적 명령에 복종할 수밖에 없었다.

더욱이 전쟁으로 인해 황폐해진 국토 상황도 심각한 수준이었다. 1918년 이탈리아 전역에 발병한 '스페인' 독감으로 인해 수많은 민간인들과 전쟁터의 군인들이 죽었다. 전쟁에 호출된 농민들이 증가하면서 농업 생산량은 급격히 감소했다. 곡물류 수입이 급증했고, 곡물 매점과 곡물 유통 상인의 횡포가 갈수록 심해졌다. 이에 인위적으로 높은 가격을 유지하여 비난을 받던 곡물 유통 상인들에 대항한 항의와 시위가 잇달았다. 농민 계층은 자신들의 수입 감소를 목도했고, 소지주들 역시 프롤레타리아 계층으로 전락했다. 이들은 종종 무장한 도적 떼가 되기도 했다.

이와 같은 사회적 갈등은 통일 후 최초로 어떤 것이 이탈리아적인지 혹은 누가 이탈리아인인지에 대한 의문을 갖게 했다. 전쟁에 동원된 농민들과 노동자들에게 이탈리아라는 국가와 이탈리아인이 도대체 어떤 가치가 있는지 고민하게 하였다.

오스트리아와의 전쟁은 쉽지 않았다. 준비되지 않은 이탈리아가 오스트리아 제국을 상대하기에는 여러모로 부족했다. 수많은 전투에서 패배했지만, 카포레토(Caporetto) 전투의 패배는 결정적이었다. 전쟁의 공포와 패배의 상처를 치유하기 위한 용사의 집과 군인전용 놀이 시설들이 지어졌다. 새로운 내각이 들어섰지만 이탈리아 내부의 동요를 잠재우기에는 역부족이었다. 국가는 좀 더 적극적으로 개입하여 전쟁의 패배를 치유하기 위한 통제와 왜곡을 자행하였다. 프랑스와 독일 등으로부터 유입된 사회주의 세력의 확산은 이 시기를 틈타 노동자와 대중들에게 확산되었다. 1917년 발생한 러시아혁명은 이러한 이탈리아 상황을 더욱 어지럽게 하였다.

러시아로부터 전해진 볼셰비키 혁명의 소식과 종전에 대한 기대의 확산은 이탈리아 민중들의 시위와 봉기를 일으키는 계기가 되었다. 전쟁은 정치 시스템과 자유주의 국가체계의 붕괴를 가속화시켰다. 1913년에 남성보통선거권이 성취된 이후 1919년에 시행된 참정권의 확대는 새로운 사회주의 정당 확산의 기폭제였다.

1919년 사회당의 세력 강화와 이탈리아 인민당(PPI)의 창당 사건은 이탈리아 정당정치에 커다란 의미를 부여했다. 가톨릭 사제였던 루이지 스트루초(Struzo)가 이끌던 이탈리아 인민당은 민주주의 지향 정당으로 중소 지주들의 이해관계를 대변하였다. 정당명부식 비례대표제 및 보통선거 형태로 치러진 1919년 선거에서는 사회당(국회에서 156석을 획득)과 인민당(국회에서 99석을 획득) 입후보자들이 대거 당선되었다. 이에 반해 이전 선거에서 다수를 점하고 있던 다양한 성격의 자유주의 성향의 입후보자들은 179석을 얻는 데 그쳤다.

1917년 러시아혁명은 이탈리아 사회주의 세력과 정당 세력의 확산을 촉진시켰고, 결국 1919년~20년 사이에 전국적인 노동운동과 사회주의 혁명 직전까지 나아가는 상황이 초래되었다. '붉은 2년'이라 불리는 1919년~20년 사이에 8시간 노동과 임금 및 일자리 보장을 요구하는 파업이 불에 기름을 쏟아부은 듯 들끓었다. 1919년 9월 토리노의 피아트 사에서 공장평의회 조직이 처음으로 생겨났고, 다른 지역에서도 불과 몇 달 사이에 연이어 공장평의회 조직들이 생겨났다. 사회주의 확산은 이렇게 시작되었다.

그람시와 공장평의회

제1차 세계대전과 러시아혁명 그리고 붉은 2년의 기간 동안 이탈리아 역사에서 가장 두드러진 인물은 아무래도 그람시이다. 그는 사회주의 노동운동가이자 문화비평가이며, 실천하는 정치인이었다. 제1차 세계대전 시기에는 토리노를 거점으로 수많은 사회평론과 비평작업을 수행하였고, 붉은 2년 기간 중에는 공장 평의회 운동을 지도했으며, 1921년에는 이탈리아공산당(PCI)을 창당한 주역이었다. 20세기 초반 가장 혼란스럽던 시기에 이탈리아를 변화시킨 중심인물이 그람시였다. 공장평의회와 공장점거 및 사회주의 확산 시기는 이탈리아 역사에서 파시즘의 등장과 맞물려 파시즘을 이해하는 매개 시기라는 점에서 살펴볼 필요가 있다.

러시아의 사회주의 혁명이 차르 군주제를 붕괴시키고 봉건농업 국가였던 러시아를 사회주의 소비에트 공화국으로 탈바꿈시킨 사건은 단순한 일회성이 아닌 자본주의 체제 전복과 새로운 사회의 도래를 기대하게끔 하였다. 마르크스가 예견하였던 자본주의 말기 형태로서의 공산주의 실현이 아닌 혁명을 통해 봉건 농업국가에서 사회주의 국가로 변화한 것이다. 러시아의 혁명은 유럽에 커다란 파장을 몰고 왔고, 지식인들과 노동자들은 도래할 혁명을 의심치 않았다. 혁명은 이제 시간이 되면 도래할 숙명적 사건에 불과할 뿐이라고 거의 모든 이들이 믿었다. 이탈리아의 노동자들 역시 혁명의 도래를 확신하였고, 혁명적 노조주의자들은 운동의 주도권을 다시 넘겨받았다.

전국 각지에서 파업과 공장 점거 등의 투쟁이 조직되었고, 이에 영향을 받아 각 지역에는 자치정부들이 생겨나기 시작하였다. 1919년에는 100만 명이 넘는 이들이 파업에 동참할 정도로 수많은 이들이 혁명을 기다리고 있었다. 그러나 혁명은 오지 않았으며, 오히려 반동의 파고가 기다리고 있을 뿐이었다. 파시즘이라는 현상이 갑자기 하나의 정치적 사실로, 이념으로, 그리고 실체로 등장하게 된 게 바로 이 시기였다.

러시아에서의 혁명 성공은 유럽의 어느 지역에서나 혁명이 가능하다는 생각은 전염병처럼 퍼졌다. 이탈리아 역시 좌파 성향의 지식인들과 노동자들을 중심으로 혁명을 준비하고 있었다. 그러나 지나치게 혁명을 낙관한 나머지 운동의 방향이 수동적으로 흘렀고, 도래할 혁명을 기다리면서 아무 대책이나 준비를 하지 않았다. 더군다나 정치적 상황은 노동자들에게 더욱 유리한 방향으로 흐르는 듯했다.

1918년 12월, 모든 성인 남자에게 보통선거권이 주어져 이듬해 11월 선거에서 사회당은 200만 표 이상을 획득, 총 159석을 차지함으로써 이탈리아의 제1 정당이 되었다. 1913년 설립된 가톨릭 인민당 역시 100석을 차지함으로써 자유주의 정부는 붕괴되는 것 같았다. 당시 가장 강력한 노동단체였던 노동총동맹(CGL) 역시 회원 수가 증가해 노동자들로부터 가장 강력한 지지를 받는 조직으로 성장하였다. 또한 토리노에서는 피아트를 중심으로 한 공장들의 내부위원회(Commissione Interna)가 강화되어 이탈리아의 소비에트 조직인 공장평의회가 급속하게 확산되고 있었다.

북부에서의 노동자 세력의 확대와 정치적 권력 강화는 전후 불어 닥친 경제적 위기와 더불어 좀 더 폭력적이고 무장봉기의 형태로 이어졌다. 특히 1919년에 들어서면서 경제 위기는 북부와 중부에서 식료품 소동으로 이어지게 되었고, 급기야 상점에 대한 약탈과 방화가 잇따랐다. 지방에 대한 중앙정부의 통제력이 약화되면서 전국 각지에는 자유주의적 자치 정부가 들

안토니오 그람시

어섰고, 수많은 파업과 투쟁에 100만 명이 넘는 인원이 참가했다. 1919년과 1920년에도 이와 같은 정치 상황이 강화되었다. 노동자들을 중심으로 강화되고 있던 혁명 분위기는 1920년 4월의 피에몬테 지역 노동자들이 참가한 총파업으로 이어졌다. 그러나 '시곗바늘 사건'이라 불리는 이 총파업은 11일 만에 패배했다.

총파업의 실패는 노동운동 전부를 어렵게 하고 약화시켰다. 노동운동의 비조직화와 정체성 문제가 이 시기에 심각하게 대두되었으며, 노동조직 재건과 정치 지도력 부재가 이탈리아 노동운동의 새로운 문제로 떠올랐다. 그람시가 제시한 새로운 노동조직과 운동의 방향은 이 시기에 급격하게 부상하였다. 그람시가 주축이 되어 주장한 이 노동조직은 러시아와 헝가리 및 오스트리아 등에서 실행되었던 소비에트 모델을 기반으로 하여 구상된 것이었다. 그들은 단순히 혁명을 수행하기 위한 노동자 조직이 아니라 혁명 후의 국가 조직으로 확장될 것을 고려한 시도였다. 공장, 건설 현장, 광산, 농장, 상점 및 일반 농민 개개인을 망라하는 모든 노동 계층의 생산 단위를 기본으로 평의회를 조직하고자 했다.

그람시가 구상했던 공장평의회 조직은 다음과 같다. 이미 각 공장에 존재하고 있던 내부위원회를 기반으로 구성원을 대표하는 대표위원을 선출한 뒤 다시 대표위원회를 구성한다는 것이다. 이때 선거를 통해 대략 노동자 15명당 한 명의 대표위원을 선출하고, 공장의 각 계층과 분야의 대표자를 선출한 뒤 공장대표위 원회를 조직한다. 공장대표위원회가 각 지구나 구역별로 지구위원회를 구성하는 단위가 되며, 구역에 속한 모든 노동자, 즉 운전기사,

상점 종업원, 식당 웨이터, 청소부, 개인 고용 노동자 등의 대표가 포함될 수 있도록 한다는 것이다.

그람시는 공장평의회를 공장이나 도시를 근간으로 하는 직종에만 국한시키지 않았다. 농촌에서도 농민평의회를 조직해서 명실상부한 전국 조직으로 확대하려는 의도를 갖고 있었다. 그러나 혁명의 문제를 다루기 위해선 '조직과 규율'이 중요하다고 생각하고, 우선 도시와 공장에 국한하여 평의회를 조직했다. 노동자 대표성과 일반투표의 원리, 그리고 직장대표의 원리가 고스란히 반영된 공장 평의회는 1919년과 1920년 사이에 토리노 지역을 중심으로 급속히 확산되었다. 공장평의회는 '붉은 2년' 간의 총파업 투쟁과 공장점거 투쟁에서 주역이었고 이탈리아 노동운동의 역사에 커다란 족적을 남겼다. 그러나 1921년 1월 보르디가, 그람시, 타스카, 톨리아티, 테라치니가 이탈리아 공산당을 창당하면서 《신질서》는 새로운 공산당의 일간지가 되었고 공장평의회 운동은 막을 내렸다. 이후 등장한 파시즘 시대에서 이탈리아 노동운동은 지하로 숨어들 수밖에 없었다.

제11장
무솔리니와
파시즘 시대

ITALY

파시즘의 등장과 집권

　20세기 초까지만 해도 이탈리아에 파시즘은 존재하지 않았다. 파쇼라는 명칭을 가진 각종 사회단체들은 있었지만, 주로 사회주의 계열의 단체들이었다. 어느 날 갑자기 하나의 사회적 현상으로, 그리고 하나의 주의(主義)로 자리 잡게 된 것은 국가의 묵인과 자본가들의 암묵적 지원에 기인한 결과였다. 사회주의를 공공의 적으로 간주하면서 국가와 애국심이 주된 이데올로기 요소로 자리 잡게 된 배경에는 바로 이와 같은 1920년대 이탈리아의 정치적·사회적 상황이 있었다.

　1차 대전의 승전국임에도 불구하고 이탈리아는 상처뿐인 영광만을 안은 채 경제적으로 어려움을 겪게 되었다. 또한 그토록 원하던 옛 영토의 수복은 이루어지지 않았다. 1차 대전의 승전국들은 파리 평화회담에서 유럽의 세력 균형과 보상 문제 등을 다루었는데, 이탈리아는 트렌토, 남부 트롤, 이스트라를 얻기는 했지만 그토록 원하던 피우메와 달마치아를 얻는 데는 실패하였다. 이에 단눈치오(D'Annunzio)는 의용대를 이끌고 피우메를 점령하면서 이탈리아 전역은 이전에는 존재하지 않던 애국심과 이탈리아라는 새로운 국가 이데올로기가 만들어졌다. 이를 고취시킨 것은 단눈치오와 같은 민족주의

계열의 우익 인사들이었지만, 결국 이를 지원했던 것은 당시의 정치가들과 산업자본가들이었다.

이때까지도 파시즘은 여전히 사회주의적 색채를 띠고 있었고, 피우메 점령 같은 사건도 국가가 개입하여 해결한 극우적이고 반동적인 것으로 여겼다. 파시즘의 창시자인 무솔리니가 이와 같은 변화의 흐름을 감지한 것은 바로 이때였다. 최초의 파시스트 단체인 전투연대(Fasci di Combattimento)가 1919년 밀라노에서 창설되었을 때만 해도 그 강령에 포함된 내용은 다분히 사회주의적인 것이었다. 상원제의 폐지, 농민들을 위한 토지분배, 유권자 모임을 표방하는 등 그 기조는 여전히 사회주의적이었다. 이는 무솔리니가 본래 사회당에서 정치생활을 시작하였고, 사회당의 일간지 《전진Avanti!》에서 편집장으로 일했던 경력을 고려하면 당연한 것이기도 했다.

이와 같은 무솔리니의 파쇼 단체들이 전국적인 규모에서 많은 지지와 지원을 받게 된 것은 1919년 선거가 끝난 뒤였다. 단 한 명의 의원도 당선시키지 못한 정치단체가 되자 무솔리니는 자본가들의 지원을 얻기 위해 단눈치오의 예에서 보듯 우익으로의 전환이 필요하다고 판단했다. 1920년 강령 개정을 통해 애국심과 국가, 그리고 전쟁 등과 같은 요소를 최우선시하여 우익과 보수의 지원을 구하고자 했다. 이 시기 사회주의 계열의 정당과 노동조합 등이 국가의 위협세력으로 인식됨으로써 하루아침에 국가의 적으로 부상하기 시작하였다. 이들 정당과 노동조합들은 공공의 불만과 욕구를 해소할 수

무솔리니

있는 공격 대상으로 인식되면서 자본가들과 우익세력이 결집할 수 있는 사회적 여건이 마련되었다.

파시즘의 부상은 바로 이와 같은 여러 정황과 맞물리면서 갑자기 전국적인 현상으로 떠올랐다. 산업자본가들과 국가의 묵인과 지원은 사회당의 몰락 그리고 아직 공고한 조직을 갖추지 못하고 있던 사회주의 성향의 노동계급의 분해를 촉진시키게 되었다. 파시스트들은 공격의 대상을 사회주의 계열의 정당과 언론, 그리고 노동자들에게 집중하여 그들의 사무실과 본부 및 저택 등을 방화하거나 파괴하였다. 이에 따라 사회주의 세력과 노동자들은 커다란 타격을 받았다. 사회당은 1920년 20만 명이던 당원 수가 22년 10월에는 2만 5천 명이 되지 않을 정도로 급격하게 약화되었고, 노동총동맹 역시 조합원 수가 200만 명에서 50만 명으로 떨어지게 되었다.

노동자들에 대한 회유도 뒤따랐다. 파시스트들의 폭력을 목도하던 많은 노동자들은 위협에서 벗어나기 위해 점점 파시스트에게 협력하게 되었다. 특히 산업 자본가들이 은행과 재정적 지원 등을 통하여 정부를 장악하면서 노동자들은 더더욱 체제 순응적인 태도를 보이게 된다. 이를 기회로 파시스트들은 자신들만의 노동조합을 볼로냐에서 창설하였다. 1922년 1월에 창설된 노동조합전국연맹(Confederazione Nazionale delle Corporazioni Sindacali)은 노동

로마 진군 당시

운동의 파시스트화를 목적으로 창설되었다. 이 단체는 노동운동 전반에 커다란 타격을 주고, 파시스트에 협조적인 어용 노동조직의 필요성에 의해 조직된 것이었다.

파시스트의 불법적 폭력은 갈수록 더해갔다. 파시스트 국민당의 당수인 무솔리니도 이를 통제하지 못할 정도로 파시스트 행동대원들의 폭력성은 점점 전국적으로 확산되었다. 1922년 5월 1일 노동절에 사회주의 계열의 노동자들과 정치가들이 이들 파시스트에 공격을 받아 10여 명이 죽는 사태까지 일어났지만 정부는 방관하였다. 파시스트의 폭력에 맞서 1922년 7월 31일 총파업이 선언되었지만, 노동총동맹의 지도자들은 파업을 거부했다. 다시 파시스트의 역공이 시작되자 대중에 의한 마지막 저항이라 할 수 있는 7월의 총파업이 일어났지만 결국 실패로 돌아갔다. 파시스트에 의한 권력 장악은 기정사실화되었다. 1922년 10월 28일 나폴리에서 개최된 파시스트 전당대회에서 일단의 젊은 파시스트들이 군중에 의한 국가수립이라는 구호를 외치면서 로마로 진군하여 관공서를 점령하였다.

'로마진군(La Marcia su Roma)'이라는 사건은 이렇게 발생했고, 밀라노에 있던 무솔리니가 30일 로마로 내려와 39세의 젊은 나이에 수상에 올랐다. 국가 전체가 파시스트에 의한 합법적 지배 하에 놓이게 되었다. 권력에 오른 무솔리니는 국가의 번영과 안정을 위한 회유 정책을 펴면서 보수 세력과 자본가들, 그리고 가톨릭 세력에게 우호적인 태도를 보였다. 또한 파시즘의 철학과 사상적 기반을 위해 젠틸레(Gentile)를 앞세워 사상과 이념을 정비하였다. 크로체를 비롯한 자유주의자들과 단눈치오와 같은 민족주의 계열의 보수적 우익 인사들, 그리고 미래파 등이 명실상부한 지배권력 집단으로 부상하였다.

무솔리니와 이탈리아 파시즘 체제

무솔리니는 무정부주의자이며 사회주의 성향을 지녔던 대장장이의 아들로 태어났다. 아버지의 직업은 평범했지만, 어머니는 교사였기에 어린 시절을 평범한 중산층의 가정에서 보냈다. 아버지는 때로 사회주의 서클에서 사상논쟁을 벌일 만큼 사회주의 성향의 인물이었고, 그런 아버지의 영향 아래 청소년기를 보냈다. 무솔리니의 성격은 거칠고 반항적이었다. 그런 이유로 여러 차례 폭행으로 학교에서 정학과 퇴학 처분을 받았다. 그럼에도 학교를 졸업할 수 있었던 것은 무솔리니의 명석함 때문이었다.

교육계 고등학교를 졸업하면서 교사자격증 시험을 통과한 그는 잠시 교사로서 학생들을 가르치기도 했다. 그러나 교사가 자신의 적성에 맞지 않는 직업이라는 것을 깨닫고 스위스로 갔다. 1902년부터 2년여 동안 스위스 각지를 돌아다니며 사회주의 운동을 체험하고, 다양한 독서를 통하여 여러 사상가들을 접하였다. 칸트, 스피노자, 소렐, 블랑키, 니체, 헤겔, 카우츠키 등을 공부하였고, 이들은 무솔리니의 사상적 기반을 형성하는 데 많은 영향을 끼쳤다.

1910년 에밀리아로마냐 지방에서 《계급투쟁(La Lotta di Classe)》지를 발간하여 혁명적 사회주의를 선전하면서 촉망받는 젊은 전투적 사회주의자가 되었다. 이런 그를 사회당은 주목하기 시작하였고, 1912년 무솔리니는 사회당 기관지《아반티!(Avanti!)》의 편집장이 되었다. 그는 당시 모든 제국주의 전쟁에 반대하는 반전론자였으며, 리비아 전쟁에 반대하여 5개월 동안 투옥되기도 했다. 그의 지도 아래《아반티!》는 비타협적 좌파 성향을 지향하였으며, 생디칼리스트를 포함한 혁명 좌파의 가장 중요한 논단이었다. 1914년 제1차 세계대전의 참전 논쟁에서 무솔리니는 절대중립의 입장이었지만, 전쟁을 이용하여 혁명을 기대하는 생디칼리스트의 논리에 맞추어 1914년 참전론을 발표하면서 사회당에서 축출당하였다.

참전론 주장을 행동으로 옮긴 무솔리니는 베르살리에리(Bersaglieri)라는 저격부대에서 복무하다 부상을 입고, 전역하여 고향으로 돌아왔다. 이후 그는 구체제와 악습을 뿌리 뽑고 새로운 국가정립을 위해서 새로운 사상과 단체의 필요성을 주장하였다. 1919년 3월 무정부주의자, 생디칼리스트, 사회주의 혁명가 및 일부 참전용사들과 함께 밀라노에서 결성한 '전투파쇼(Fasci di Combattimento)'는 직접적인 행동의 결과였다. 파시스트 정당으로 전환하면서 1922년 '로마진군'으로 정치권력을 획득하였다.

파시스트 정당과 함께 파시즘 체제 안정을 위한 조직들이 만들어졌다. 군사 조직의 성격을 가진 검은 셔츠(Camicia nera)단과 지역별로 정치적 조직인 스콰드리(squadrari)가 조직되었다. 이들 조직들은 무솔리니 지지 세력을 확산시키고 사회주의 정당이나 기관들 대상 테러를 자행하였다. 또한 각종 집회와 시위 등을 조직하여 파시즘 체제 안정성과 위상을 대내외적으로 과시하였다.

조직 정비 이후 무솔리니는 법률 개정을 통해 체제 안정을 도모하였다. 무솔리니는 수상에 오른 뒤 헌법 개정을 도모했다. 1924년 8월 15명의 위원으로 구성된 헌법개정위원회의 구성을 시작으로 파시즘 체제를 위한 법률 개정을 추진하였다. 행정부 권력 강화와 노조 및 조합 조직 강화를 내용으로 추진되었지만, 헌법이 개정되지는 않았다. 그러나 1924년 11월 수상 권한 강화 법률은 민주주의 기본 요소를 위협하는 것이었다. 정부수반은 정책 실행과 법안 상정에 있어 장관이나 국회의 동의를 필요로 하지 않는다는 내용을 담았다. 오직 국왕에게만 책임을 지며, 각료와 장관을 지명할 수 있었다. 의회 역시 어떠한 법률안도 정부 수반의 허가 없이 회기 중에 제출할 수 없게 개정하였다.

국가 주도 동원과 동의 체제의 제도적 완성은 코포라티즘(Corporazione)으로 완성되었다. 이탈리아 파시즘이 제안한 코포라티즘은 국가를 최고의 선이자 목적으로 상정하였다. 코포라티즘 국가 건설은 1926년에 제정된 노조 법안에 의해 노조와 사용자 조직 사이에 합의된 "노사협력 중앙협의기구"의 출범으로 시작되었다. 파시스트 정부 안에 코포라티즘부를 신설하고, 1932년까지 경제부 산하 기구로 무솔리니가 직접 지휘·통제하였다.

코포라티즘부는 노동헌장을 통해 국가 산업 생산 방법과 양 등을 조정하고 규정하는 제안 역할을 했다. 1930년 헌법을 개정하면서 코포라티즘 관련 전국기구인 "전국조합평의회"를 신설했다. 22개의 조합들로 구성된 평의회는 1934년 '코포라티즘 법안'이 만들어져 코포라티즘 체제는 완전한 형태를 갖추었다.

22개의 영역별 조합은 하원의 일부를 구성하였고, 궁극적으로 파시스트 체제의 실질적인 입법부 역할을 했다. 파시스트당과 조합평의회 소속 전국대의원 약 600명으로 구성된 평의회에서 다양한 국정 자문과 입법 기능의 역할을 했다. 결국 무솔리니는 이러한 평의회를 통해 파시즘 체제를 지속하고 파시즘 독재를 연장하는 방편으로 사용하였다. 이탈리아 민주주의는 후퇴하였고, 제2차 세계대전의 동맹국이 되는데 중요한 역할을 수행했다.

파시즘 체제의 동조 세력

1922년 이탈리아 정치의 전면에 나서게 된 파시즘에 대하여 이탈리아 내부 사회는 지지와 반대를 두고 고민하였다. 파시즘 체제가 20년이 넘게 유지될 수 있었던 것은 파시즘 체제의 국가통제에 기인한 바도 있지만, 파시즘 체제에 동조했던 세력이 많았다는 것을 의미했다. 수많은 지식인들이 파시즘 체제에 지지를 보냈다. 교황청 역시 오랜 기간 세속적 권력인 이탈리아 왕국과 적대관계를 청산하고 지지를 보내게 되었다. 교황청의 파시즘 지지는 파시즘 체제 유지와 지속성에 가장 큰 우군이었다.

이탈리아가 통일된 이후 60여 년간이나 이탈리아 왕국과 적대 관계에 있던 교황청은 1929년 라테라노(Laterano) 조약을 통해 파시즘 지지를 이탈리아 국민들에게 천명했다. 이탈리아 파시즘 체제를 중심으로 국민적 통합이 달성되어 이탈리아 파시즘 체제는 공고해졌다. 이를 위해 무솔리니는 이미 1923년 새로운 교육법안을 만들어 초등교육부터 고등교육까지 국가 중심의 전체주의 체계를 실현하고자 했다.

1923년 5월에 31일에 실행한 교육법안의 주요 내용은 세 개 영역에 대한 교육체계의 조직화였다. 초등학교 때부터 절대적 지식을 가르침으로써 완벽한 시민으로서 행동할 수 있는 인간을 양성하기 위한 것이었다. 예술, 종교, 철학으로 대표되는 3단계를 구분하여 이를 초등학교부터 대학에 이르는 전체의 국가교육 체계 내에 조직적으로 확립하는 것이 주요 내용이었다. 여기에 가톨릭이라는 종교를 국가교육체계 안에 끌어들임으로써 가톨릭의 세속적인 영향력을 보장하였다.

이에 따라 초등학교에서는 새롭게 가톨릭의 교리와 이념이 주된 교육 목표와 과목이 되었다. 고등학교인 리체오(Liceo)에서는 그리스와 로마의 고전을 중심으로 하는 고전 양식과 이를 뒷받침하는 철학 교육이 가장 중요한 교과목이 되었다. 대학의 이수과목도 고등학교 교과목들을 발전시키거나 세부적으로 확장시킨 것이었으며, 국가에서 주관하는 시험에서도 이러한 원칙이 지켜졌다. 강한 국가를 이룩하기 위해 법이라는 제도를, 그리고 법을 유지하기 위해서는 도덕적 의무의 덕목을 시민에게 요구하였다.

가톨릭과 새로운 교육 체계와 함께 파시즘 체제 유지와 안정을 위해 일군의 지식인들과 새로운 이념들이 동원되었다.

이탈리아 파시즘의 출발은 민족주의와 국수주의, 그리고 보수주의 등이 결합한 형태였다. 철학에서는 힘의 철학이나 행동철학을 중요시하였으며, 로마제국에 대한 향수와 함께 강력한 민족국가의 출현을 열망하였다. 그 수단으로 전쟁과 무력을 채택하였고, 특히 당대의 유럽 강대국들에 의해 시작된 식민지 개척에 대한 적극적 의지를 보였다. 이러한 파시즘 체계와 이데올로기 안정에 공헌한 일군의 지식인들이 있었다.

첫 번째로 거론할 수 있는 인물은 코라디니(Corradini: 1865~1931)였다. 그는 19세기 후반부터 이탈리아에서 민족주의의 필요성을 주장하면서, 민족주의에 대한 전파에 노력하였다. 코라디니가 이러한 자신의 생각을 구체화시킨 것은 《왕국(Il Regno)》이다. 1903년에 창간한 이 잡지를 통해 이탈리아 민족주의의 보급에 힘썼으며, 이탈리아의 우파 지식인들을 민족주의 우산 아래 끌어모을 수 있었다. 이를 기반으로 코라디니는 1910년에 이탈리아 민족주의 연합(Associazione Nazionalista Italiana)을 창립하였고, 이 단체를 통하여 본격적인 민족주의를 표방하였다. 결국 이 단체는 1923년 파시스트가 정권을 잡게 되면서 파시스트당으로 흡수되었다. 그가 주장하는 민족주의는 이탈리아인만으로 구성된 인민대중을 기반으로 하여 조합이라는 형태로 구체화시킨 뒤, 프롤레타리아 계급에 입각한 조합주의 국가 건설을 주장했다. 이를 위해 아프리카로의 식민지 확장과 정복전쟁을 통하여 국력을 강화하고, 국내의 실업자와 농민들의 식민지 이주정책을 활용하여 이탈리아 경제를 강화하려고 했다. 그의 사상은 파시즘과 결합하면서 전체주의적이고 전쟁 지향적인 파시즘에 상당한 이론적 기여를 했다.

두 번째 인물은 프레졸리니(Prezzolini: 1882~1982)이다. 정규 과정의 교육을 받지 못하고 독학으로 공부를 했던 그는 20세기 초 민족주의와 파시즘을 연결하는 매개체 역할을 했다. 1908년 그는 생디칼리즘과 크로체주의, 그리고 민족주의를 한데 모아서 당대 가장 영향력 있는 비평지《라 보체(La Voce)》를 창간했다. 《라 보체》는 1914년까지 활동하면서 민족주의에서 파시즘으로 나아갈 수 있는 사상적·문화적 토대를 제공하였다. 무솔리니와의 개인적으로 친분을 유지하면서 파시즘이 정권에 우호적인 입장을 보였다. 1930년에 미국으로 건너가 뉴욕에 거주하였고, 컬럼비아 대학의 이탈리아어과 학과장으로 재직하였다.

세 번째는 단눈치오(1863~1938)이다. 그는 특이한 문학적 성향과 입장을 가졌던 이탈리아 데카덴티즈모(Decadentismo: 낭만주의와 퇴폐주의 혼합 사조)의 대표적인 시인이자 소설가이자, 모험가였고, 급진적인 민족주의자였다. 자신의 문학작품을 통해 니체의 초인사상과 연결시켰다. 종전 후 연합국으로부터 약속한 땅을 되돌려 받지 못하자, 퇴역 군인들과 생디칼리스트, 민족주의자들로 구성된 의용군을 이끌고 피우메(Fiume)를 점령하기도 했다. 그의 사상은 제국주의에 대한 옹호, 힘과 폭력의 예찬, 초인과 같은 새로운 지도자의 출현 등으로 나타났다. 단눈치오의 사상은 무솔리니의 등장을 용인하고, 제국적 이미지의 의식 등을 찬양하게 했던 이유가 되었다.

다음은 예술적 분파로서 미래주의(Futurismo)파에 대한 것이다. 19세기 말과 20세기 초는 자본주의 발전에 따른 모순점들이 사회적 혼란으로 나타나고, 새로운 물질문명의 시대를 맞이하였다. 세기 말의 혼돈, 인간 이성에 대한 불신, 과학에 대한 맹신, 새로이 등장한 기계문명에 대한 동경 등이 복합적으로 작용하여 나타난 것이 미래주의였다. 특히 미래주의는 자동차와 비행기의 속도 등을 통해 기계문명의 창조성과 역동성을 강조하였다. 산업사회의 도래에 따른 새로운 동인으로서 기계와 기술에 의한 창조와 발전을 찬양하고 이를 고양시키기 위한 문화운동의 성격을 띠었다. 그러나 민족주의와 결합하고, 민족주의 구현

단눈치오

을 위한 예술운동으로 성격이 변질되면서 보다 폭력적인 면을 띠게 되었다. 더군다나 미래주의 실현 수단인 전쟁에 대한 갈망 등을 하나의 이념으로 표방하였다. 미래주의는 무솔리니에게 많은 영감과 우호적인 전략을 제공하였다.

그 외에도 문학적으로나 문화적으로 파시즘에 직간접적으로 관여하거나 관련을 맺은 이들은 현대 희곡을 정립하고 발전시켰으며, 1934년 노벨문학상을 수상했던 피란델로(Pirandello:1867~1936)가 있다. 또한 지식인들과 정치가들에게 이론적 · 사상적으로 파시즘의 토대를 제공했던 주요 인물들로는 투리엘로, 파레토(Pareto), 젠틸레(Gentile), 미헬스(Michels), 데 제르비(De Zerbi), 페리(Ferri), 로코(Rocco) 등을 들 수 있다.

제국주의와 전체주의적 성격의
후기 파시즘 체제

이탈리아 파시즘은 집단과 전체를 최우선으로 하는 전체주의를 중시한다. 특히 파시즘 체제가 안정되면서 이러한 전체주의적인 성격은 제국주의와 결합하여 이탈리아를 호전적인 병영국가로 탈바꿈시켰다. 무분별하고 우매한 개인들의 집합체인 대중으로는 국가를 유지하기 힘들고, 보다 강력한 전체로서 국가라는 정치제제가 필요했다. 이탈리아의 경우 지역적 분열과 대립이라는 오랜 역사적 배경이 존재했고, 이를 극복하기 위해서는 보다 강력한 전체주의 구현체가 필요했으며, 그것이 곧 국가였다. 따라서 이탈리아에서는 국가를 통한 전체 이익과 목적 추구를 가장 중요한 통치 이념으로 내세운다. 이를 위해 보통 국가론, 엘리트주의, 조합국가 개념과 이론이 동원되었다.

무솔리니는 자신이 구상하고 있던 국가관을 철학적으로 확립하기 위해 헤겔의 국가 개념을 빌려왔다. 헤겔이 주장하고 있는 신에 의한 국가와 국민이라는 개념은 어쩌면 당시 이탈리아의 상황에 가장 적합한 개념과 이론이었을지 모른다. 국가는 곧 선이자 도덕이고 윤리였으며, 국가 규범을 벗어난 개개인의 가치는 존재할 수 없다는 것이다. 국가 질서 안에 국민들의 삶을 복속시킴으로써 이탈리아인들의 생활 축으로 국가를 우상화하였다. '국가는 현재일 뿐만 아니라 과거이기도 하며 더 나아가 미래의 모든 것이다'라는 무솔리니의 사상은 파시즘 체제의 원칙이었다. 무솔리니는 이를 국가주의(Statismo)로 발전시킴으로써 오랜 기간 국가 중심의 파시즘을 지속시킬 수 있었다.

이러한 국가 개념을 통해 국가를 종교보다 신성한 것으로 판단하고, 로마 제국에서 국가의 이상을 찾았다. 고대 로마나 그리스 제국주의 시대, 게르만 민족주의 시대와 부르봉 왕조 시대를 인류 역사상 최상의 시대라고 평가하고, 국가 숭배주의를 정당화하였다. 내부적으로는 정치, 사회, 민족(또는 인종)이 삼위일체가 되어야 하며, 대외적으로는 폭력이나 전쟁에 의한 식민지나 전쟁 등을 통해 국가주의를 확립해야 한다고 주장했다.

따라서 절대적이고 신성한 국가 운영은 일반 민중의 참여를 중시하는 민주주의보다는 소수의 뛰어난 몇몇 엘리트 혹은 엘리트 집단에 의해 작동되는 체제가 중요하다고 생각했다. 엘리트주의가 파시즘을 지탱하는 인적 구성의 원리가 되었다. 파시스트 체제하에서 일반 시민들은 엘리트에게 복종하고 순종해야 하며, 이는 체제 유지의 주요한 규칙이자 원칙이었다. 엘리트와 엘리트 지도자와의 관계에서도 똑같은 원칙이 적용되었다. 지도자가 곧 국가였고, 국가는 지도자를 통해 구현된 것으로 인식했다. 두체(Duce)라고 불리던 무솔리니가 절대적 권력의 황제와 같은 이미지로 숭상화되고 완벽한 인간으로 그려졌다. 당시 이탈리아 초등학교에서 일과의 시작을 알리는 구호로 '무솔리니는 항상 옳다(Mussolini ha sempre ragione)'가 사용되었다는 사실은 무솔리니의 우상화를 가능하게 했다.

여기에 실질적인 체제 운영 조직이 바로 조합이었다. 이탈리아는 앞서 이야기한 코포라티즘 체제를 완성하고, 국가가 대중을 지배하고 통제하기 위하여 조합을 활용했다. 이는 국가 생산을 각 부문과 분야에 따라 분류된 조합을 통해 완성하면서, 동시에 국민에 대한 통제와 통치를 구현하는 장으로서 조합을 활용하겠다는 의미였다. 실제로 무솔리니는 기업, 산업, 지방 등을 총 22개의 조합에 국민 모두가 어느 한 곳에 의무적으로 가입하도록 강제하였다.

　이를 구체화한 중앙집권 조직이 바로 민족주의적 군국주의였다. 병영국가와 같이 항상 국방력을 강화하고 식민지 지배의 필요성을 주장하였다. 1930년대 후반에는 이러한 제국주의적 전쟁에 국가 전체를 동원하였다. 1935년 10월에 실행된 에티오피아 침략은 파시즘 체제의 군국주의적 성격을 국제적으로 확인시켜 주었다. 식민지 전쟁에 승리하여 이탈리아라는 국가에 처음으로 식민지를 만들어준 무솔리니에게 국민들은 열광했다. 무솔리니와 파시즘 체제는 지속적으로 식민지 전쟁의 정당성과 필요성을 역설했고, 이탈리아가 강력한 군사대국이 될 수 있다는 망상을 가져다주었다.

　그러나 국제적으로는 기존 강대국의 반발을 불러왔다. 미국과 유럽이 몇몇 물자 수입을 금지하는 제재를 취하자 이탈리아는 동일한 노선을 취하고 있던 독일과 밀착하게 되었다. 국제연맹의 탈퇴와 1936년 스페인 내전 개입은 제2차 세계대전 발발의 서막이었고, 이탈리아 몰락의 전조였다. 결국 1936년 스페인 내전 개입을 통해 무솔리니는 히틀러와 공동전선을 구축하였으며, 제2차 세계대전의 동맹국이 되었다.

저항운동과 레지스탕스

저항운동의 시작을 언제로 할 것인가는 관점에 따라 차이가 있다. 파시즘 체제에 대한 초기의 반대와 운동을 기점으로 볼 것인지, 혹은 중북부 이탈리아에 파시즘과 나치즘 정부가 성립하였던 시기를 시작으로 볼 것인지에 따라 시점은 확연히 차이가 난다. 본서에서는 이탈리아 해방 전 중북부 이탈리아를 중심으로 반파시즘 운동이 치열하게 펼쳐지던 시기와 독일 나치즘 치하에서 벗어나기 위한 이탈리아 국민과 정치세력이 주도하는 저항운동 중심으로 기술하겠다.

1939년 제2차 세계대전이 발발하면서 독일과 동맹국으로서 전쟁을 수행하던 이탈리아는 기대와는 달리 전쟁에서 큰 성과를 내지 못하였다. 독일이 바라던 지중해 지역과 아프리카 지역에서의 이탈리아 전투력은 너무나 무력했다. 결국 남부 이탈리아가 미국의 주축으로 하는 연합군에 의해 해방되고, 이에 몰락하던 파시즘 정권이 독일 나치즘의 지원을 받아 중북부에서 연합국과 치열한 전투를 벌이게 되었다.

1943년 9월 8일이 그 기점이라 할 수 있다. 이날이 남부에서는 파시즘으로부터 해방됨과 동시에 독일 나치즘의 지원을 통해 수립한 괴뢰정부 살로

살로 공화국

(Salò)공화국 건국이 시작되었던 시기이기 때문이다. 북부의 괴뢰정부에 대항해서 남부에서는 여섯 개의 정당 – 기독민주당, 사회당, 공산당, 행동당, 자유당, 노동민주당 – 대표들이 모여 전국해방위원회CLN(Comitato di liberazione nazionale)가 건설되었다. 오랫동안 반파시즘 운동의 주체였던 여섯 개의 정파들이 만든 전국해방위원회는 곧바로 남부를 중심으로 새로운 이탈리아의 건설과 아직 해방되지 않았던 북부의 저항운동을 조직했다.

그러나 독일군이 통제하고 있으며, 파시즘 정부가 수립된 지역에서의 무장투쟁은 너무나 어렵고 힘든 것이었다. 더군다나 대부분 조직이 지하조직이나 험난한 산악 등으로 본거지를 옮길 수밖에 없었다. 빨치산(파르티쟈니 partigiani)이라는 명칭의 유래가 바로 이러한 조건에 처한 정파가 게릴라 전술이나 유격대 형식을 띠고 소규모 전투를 벌이게 될 수밖에 없었던 상황을 말해준다.

당시 가장 주요한 무장조직들은 세 가지 정도로 정리할 수 있다. 먼저 농촌이나 산악지역을 중심으로 활동했던 무장단체들이 그것이다. 주로 공산주의 세력에 의해 주도되었던 가리발디 여단(Brigate Garibaldi), 사회주의 정파가 주도권을 장악하고 있던 마테오티 여단(Brigate Matteotti), 그리고 정의와 해방그룹(i gruppi di Giustizia e Libertà)이 대표적인 단체였다. 두 번째는 주로 도시에서 결성된 소규모 무장단체를 지도했던 조직으로 애국행동단Gap(Gruppi di azione patriottica)과 애국 행동부대Sap(Squadre d'azione patriottica)가 대표적 단체였다. 세 번째는 정치적 기구로 무장투쟁보다는 정치적 · 법적 정통성을 갖고 지도적 입장에서 북부 지역의 수복을 목표로 했던 정치기구이다.

전국해방위원회는 정치적으로 모든 조직과 기구들의 대표성을 띠고 있었다. 특히 북부에는 이들의 지휘를 받았던 지하조직으로 북부 이탈리아 해방위원회 CLNAI(Comitato di liberazione per l'Alta Italia)가 있어서 정치적으로 전술적인 하부 조직으로서 활동하였다. 이들 조직들은 단순히 북부 점령지의 회복을 목표로 했다기보다는 대중들과 노동자들의 반나치즘-파시즘 운동조직의 성격을 함께 가졌다. 이런 이유로 북부가 해방되었을 때 이들 기구들이 법적인 대표성뿐만 아니라 정치적 · 사회적 대표성을 함께 가질 수 있었다.

이탈리아 저항운동 세력을 구성하는 이들은 크게 보면 세 가지 정도로 압축할 수 있다. 첫 번째 구성 요소는 노동자들이 주축이 되어 설립한 노동운동 단체였다. 파시즘 정권 시기에 이미 반정부 투쟁을 비밀리에 수행하고 있던 노동자들은 파시즘 정부가 붕괴하고 괴뢰정권인 살로 공화국이 설립하자 본격적인 국토 수복과 해방전쟁을 수행하는 주체로 전면에 나서게 되었다. 파시즘이 몰락한 후 새로운 이탈리아 재건을 두고 수많은 정파들과 세력들이 모여서 논의를 했다. 이중 가장 중요한 세력은 반파시즘 운동을 이끌었던 여러 정파들과 미국이 주도하는 연합군이었다.

무솔리니 정부가 무너진 뒤에도 연합군은 독일군의 강력한 저항으로 한동안(1943년~45년) 이탈리아 반도를 해방시키지 못했고, 그사이 반파시스트 저항운동이 북부를 중심으로 광범위하게 조직되었다. 저항운동이 시작되었던 1943년 9월부터 해방이 되었던 1945년 4월 말(실제로 이탈리아는 해방일로 4월 25일을 국경일로 제정하고 있다)까지 약 20만 명의 파르티잔이 참여했고, 이 중에서 5만 5천 명 정도가 사망한 것으로 알려져 있다.

규모의 방대함만큼 이들의 전투적 · 정치적 중요성은 1944년 겨울이 시작

파르티지아니

하면서 두드러지게 나타났다. 피에몬테와 롬바르디아 주의 산악지대를 중심으로 점령군으로부터 수복한 마을들에 자치적 성격의 해방공화국들이 건설되었다. 이를 기반으로 하여 알프스 산악지대와 아펜니니(Appennini) 산맥을 따라 움브리아 주까지 이와 같은 해방공화국들이 설립되었다.

1945년 4월 유격대의 총공격으로 북부 이탈리아의 나치즘과 파시즘의 지배는 막을 내렸다. 무솔리니 역시 살로 공화국을 버리고 도주를 시도했다. 독일에 망명하기 위해 몇몇 측근들과 코모(Como) 호수의 별장에서 은둔하고 있던 무솔리니는 측근에게 암살당하였다. 무솔리니의 사체는 밀라노의 한 광장에 매달린 채로 일반인들에게 공개되는 치욕을 당하면서 이탈리아 파시즘 체제도 막을 내렸다.

제12장
제2차 세계대전과 이탈리아 공화국의 출범

ITALY

제2차 세계대전과 이탈리아

　전체주의 체제의 비효율성과 식민지 전쟁에 뛰어들면서 파시즘은 몰락의 길을 걷게 되었다. 1935년 10월에 실행된 에티오피아 침략은 바로 이러한 몰락의 출발이었다. 유럽과 미국은 이를 항의하는 뜻에서 제재조치를 취하였지만, 석유를 비롯한 주요 산물을 제외한 금수조치란 항의 이외의 실질적 효과를 발생시키지 못했다. 이에 따라 이탈리아는 항의하는 국제여론과 국제연맹에 대항하기 위하여 독일과의 접근이 불가피하게 되었다.

　더군다나 이듬해인 1936년 스페인 내전 개입은 두 나라 간의 관계를 급속하게 밀착시켰으며, 히틀러와 공동전선을 구축하기에 이르렀다. 이어 1937년 국제 연맹을 탈퇴하고, 1939년에는 로마와 베를린을 축으로 하는 '강철동맹'을 맺기에 이르렀다. 다시 1940년 6월 제2차 대전에 참전하였으나, 10월에 시작된 그리스 침공이 패배로 돌아가면서 나치즘 정권인 독일에 보다 종속되었다.

　이후 연합군과의 전선에서 잇따른 패배로 1943년 7월에는 군부 쿠데타가 발생하는 지경까지 이르렀다. 이때 실각한 무솔리니는 한때 그란 사소(Gran Sasso)의 산중에 구금되기도 했지만, 9월 독일군에게 구출되었다. 남부를 탈출한 무솔리니는 독일군의 지원을 얻고, 나치즘의 꼭두각시 정권으로 전락한 살로라는 이탈리아 사회주의공화국을 수립하였다. 이 시기 이후 남부의 연합군 군정과 북부의 무솔리니 살로 공화국과의 대치 상태가 지속되었다. 살로 공화국 내부는 살로 공화국과 나치에 대항하는 레지스탕스 운동이 치열하게 전개되었다.

제2차 세계대전의 주전장인 유럽 각지에서도 연합국의 우세가 나타났고, 아프리카 전선에서 연합국이 결정적인 승기를 잡으면서 전쟁의 종결이 다가오고 있었다. 에밀리아 로마냐 지방에서의 전투에서도 연합군이 우세를 이어가고, 결정적으로 무솔리니가 도피 중 사망하면서 이탈리아는 항복과 해방을 함께 맞이하게 되었다.

북부의 살로 공화국은 레지스탕스라고 하는 저항부대가 해방시켰지만, 남부를 비롯한 이탈리아 중부지방은 연합국에 의해 해방을 맞이하는 독특한 구조가 만들어졌다. 이는 향후 이탈리아의 정치제제와 구조를 복잡하게 하는 원인으로 작동하였으며, 제2차 세계대전의 종전이 새로운 이탈리아의 출범에 여러 문제점을 다시 한 번 던져주었다.

해방의 이중적인 의미, 미군 중심의 연합군의 존재, 남부와 북부 간의 종전을 보는 시각의 차이, 파시즘 체제의 완벽한 청산의 어려움, 가톨릭의 정당세력화, 파시즘에 협력했던 동조세력의 미청산 문제, 이탈리아 공산당의 강력한 지지 등 숱한 문제들이 표면에 떠오르는 데 그리 오랜 시간이 걸리지 않았다.

결국 이탈리아는 준비되지 않은 전쟁에 참여하면서 예견된 실패를 겪었다. 1870년 로마를 프랑스로부터 돌려받은 뒤 통일된 국가를 산업화와 민주주의의 체제의 정착을 위한 노력이 아닌 파시즘 체제의 대가를 혹독하게 받아들여야 했다. 통일된 이탈리아가 아닌 분열과 후진적인 국가와 사회 질서를 갖게 된 것은 제1공화국의 출발이 기형적인 형태를 갖게 하는 원인이 되었다.

종전과 이탈리아의 정치적 상황

　제2차 세계대전의 종전은 적어도 이탈리아 반도에서만큼은 지루할 정도로 오랫동안 지속되었다. 미국을 주축으로 하는 연합군이 이탈리아 반도에 상륙한 이후 3년여에 걸친 내부의 분열과 내전은 이탈리아의 미래를 결정하는 데 너무나 많은 문제를 발생시켰다. 가장 커다란 문제는 북부의 살로 공화국을 멸망시켰던 파르티잔 세력이었다. 이탈리아 파르티잔을 이끌었던 지도부가 대부분 사회주의와 공산주의 계열의 정치가들과 노동자들이었지만, 더욱 중요한 사실은 거의 모든 계층의 국민들이 파르티잔 세력에 참여하고 있었다는 점이다.

　서로 다른 계급 구성과 이데올로기를 갖고 있었지만, 파르티잔의 뛰어난 전술과 게릴라전의 성과는 이탈리아 해방을 앞당기는 데 적지 않은 영향을 미쳤다. 또한 파르티잔 세력들과는 별도로 반파시스트 정당들은 1944년 9월 28일과 29일 양일간 바리(Bari)에서 반파시스트정당 전국대회를 개최하여 종전 이후 이탈리아 정수 수립에 대한 논의를 요청하기도 하였다. 남부의 이탈리아 왕국의 입장 역시 이탈리아 해방 이후의 정치 상황에서 무시할 수 없는 상황이었다.

그러나 미국이 주도하는 연합군은 이들 모두에게 일정한 역할 이상의 군사적·정치적 영향력이 이탈리아에서 행사되는 것을 원치 않았다. 이는 종전 이후의 복잡해질 정치적 상황을 미리 고려한 조치였기 때문에 실제로 연합군과 파르티잔 사이에는 일종의 비밀협약이 맺어질 수밖에 없는 상황이었다. 실제로 1944년 12월 7일 전국해방위원회(CLN) 소속 네 명의 위임대표와 당시 연합국 측의 장교 매틀랜드 윌슨(Maitland Wilson)이 로마에서 서명한 합의서는 네 가지의 명확한 내용을 담고 있다.

첫째, CLN의 군사지휘권은 이탈리아 정규군의 지휘에 따르도록 규정하였다. 둘째, 독일군과 살로 공화국 시기 모든 행동 지침은 연합군의 상위 지휘에 귀속시킨다. 셋째, 해방위원회 소속 부대는 연합군의 지휘에 따른다. 넷째, CLN은 적이 후퇴한 뒤 해당 지역의 질서를 유지하고 경제적 자원을 보호하며, 연합군 정부에게 이양할 때까지 기다린다. 합의서 내용은 파르티잔의 군사적 협력과 공헌은 인정하지만 궁극적으로 모든 결정과 지휘는 연합군에게 귀속시키겠다는 의미로 해석할 수 있는 것이다.

실제로 독일군이 모두 물러난 뒤, 거의 모든 파르티잔 부대가 스스로 해체하고, 연합군에게 무기와 군사장비들을 순순히 이양했다. 그러나 이와 같은 진행은 종전 후 이탈리아 해방과 함께 새로운 정부 구성이 이탈리아만의 독자적인 힘과 해방 주체들 간의 연합을 통해 구성된다는 전제였다. 그럼에도 해방 시기의 정치적 상황은 파르티잔이나 이탈리아 왕국이 원하는 쪽으로만 흘러가지 않았다.

1945년 4월 이탈리아 전역이 해방을 맞이하면서 북부 도시들의 행정권도 전국해방위원회로 이양되었다. 이 시기 전국해방위원회 내부에 참여하고 있던 정당들은 모두 다섯 개였다. 자유당(il partito liberale), 기민당(il partito democristiano), 행동당(il partito d'azione), 사회당(il partito sociale) 그리고 공산당(il partito comunista)이었다. 초기의 이들 다섯 개 정당들 간의 힘의 역학관계는 비교적 동등했다. 그러나 이들 정당들이 정치적 영향력이나 지분까지 공유할 수 있으리라 생각했던 것은 오판이었다. 해방 이후 지명된 밀라노의 행정수반은 행동당 소속의 사회주의자였다. 토리노의 경우에도 행정수반은 사회당 소속이었지만 시장은 공산당 출신이었다. 그러나 실제 시민들을 통제하고 영향력을 비친 세력은 연합군의 군사행정위였다.

더군다나 더 큰 문제는 남부의 대부분 국민들은 북부 파르티잔 활동이나 해방위원회와 같은 기구에 대해 전혀 알고 있는 바가 없다는 점이었다. 따라서 이들의 정치적 대표성이나 유효성 문제는 정부 수립에 있어 가장 큰 문제의 하나였다. 이와 같은 현상을 가져오게 된 데에는 몇 가지 원인들이 복합적으로 작용한 결과로 볼 수 있는데, 가장 커다란 요인을 다음 세 가지 정도로 정리할 수 있다.

하나는 파시즘의 잔재로 1922년 파시즘 통치 이후 전국적으로 퍼져 있던 권위주의적이고 보수적인 행정 관료와 지방 정치세력의 그늘이었다. 둘째는 1929년 라테란 협약 이후 다시 한번 막강한 영향력을 갖기 시작한 교황과 교황청이었다. 마지막으로는 미국을 비롯한 연합국의 보이지 않는 영향력과 개입이었다.

1945년 종전 이후 영국은 미국의 예상과 기대와는 달리 처칠의 보수당이 노동당에게 정권을 내어주었다. 프랑스 역시 레지스탕스의 주역이었던 사회당과 공산당의 지지율이 50%를 넘기면서 동유럽뿐만 아니라 서유럽의 주요 국가들의 합법적인 좌파정부 성립 가능성에 미국은 상당히 당황하였다. 더욱이 지중해와 유럽 안보의 요충지였던 이탈리아의 좌파정부 성립 가능성을 그대로 보고 둘 수 있는 상황이 아니었다. 결국 이러한 요인들이 복합적으로 작용하여 이탈리아 정부 수립에 큰 영향을 미치게 된다.

두 개의 이탈리아를 둘러싼
갈등과 대립

　이탈리아가 전쟁에서 벗어난 뒤 정부수립을 추진했던 과정 중에서 첫 번째 단계는 어떤 정부를 수립할 것인가의 문제였다. 이를 위해 선택한 방법이 국민투표였다. 국민투표의 결과는 여전히 논란의 여지가 있었다. 이유는 투표 자체의 유효성 문제인데, 과연 전체 유권자의 50%가 넘는 유효 투표가 진행되었는 가의 문제이다. 약 200만 표 차이(공화국 지지투표수: 12,717,000표와 군주국 지지투표수: 10,719,000표)로 공화국 지지자들이 승리를 거두었다. 당시 백지표와 무효표를 합해 투표율이 과반을 넘었다고 주장하지만, 당시 여건 상 전체 유효 유권자의 수를 산정하는 것은 거의 불가능에 가까웠다. 선거유효를 둘러싼 논쟁은 내전 발발의 위험성까지 안고 있었다.

　공화국 지지자들(주로 북부의 유권자들: 쿠네오Cuneo와 파도바Padova를 제외한 지역의 유권자 대부분)과 군주국 지지자들(주로 남부의 유권자들: 라티나Latina와 트라파니Trapani를 제외한 지역의 유권자 대부분) 간 내전 발발의 위험성이 있었다. 특히 파도바 주민들은 이 문제를 공식적으로 제기하면서 공론화시켰다. 이에 군주국 지지자들은 유효 과반수 유권자 산정을 위한 정밀한 검토가 이루어져야 하며, 이 검토가 끝나기 전까지는 공식적인 공화국 선포는 연기되어야

데 가스페리

한다고 주장했다. 이렇게 공화국 선포는 미루어졌고, 선거일 이후 10일이나 지난 1946년 6월 12일에 그 결과가 발표되었다.

그런데 문제는 이날의 발표가 있기까지 나폴리에서 발생한 시위 사태였다. 4월 12일 아침 나폴리에서는 일단의 군주국 지지자들이 이탈리아공산당 연맹본부를 습격하면서 경찰과 충돌한 사건이 발생했다. 경찰이 개입했음에도 11명이 사망하고 수십 명이 부상을 입은 이날의 유혈 충돌은 내전의 위험성을 알리는 전조나 마찬가지였다. 표면적으로는 우익의 극단주의자들과 공산당 연맹 간의 충돌 형태를 띠었지만, 결국 군주국 지지자들과 공화국 지지자들 간의 내전으로 비화할 수 있는 위험성을 내포한 사건이었다.

이날의 나폴리 소요 사태는 국민투표와 함께 치러진 제헌의회 선거에서 다수당이 된 기민당의 데 가스페리(De Gasperi)의 선택을 앞당기게 했다. 더 이상 공화국 선포를 미루다가는 자칫 전국이 내전으로 휘말릴 수 있었다. 기민당의 입장에서는 내전의 위험을 없애고, 보다 안정적인 정국으로 이끌기 위한 해결책은 공화국 선포라고 보았다. 소요 사태가 있던 날 저녁 일군의 정치가들과 데 가스페리는 공화국 선포가 시급함을 깨닫고, 며칠의 논의 끝에 약 200만 표 차이로 이탈리아 공화국이 선포되었음을 알렸다(1946년 6월 18일).

투표 결과를 이미 알고 있었던 움베르토(Umberto) 국왕은 군주국이 될 수도 있다는 희망을 접은 채, 공화국 선포 다음 날인 13일 가족과 함께 포르투갈로 망명했다. 그는 투표 결과를 데 가스페리에게 전해 들은 뒤 곧바로 떠나려 했지만, 공화국 선포가 연기되자 일말의 희망을 가지고 사태의 결말을 지켜보았다. 물론 이러한 사태에 불복하고 군주정 지지자들을 규합하여 재선거나 새로운 수상의 임명이라는 방법을 선택할 수도 있었다. 그러나 이탈리아 왕가는 파시즘 체제의 협력자라는 중죄가 있었다. 움베르토 국왕은 이에 대해 속죄하고, 또다시 이탈리아를 분열과 갈등 상황으로 빠뜨리지 않으려는 개인적 결단이 더해져 외국 망명을 선택했다.

움베르토 국왕

이탈리아 공화국의 탄생

1946년 6월 12일 이탈리아 공화국의 선포는 이전까지 논쟁적이던 국가 정체성 문제와 함께 이탈리아 공화국의 새 출발을 의미하였다. 이에 따른 정치적 의미들이 새롭게 해석되는 출발점이 되었다. '군주국 선택의 패배'는 여러 가지의 정치적 의미를 수반하게 되었다.

첫 번째의 의미는 정치적으로 국왕인 움베르토가 아닌 데 가스페리라는 정치가를 선택한 것이다. 이 선택에 의해 북부 이탈리아의 주도권을 쥐고 있던 CLN의 입지는 상당히 약화되었다. 이는 법적인 정당성을 인정받았던 CLN의 가톨릭 정치세력 부상에 따른 세력약화였다. 특히 당대 교황 피오 12세의 영향 아래 창당된 기민당이 제헌의회의 제1당을 차지하였다는 사실과 데 가스페리가 정부 수반으로 지명되었다는 사실로 인해 발생한 결과였다.

이러한 상황은 북부의 공화국 지지자들의 정치적 입장을 이해할 필요가 있다. 북부 공산당과 사회당을 중심으로 하는 급진적 성향의 공화국 지지자들은 공화국이라는 당면 목표를 달성하자 자신들의 정치적 입장이 보상받았다고 생각하였다. 이는 마치니 이후 오랫동안 이탈리아에 퍼져 있던 가톨릭 공화국 실현의 의미도 가지고 있었다. 결국 이들 공화국 지지자들은 기민당이 주도하는 공화국 수립 정국을 용인했고, 공산당과 사회당이 정치권력을 잡는 수준까지 용인하지는 않았다.

당시의 상황과 입장은 사회당의 당수였던 넨니(Nenni)의 회고록에도 그대로 드러나 있다. 넨니는 움베르토 국왕이 망명을 떠난 뒤에 이탈리아 상황을 평온한 세상으로 묘사했다. 이는 데 가스페리 치하의 이탈리아가 정치적 안정을 되찾고 있다는 의미로 해석할 수 있는 것이었다. 결국 이러한 보상심리는 급진적 정부의 필요성을 반감시켰다. 또한 당대의 시급한 여러 사회문제를 미국을 비롯한 연합국의 국제정세와 연결시켰으며, 보다 중도적 입장을 갖게 하는 요인이 되었다.

이러한 상황에서 전후 공화국 수립 과정에서 CLN의 정치적 영향력은 급속히 감퇴하였다. 더군다나 다양한 정당들이 소속해 있던 단체라는 점에서 투표 결과에 따른 이합집산이 일어났다. 이러한 결과는 공화국 선택을 이루었던 국민투표와 함께 치러진 제헌의회의 구성 정당의 득표율을 보면 확연히 드러난다.

총 556석의 제헌의회 의원을 선출하는 선거에서 기민당은 35.2%를 득표하여 207석을 얻었다. 이탈리아사회당은 20.7%를 획득하여 115석을 차지하였고, 이탈리아공산당은 19%를 획득하여 104석을 획득하였다. 레지스탕스의 주축이었던 이탈리아사회당과 이탈리아공산당이 과반을 획득하지 못하는 결과였다. 오히려 세력이 약했던 기민당이 두 당의 득표율(39.7%)과 거의 동등한 득표율(35.2%)을 획득함으로써 이탈리아 정치의 흐름을 일순간에 바꾸어놓았다. 여기에는 여러 상황들이 복잡하게 얽혀서 작용한 결과이기는 했지만, 공화국 이탈리아의 출발에 그다지 긍정적인 신호는 아니었다. 결국 반파시즘 투쟁을 전개하던 정당들이 정치적 주도권을 잡지 못함으로써 청산되지 않는 역사와 미완성의 역사를 그대로 떠안고 가야 하는 상황이 되었다.

두 번째의 정치적 의미는 군주국의 지지지역과 공화국 지지지역의 확연한 구분으로 인해 이전에 간간이 표출되던 지역문제가 명확하게 드러났다는 사실이다. 남부문제라는 이탈리아 지역문제의 실체가 확인됨으로써 지역 간의 대립과 반목 해소가 해결이 필요한 사회문제로 등장했다. 남부를 중심으로 한 군주국 지지자들은 자신들의 선택에 대한 실패를 정당에 대한 지지로 표현했다. 특히 보수적이고 종교적 성격을 갖는 기민당과 이와 유사한 성격의 보수 정당들이 정치적으로 우위를 점할 수 있게 되었다.

더구나 이 문제는 시급한 경제원조 문제와 연결되면서 미국의 입장을 대변하고 미국과 원활한 관계를 유지할 수 있는 정당을 선택하려는 유권자가 늘어났다. 이는 미국이 지지를 표명했던 기민당이 짧은 기간에 국민적 지지를 얻을 수 있었던 가에 대한 대답이었다. 실제로 미국은 이러한 자신의 입장을 이탈리아의 내부적 정치 상황과 신속하게 연결하는 민첩성을 보였다. 이런 연유로 인해 북부의 사회주의 정당 계열의 지지도는 급속하게 바뀌어 미국과 미국이 표방하고 있는 자유민주주의 정치 이념을 표방하는 정당들이 급속하게 세력을 얻게 되었다. 결국 이러한 이념적 회귀는 다시 한번 전체주의를 표방하는 파시즘 잔당 성격의 정당이 출현할 수 있는 정치적 토대가 되었다.

세 번째 정치적 의의는 군주국의 실패는 곧바로 세속적인 군주로 대표되는 정치세력의 약화로 이어졌고, 이를 대신할 세력의 부상을 용이하게 하였다. 특히 남부에서는 절대적 왕권 또는 봉건적 정치권력의 상징이었던 왕이 사라진 자리에 교황이라는 종교권력이 재빨리 자리 잡을 수 있는 여건이 조성되었다. 파시즘 지배기에 협상을 통해 어느 정도 세속적 위치를 회복한 교황청은 왕이라는 존재가 사라지자마자 정치적인 세속적 권위를 거의 통일 전의 수준으로 회복하게 된 것이다. 더욱이 교황의 영향을 직접 받는 정당의 설립은 단시간에 정치권 권력까지 거머쥘 수 있는 여건이 조성되었다. 기민당이야말로 이러한 교황과 가톨릭의 의도와 목표에 부합하는 정당이었다.

이러한 요인들이 복합적으로 작용하여 기민당은 단기간에 이탈리아 정치세력을 대표하는 주요 정당이 되었고, 향후 이탈리아의 정치적 지형을 결정하는 가장 중요한 변수가 되었다. 전후 50여 년 넘게 이탈리아 정치의 핵으로 등장하게 된 기민당의 등장과 성공은 단순히 정당의 유형이나 정책으로 설명하기에는 어렵다. 이는 파시즘 체제와 제2차 세계대전 발발국이라는 이

탈리아에게 면죄부를 부여하고, 잘못된 역사 청산을 불가능하게 하는 요인
으로 작동되는 계기였다.

청산되지 않은 과거와
해결되지 않은 문제들

　한국에서 낯설지 않은 정치적 용어 중의 하나가 북풍(北風)이니 동풍(東風)
이니 하는 바람이 들어가는 단어이다. 이탈리아의 경우에도 제2차 세계대전
을 전후로 이러한 바람을 나타내는 용어들이 등장했다. 그것은 북풍(Vento del
Nord)과 서풍(Vento dell'Ovest)이라는 용어였다. 북풍은 북부 지역에서 파르티
잔 활동을 통해 정통성을 주장하고 있던 좌파계열의 정치조직들이 일으킨
정치적 방향성을 의미한다. 주로 공산당과 사회당을 중심으로 노동자 세력
들이 하나가 되어 커다란 세력을 형성한 것을 말한다.

　이들의 지도자로 가장 유명한 이는 당시 제헌의회를 통해 정부의 수반에
오르고자 했던 페루치오 파리(Ferruccio Parri)였다. 그는 원래 유격대 출신으
로 행동당 지도자의 한 사람이었다. 반파시즘 운동의 지도자로서 분명한 정
치적 색깔을 갖고 있던 이로 자신의 정치적 정통성을 통해 국가의 지도자가
되고자 했다. 제헌 의회가 성립될 당시에는 북부지역에서 이와 같은 공산당
과 사회당 출신의 반파시즘 운동가들이 정치적 주도권을 쥐고 있었다. 이 때
문에 서구 유럽에서는 처음으로 공산주의 정권의 성립 가능성을 우려하기도
했다.

그러나 이와 같은 우려는 말 그대로 기우에 지나지 않았다. 전쟁 직후라는 사회적 상황상 정치적 혼란스러움은 어쩌면 당연한 현상이었다. 이탈리아는 좌우의 대립과 공화국 지지자들과 군주국 지지자들 간의 반목, 거기에다 남부와 북부라는 지리적 갈등구조, 공산주의와 반공주의와의 대결구조 등이 얽히면서 더욱 혼란했다. 미국이나 영국 등 서방국가의 원조가 절실했던 이탈리아에게 다소 혼란스러운 당시

페루치오 파리

사회상은 해결해야 할 사회문제이자 이탈리아의 독자적 위상정립에 커다란 방해 요인이었다.

특히 미국의 입장은 단호했다. 1946년 초까지 북부를 중심으로 군정을 실시했던 미국의 입장에서 보면 공산당과 사회당 세력의 강력함에 놀라고 있었다. 행여나 이들에 의해 정치적 주도권이 넘어가는 것은 아닌지 우려하고 있었다. 더욱이 파시즘 잔재와 부역자들을 색출하는 과정에서 혼란스러운 모습을 지켜보던 미국의 입장은 이들 좌파세력에 우호적이지 않았다. 미국의 입장에서 보면 이러한 좌파 세력을 차단하고 정치적 우호세력의 성장을 도울 필요가 있었다. 미국이 선택한 수단은 경제지원과 전후복구에 필요한 재정 조달 방식이었다.

당시 이탈리아 중앙은행과 아메리카 은행의 총재였던 아마데오 지안니니(Amadeo Giannini)는 이탈리아 내부의 질서가 정리될 때까지 미국과 서방의 금융과 자본은 움직이지 않을 것이라 주장했다. 이와 같은 상황에서 미국의 지원과 교황청의 지지를 얻고 있던 기민당은 재빠르게 당세를 확장했다. 종교적 색채가 명확했던 당의 정체성을 대중정당을 표방하고, 반공주의 성향의

미국이나 서방 세계와의 유대 강화의 노선으로 정립하였다. 서풍이라는 용어는 이렇게 하여 등장했다. 북부의 친공산주의적 성향에 대항하여 미국과 영국과 같은 서방 국가들 쪽에서 오는 정치적 영향력을 빗댄 것이었다. 전후 이탈리아의 친미국적이고 친영국적 경향을 일컫는 말로 사용되기도 했다. 이러한 변화의 정점에는 데 가스페리가 있었다.

그는 상황을 잘 읽는 정치가였다. 이러한 상황에서 그는 재빠르게 당의 모습을 바꾸었다. 종교적 색채에서 탈피하고 친서방적 입장을 공고히 했다. 또한 행정 권력을 장악하고, 기존의 재산권을 인정하는 등 미국과 서방국가들이 요구하는 '집안 정리'에 공을 들였다. 또한 제헌의회에서 대통령을 선출했다. 이 과정에서 데 가스페리는 남부의 지지를 이끌어낼 수 있는 인물인 오를란도(Orlando)를 원했지만 다른 정치세력들이 오를란도를 탐탁지 않게 여겼다. 오를란도를 좌파 정당들이 반대했으며, 당시 명망이 높았던 자유주의자 크로체는 사회당 지지 상황이어서 크로체를 대통령으로 추천하지 못했다. 결국 이탈리아 공산당의 당수였던 톨리아티와 합의하여 남부에서 지지도를 일정 부문 갖고 있던 데 니콜라(De Nicola)를 추대하여 초대 공화국 대통령으로 선출했다.

이렇게 하여 이탈리아의 정체성은 반파시즘 운동을 주도했던 세력들이 아닌 기존의 자유주의자들과 가톨릭 세력, 그리고 친미 성향의 보수주의자들이 결합한 연합세력에 의해 결정되었다. 민주주의 혁명은 미완으로 남게 되었고, 파시즘에 협력했던 기회주의적이고 전체주의 성향의 지식인들은 여전히 이탈리아 공화국의 지배세력이 되었다. 불완전한 통일과 남과 북이라는 지역문제를 떨쳐버리고 새로운 출발에서 다시 한번 청산되지 않은 과거를 안고 굴절된 역사 속으로 뛰어들게 되었다.

제13장
경제성장과
혼란한 사회

ITALY

경제성장과 로마올림픽

이탈리아 공화국의 출발은 그리 좋지 않았다. 내전의 위험은 차치하고라도 높은 인플레와 실질임금의 하락은 높은 실업률을 가져왔다. 국민들의 실질임금을 보장하기 위해 국가가 할 수 있었던 것은 미군을 비롯한 서방국가의 경제원조였다. 노동자들은 자신들의 권리 보호와 실질임금 보장을 위한 노력을 경영평의회(Consigli di Gestione)에서 찾았다. 이 기구는 1945년 국가해방위원회의 행정명령에 따라 경영자와 노동자가 동수로 참가하는 노사합동 공장경영위원회로 성격이 바뀐다. 이 위원회는 반파시즘 운동을 통해 경영권 참여를 획득한 노동자들이 기업 내부의 발전계획이나 노동자들의 임금과 복지까지 관여할 수 있었던 제도적 장치였다.

그런데 이 경영평의회의 역할과 위상을 두고 3당(공산당, 사회당, 기민당)이 대립하게 되었다. 경영평의회는 각 당의 이해관계가 얽히면서 서서히 본래의 기능을 상실하게 되었고, 1950년대에는 이름뿐인 기구로 전락하였다. 그러나 노동자들에게 임금인상률을 물가와 연동해서 보장하는 연동임금제(Scale Mobile)를 시행하는 데 성공하게 된다. 연동 임금제는 높은 인플레와 실질임금의 하락을 보전하기 위하여 1947년 입법화됨으로써 1950년대의 경제

성장기에 노동자들의 소득 증대에 커다란 기여를 했다.

그러나 무엇보다 급한 것은 전쟁의 상처를 치유하고, 경제성장의 기반을 마련하는 일이었다. 미국은 이탈리아의 이런 경제상태를 충분히 활용하여 좌파 정당이 선거에서 승리하지 못하도록 하였다. 그 첫 번째 가시적인 시도는 1948년 총선을 앞두고 1억 7,600만 달러의 경제원조를 약속했다. 이는 총선에서 합법적인 좌파정부의 등장을 원하지 않았던 미국의 고도의 전략이었고, 이 원조는 이후 마샬플랜이라는 명목으로 진행되었다.

1948년 총선에서 기민당이 교황청의 적극적인 지지와 미국의 개입 등의 요인으로 승리하였다. 그러나 문제가 모두 해결된 것은 아니었다. 가장 시급한 문제는 남부의 농촌에서 발발했다. 농민들의 소요에 놀란 기민당 정부는 농지를 개혁하고 농업생산성 향상을 위한 정책을 입안하여 실행했다.

1950년 의회를 통과한 스트랄치오(Stralcio) 법안과 두 개의 다른 개혁 법안들의 내용은 획기적인 것이었다. 대농장으로 구획된 일군의 토지들을 몰수하여 농민들에게 재분배하는 내용을 담고 있었다. 이는 거의 농지혁명에 달하는 수준으로 약 12만 가구에 달하는 농민들이 혜택을 받았다. 특히 남부에 집중되어 있던 빈농들이 자활과 독립적인 생계유지를 하는데 이러한 개혁입법들은 도움이 되었다.

1950년대는 농업개혁과 함께 새로운 성장 동력을 만들기 위해 노력하였다. 흔히 '경제기적'으로 일컬어지는 급속한 산업구조의 개편과 발전은 이 시기 집중적으로 이루어졌다. 이탈리아 정부 및 기업은 1950~60년대의 '경제기적'으로 요약되는 기존 산업구조의 근본적인 변혁을 일으켰다. 이는 공산품 및 서비스 사업 규모를 늘림으로써 여러 관련분야의 경제적 비중을 변화시켜 경제 체제의 획기적인 전환을 가져왔다.

이탈리아 농업분야는 비록 제2차 세계대전 이후까지도 다른 산업분야에 비하여 최다 종사자를 보유하였음에도 불구하고 국내총생산 비중은 점차 줄어들기 시작했다. 반면 산업 및 서비스부분은 노동력 점유부분 및 국가 총생산량 비중이 높아지면서 그 중요성이 강조되기 시작하였다. 이러한 근본적인 산업구조 개혁은 산업 생산력 증진을 통하여 국민 1인당 소득수준을 향

로마 올림픽의 엠블럼

상시켰으며 일반적인 경제발전 과정의 결정요소로 받아지게 되었다.

한편 2차 산업분야는 다양한 제조산업부문 비중의 재조정을 통하여 현대적인 산업구조로 변모하게 된다. 이는 기계 금속 산업 및 화학 산업의 비중을 높이는 동시에 직물 및 식품 산업 등의 전통적인 산업부문의 규모를 재조정함으로써 일반적으로 선진국에서 보이는 산업구조 변화와 일치하는 것이었다.

이러한 상황에서 1960년 로마에서 개최된 올림픽은 커다란 기여를 했다. 당시 이탈리아 정부는 올림픽을 계기로 전 세계에 이탈리아만의 독특한 문화와 산업을 알리고자 다양한 홍보 정책과 사업을 시행하였다. 바로 그러한 정책과 사업 중의 하나가 패션산업에 대한 홍보였다. 창조적이고 우수한 디자인을 바탕으로 실용적이고 독창적인 제품들을 올림픽기간 중에 적극 홍보함으로써 국가의 기간산업으로의 육성에 전력을 다했다. 이렇게 하여 이탈리아 패션산업은 국제 시장에 Made in Italy를 알리기 시작했다. 서구의 다른 선진국들에 비하여 진정한 의미의 산업 혁명을 거치지 못했으며, 이탈리아는 서구의 패션사업 분야에서 이탈리아가 오랜 전통을 갖고 있었다 할지라도 주변국인 프랑스나 오스트리아 등의 하청 국가로서의 역할밖에는 하지 못했지만, 올림픽을 계기로 독자적인 국가의 기반 산업으로의 틀을 구축하였던 것이다.

이탈리아 산업들은 주로 디자인과 관련된 산업이 발달하였는데, 바로 패션산업 분야가 이러한 분야의 대표적 업이었다. 창조적이고 독창적 디자인과 결합하여 실용적이면서 고품질의 제품들을 단기간 안에 생산할 수 있었다. 더군다나 제2차 세계대전의 패전국이라는 상황과 천연 자원이 거의 없는 열악한 경제 조건 속에서도 급격한 경제적 발전을 이룩할 수 있었던 것도 이탈리아만의 장점들을 산업적으로 적용시켜 계발할 수 있었던 능력 때문이었다.

더군다나 1957년 유럽공동체 창립회원국이 됨으로써 이탈리아는 경제선진국 반열에 올라서게 되었다. 1950년대 초까지만 해도 이탈리아는 산업적으로 다른 유럽의 하청국가였다. 종속적인 경제구조를 갖고 있던 이탈리아에게 유럽공동체 가입 문제는 뜨거운 감자였다. 당시의 산업자본가들과 정치가들 사이에는 유럽공동체 가입 문제를 두고 많은 이견과 논란이 있었다. 이는 이탈리아의 산업적 여건에서 가입 후에도 독자적인 산업경쟁력을 유지할 수 있을 것인가에 대한 염려 때문이었다. 그러나 우려했던 경제종속 심화나 경쟁력 저하는 나타나지 않았고, 오히려 세계의 수요로부터 발생하는 경제이윤을 얻을 수 있는 위치에 이르렀다.

1950년대 중반과 1960년대를 거치면서 국가적 차원에서 국책 사업의 집중 육성이라는 형태와 기존의 소규모 단위 위주의 동종 기업의 육성 정책이 지역에 따라 업종 별로 개발하는 지역화 정책으로 자연스럽게 이어졌다. 이탈리아의 차별적인 집중전략과 지역화 전략은 이탈리아 발전의 원동력을 제공했다. 거대한 국책 사업에 대해서는 경제발전 분야로서의 내부적 경제 조건들을 고려한 전략을 수립하였다. 이러한 전략은 수직적 통합 과정, 생산품의 차별화 전략, 다변화 정책 그리고 통상 정책으로의 변환이라는 세부적 정책들을 통해 수행하게 되었다. 이에 반해 중·소규모의 기업들에 적합한 하위 개념적인 사업에 대해서는 외부적 경제 조건에 기반하여 전략을 수립하였다.

이와 같은 경제적 발전 이면에는 몇 가지 요인들이 자리하고 있었다. 첫 번째는 국가의 계획경제체제가 어느 정도 효력을 발휘하였으며, 두 번째는 석탄을 대체하는 석유나 가스와 같은 새로운 에너지원이 이탈리아에서 발견되어 생산되었고, 세 번째는 남부로부터 유입된 값싼 노동력을 바탕으로 제품 경쟁력을 잃지 않을 수 있었다. 이 시기 경제발전 양상의 일반적 특징은 다음과 같다. 40% 비중을 차지하고 있는 농업과 여전히 전근대적 형태로 운영되는 제조업을 기반으로 자동차, 철강, 화학 분야 등의 중공업이 지역적으로 분화되어 발전하였다. 외형적으로도 비교적 높은 경제성장률을 보이게 되며, 산업구조 전반에 걸친 조정으로 이어졌다.

68운동과 이탈리아의 사회개혁

1960년대 초반까지의 비약적인 경제성장은 이탈리아 사회의 물질적 풍요와 가치의 다양화를 가져왔다. 동전의 앞뒤와 같은 새로운 현실은 기성세대뿐만이 아니라 젊은 세대에게도 가치관의 혼란을 가져왔다. 흔히 68운동으로 불리던 세계적 현상은 이탈리아에서도 예외가 아니었다.

현대 국가라고 하지만 1960년대까지 이탈리아에는 매우 보수적이고 전통적인 봉건성이 남부를 비롯한 지역 곳곳에 남아 있었다. 가톨릭 전통과 농업사회 특유의 보수적 사고가 사회의 전반적 기조였다. 그러나 이와 같은 전통적이고 보수적인 사회 분위기가 가정과 학교, 교회와 일터 등에서 68운동의 세찬 파고에 제대로 저항 한 번 해보지 못하고 무너져버렸다. 변화의 흐름 가운데서도 '4P'로 지칭되던 상징적 부분에서 그 변화와 갈등의 폭은 컸다. Padre(파드레, 아버지), Prete(프레테, 신부), Partito(파르티토, 정당), Padrone(파드로네, 주인)의 첫 글자를 딴 '4P'는 당시 사회와 정치 변화의 흐름과 대상이 어떠했던가를 분명하게 보여준다.

이탈리아의 경우 '68운동의 시점을 어디에서부터 잡을 것이냐'는 문제는 관점에 따라 상당히 다를 수도 있다. 당시 전 세계의 일반적 흐름이 사상적으로 사회주의와 네오마르크시즘에 대한 부활과 함께 사회를 바꾸고자 하는 혁명에 대한 열망 등이 어우러졌다. 문화적으로는 '비틀즈'에 열광하였고, 사회적으로 베트남전에 대한 반대와 히피족의 등장이라는 현상을 어느 정도 공유하고 있었다. 이탈리아에서는 앞서 언급한 외부적 현상들 외에도 국내에서 발생한 몇몇 사건들을 상징적으로 꼽는다.

가장 먼저 이탈리아 사회를 되돌아볼 수 있는 계기가 되었던 것으로 이탈리아 현대 역사에서 가장 심각하고 커다란 피해를 주었던 1966년 11월 4일 피렌체에서 발생한 재난이었다. 이탈리아 자체가 기후적으로 강우량이 많은 지역이 아닐뿐더러 특히 피렌체는 강우로 인한 범람지역이 아니었기에 그 피해가 더욱 컸다. 피렌체에서 일어난 자연재해로는 가장 커다란 재난이었던 1966년 '아르노 강 범람'은 이탈리아 전역에 새로운 사회상 정립의 필요성을 일깨운 사건이었다. 피렌체를 비롯한 많은 토스카나의 도시들이 물에 잠기자 이탈리아 전역에서 구호의 손길이 보내졌다. 재앙과 재난에 대한 사후대책은 국가의 몫이라고만 생각하고 있던 이탈리아인들에게 국민적 구호운동은 아르노 강의 범람만큼이나 커다란 시대의 사건이었다. 그중에서도 가장 상징적이고 의미가 있었던 움직임이 '자원봉사 젊은이들'이었다. 이탈리아 전역에서 수천 명의 젊은이들이 피렌체를 향하여 모여들었다. 특히 20대 젊은이들의 대부분은 '비트(beat)'라는 모임 소속이었는데, 오늘날까지 그 전통을 이어오고 있는 '자원봉사 조직'이다. 이 모임은 인류애에 입각하여 진보적 사회운동을 지향하는 단체였다.

이후 전국 각지의 대학생들과 시민단체, 그리고 노동자들은 기존의 사회 질서와 전통에 대한 회의와 의문을 가지고 세계적으로 확산되고 있던 문화 변화의 흐름에 주도적으로 참여하였다. 자신들이 속한 사회에 대한 근본적 문제제기는 내면적 자아성찰의 기회를 부여함과 동시에 경제 성장의 이면에 가려진 부정적 사회상과 비민주성 등에 대한 각성의 기회가 되었다. 전쟁 이후 이탈리아 사회가 갖는 남부문제를 비롯한 구조적 모순과 여전히 건재하던 파시스트 잔당들, 그리고 가톨릭의 수구적 모습 등에서 새롭게 지향해야 할 사회에 대한 비판의식이 자연스럽게 불거졌다. 이 과정에서 발생한 '시파르(Sifar) 사건'은 이탈리아 사회 분석과 자아성찰의 계기를 부여했다.

'시파르 사건'이란 당시 집권세력 내 파시스트 성향의 극우파에 의한 쿠데타 음모 사건을 말한다. 이 사건은 1967년 5월 11일 두 명의 기자 스칼파리(E. Scalfari)와 얀눈치(L. Jannuzzi)에 의해 친위 쿠데타 과정에 대한 내막이 폭로되었다. 데 로렌조(De Lorenzo)라는 장군이 미국의 지원과 정부 내 무장 친위대의 지지를 바탕으로 극우파정권의 설립을 기도하였다. 당사자들을 비롯한 정권은 이를 부인하고 사건을 폭로한 두 기자는 유죄판결을 받았다. 이 사건은 당시 이탈리아 사회를 크게 흔들어놓았다. 하지만 정작 주모자로 지명된 데 로렌조 장군이나 관련 인물들은 기소조차 되지 않은 채 사건이 마무리되어 많은 의혹이 남게 되었다.

이 사건으로 이탈리아 사회는 격론에 휩싸였고, 학생들을 비롯한 젊은 층을 주축으로 사회의 부조리와 비민주성을 고발하고 바로잡으려는 시위들이 조직되었다. 이러한 활동들이 전국의 각 대학에서 벌어지기 시작하였고, 대학에 따라 그 계기와 이유는 달랐지만 변화와 변혁에 대한 열망이 그 밑바탕에 도사리고 있었다. 그중 가장 중요한 의미를 갖는 대학 주도 시위는 1968년 3월 1일 로마의 스페인 광장에서 벌어진 학생들과 경찰과의 충돌사건이었다.

대학 내부 사정으로 학교를 점거하여 시위하고 있던 라 사피엔차(La Sapienza) 대학에서 총장이 사태의 해결책으로 경찰 병력에 의한 강제해산을 선택하였다. 이를 항의하기 위해 학생들이 건축학과 본부로 평화행진을 한 것이 사태의 시발점이었다. 특히 이 사건이 갖는 상징성은 이후 발생한 점거사건들과 무력충돌의 도화선이 되었다는 점이다. 이전의 시위와 행진이 거의 평화적 수단에 의해 조직되었지만, 이 사건을 계기로 일거에 폭력 수단을 사용하는 무력시위를 불러일으켰던 것이다. 이날의 사건은 68운동 과정의 시위 중에서 가장 중요한 의미를 갖는 것으로 평가받고 있다.

학생들의 시위와 더불어 교수들이나 지식인들이 행동하는 모습도 점차 조직화되고 단체화되었다. 1960년대 가장 유명했던 마르크스주의 강의를 담당했던 루치오 콜레티(Lucio Colletti)나 《노동계급(Classe Operaia)》지를 창간하였

뜨거운 가을

던 알베르토 아소르 로자(Alberto Asor Rosa), 토리노 학생운동을 이끌면서 후일 PCI의 좌파 리더가 된 루이지 봅비오(Luigi Bobbio), 자율주의 철학을 탄생시킨 토니 네그리(Toni Negri), 1960년대 저항 영화인의 대명사였던 피에르 파올로 파졸리니(Pier Paolo Pasolini) 감독 등은 각자의 영역에서 기성의 질서에 반대하고 새로운 변화와 변혁을 지도하는 역할을 담당하였다.

그러나 무엇보다도 68운동 과정에서 가장 두드러진 변화와 열망이 소용돌이쳤던 곳은 역시 노동계였다. 1950년대와 1960년대를 거치는 경제성장의 과정에서 여전히 소외되었던 노동계는 사용자의 진정한 파트너로서, 그리고 사회변혁의 주체로서 68운동을 주도하였다. 68운동의 과정 중에서 가장 커다란 의미를 지닌 사건은 아무래도 1969년 가을에 발생한 '뜨거운 가을(Autunno caldo)'이라는 일련의 사태였다. 1969년 가을 금속노동자들의 계약갱신을 둘러싸고 벌어진 노동쟁의와 파업사태가 전국적으로 노동자 대 사용자라는 큰 틀에서 대결국면을 보였던 68운동의 귀결적 사건이었다. "우리는 모든 것을 그리고 당장 원한다"라는 모토가 말해주듯이 노동계 전반의 근본적 문제제기와 그 해결을 요구했던 커다란 사건이었다.

유혈사태 끝에 먼저 이탈리아 중소기업연합(Confapi)과의 합의가 이루어졌고, 다시 산업경영자협회와 극적인 합의에 도달하게 되었다. 합의된 주요 내용은 주당 노동시간을 40시간으로 하며, 일정 시간의 유급집회 허용 등이었

68운동의 모습

다. 4개월간의 기나긴 파업과 일련의 집회는 이탈리아 노동운동사에 중요하고 전환점이 될 만한 결과를 이끌어냈다. 이듬해 국회에서 통과된 '노동자 지위에 관한 법률'은 전 노동 분야에서 노동자들이 파업과 집회 및 노조활동의 권리를 부여한 법안으로 상당한 중요성을 갖는 것이었다. 공장 안에서 고용자와 노동자, 그리고 노동조합 사이의 관계가 재정립되었으며, 궁극적으로 사회의 수동적 계층으로 인식되던 노동자가 능동적 존재로서 사회변혁과 진보의 주요 주체로서 자리 잡았다는 사실은 68운동이 갖는 가장 큰 의미로 볼 수 있다.

이와 같이 학생과 지식인, 일반 시민, 노동자, 가톨릭교도까지 동일한 구호와 목적 아래 뭉치게 하였던 근본적인 요구는 변화를 갈망하는 힘이었다. 기성 질서를 거부하고 새로운 것에 대한 열망과 진정한 사회변혁을 원했던 모든 이들의 힘이 결집되어 하나의 사회변혁운동으로 나타난 것이 바로 68운동이라고 볼 수 있는 것이다. 68운동의 여파는 컸다. 68운동을 통하여 이탈리아 사회의 보수적 멍에들을 떨치고 새로운 진보성을 담보하는 조직적이고 변혁적인 이탈리아 시민사회의 형성이 시작되었다. 동성애, 여성해방, 반전, 히피, 환경, 전위예술 등의 새로운 사회현상들과 개념들이 사회운동의 차원에서 펼쳐지게 되었다. 조직적 활동을 주도했던 68운동의 주체세력은 학생과 노동자, 그리고 진보적 지식인들과 일반시민들이었다.

테러리즘과 혼돈의 시대

비교적 짧은 기간에 급변한 이탈리아는 사회적으로 혼란스러웠다. 1960년
대 말의 사회변혁 운동을 시작으로 1970년대를 거치면서 자유와 이념은 봉
건적이고 전통적인 이탈리아 사회를 커다란 회오리 속으로 밀어 넣었다.
1970년대의 변혁의 열망과 시도가 실패로 돌아가면서 이탈리아 사회 전반
에 대한 재검토가 요구되었다. 오랫동안 집권해온 지배계층, 특히 기민당과
관련한 정치 지도자들의 부정부패 연루 사건들이 불거지게 되었다.

당시 이탈리아는 여러 사회문제들에 직면해 있었다. '남부문제'에 대한 해
결의 끝은 보이지 않았고 더더욱 남부와 북부의 경제적 격차가 벌어졌다. 통
일 이후부터 남부문제는 지배계급의 주요 정책적 기조의 하나였다. 이의 해
결을 위해 수많은 정책들이 입안되고 실행되었지만, 근본적인 구조적 결함
을 가지고 있던 남부에 대한 정책적 해결은 이루어지지 않았다. 더구나 남부
의 산업 발전을 도모하기 위해 설립한 남부산업발전기금공사가 실패하자 남
부의 경제 예속화와 산업 불균형은 국가 경제 전반에 커다란 부담으로 남았
다.

여기에 집권 20년을 넘기면서 기민당 지도자들의 도덕적 해이와 부정부패

는 갈수록 정도를 더해 갔다. 1974년 정유회사로부터 뇌물을 받은 기민당 소속 정치가들을 시작으로 많은 정치가들의 부패 사건이 계속 이어졌다. 그와 동시에 1973년 불어 닥친 세계유류파동으로 원유의 대부분을 수입하고 있던 이탈리아 경제는 커다란 위기를 맞았다. 정부의 리라화 평가절하 정책은 악성 인플레이션을 수반하였고, 그로 인해 이탈리아 경제는 다시 한번 깊은 수렁으로 빠져들었다. 악성 인플레에 따른 경기침체, 남부정책의 실패, 사회보장비용의 증가, 증가하는 실업률, 이탈리아 전체 산업 대비 20%에 달하는 공기업들의 채산성과 부채 증가 등 여러 요인들이 정부의 공공부채 규모를 통제 불능의 수준으로 끌어올렸다.

만성적인 재정적자의 원인은 정부의 정책 운영상의 비효율성과 관련이 있지만, 보다 근본적으로는 기민당 정권의 국가지배 기조와 깊은 관계가 있었다. 정권 초기부터 보수적인 반공 이데올로기를 토대로 한 지배 기조는 공산당을 철저하게 배제하면서 단독으로 혹은 연정으로 정부를 구성해왔다. 이와 같은 정치 입장의 근본에는 각 정파의 파벌주의와 후견인주의가 자리하고 있었다.

이들 파벌과 후견인은 중앙정부뿐만 아니라 지방이나 하부조직까지 연결되어 있었는데, 이는 국가경영의 비효율성과 심각한 폐해를 초래하는 가장 커다란 원인이었다. 지역과 하부조직으로부터 국가정책의 결정권자인 상위 정치가들까지 연결된 봉건적인 혈연 및 지연 구조는 국가지출 규모의 축소나 효율적 배분과는 거리가 멀었다. 정치 지도자들 역시 자신들의 영향력 존속을 위해서는 국가 대의보다는 파벌적이고 지엽적인 문제에 더 매달렸으며, 그래서 매표나 부패 같은 악순환으로 이어지게 되었다.

이탈리아 전 지역에서 이와 같은 파벌과 후견인 제도가 성행했는데, 지리적으로나 경제적으로 낙후한 남부와 섬 지역이 훨씬 심했다. 남부가 전근대성을 벗어버리지 못하는 근본 이유가 바로 여기에 있었다. 더욱이 후견인 제도는 마피아라는 이탈리아 특유의 범죄조직과 연결되면서 그 폐해가 더욱 심각해졌다. 각종 이권과 함께 국가정책 사업에까지 손을 뻗칠 수 있었던 마피아들은 지방의 경제와 행정을 더욱 굳건하게 장악할 수 있었다. 이들 범죄조직들은 유력한 정치가들과 연결되기도 하였다. 경기가 침체되었던 1970년대 중반 마피아들은 내부의 위기 상황을 마약밀매를 통해 외부적으로 해결하고자 했다. 더욱 막대한 검은 부를 획득하게 된 마피아들은 합법 사업체를 통하여 남부와 섬들을 중심으로 확고한 영향력을 구축할 수 있었다. 이러한 결과로 1980년대 초반까지 남부와 시칠리아 등 도서 지방에서는 중앙정부가 마피아 소탕을 위해 범죄와의 전쟁을 벌이게 되었다.

이에 반해 북부와 중부 산업지대의 사정은 달랐다. 경제성장을 배경으로 분리주의 운동과 신파시스트들이 등장하게 되었고, 이는 곧 남부의 마피아 조직과 대응될 수 있을 만한 테러 형태로 표출되었다. 우익 계열의 '백색테러'를 시작으로 촉발된 테러리즘은 좌익계열의 테러로 확산되면서 1970년대 이탈리아를 테러리즘의 중심에 위치시켰다. 1976년 무렵 100여 개의 테러단체가 있었던 것으로 추정될 만큼 당시 중부와 북부의 테러리즘은 마피아와 함께 국가존립의 최대 위험물이었다. 1978년 기민당 당수로 수상을 역임했던 알도 모로를 납치하여 살해한 사건은 테러리즘의 절정이었다. 이후 정부는 마피아와 함께 테러리즘을 소탕하는 데 전력을 기울여 1982년에 들어서면서 어느 정도 소기의 성과를 거두고 국가의 통제권을 회복하였다.

역사적 타협과 제3의 이탈리아

　1970년대 발생했던 일련의 위기적 사건에도 불구하고 정치 · 경제적으로 1980년대 이탈리아 전체가 위기의 수렁에 빠지지 않을 수 있었던 것은 몇 가지 사건과 정황에 기인했다. 정치적 지형에 가장 커다란 변화를 가져온 것은 '역사적 합의(Compromesso storico)'라는 공산당의 전략 전환이었다. 1950년대 톨리아티에 의해 제안된 '사회주의에 이르는 이탈리아의 길'이라는 공산당의 기본전략은 칠레의 사회주의 정권 붕괴로 시작되었다. 당수에 당선된 베를링게르(Enrico Berlinguer)는 공산당 재건을 위해서 현실 정치에 참여해야 한다고 주장했다. 이를 위해서 집권 기민당과 제휴할 수도 있다는 제의를 하였다.

　'역사적 합의'로 명명된 공산당의 방향 전환은 정치적 무력감과 권위 회복을 바라던 기민당도 관심을 가질 만한 제안이었다. 전통 공산당 지지자에게는 당혹감을 안겨주었지만, 공산당은 새로운 지지 세력을 얻는 데 일정 정도 성공하였다. 기존 지배질서에 편승한다는 비난에도 불구하고 지방자치제도의 정비, 낙태의 합법화, 의료제도의 재정비, 방송규제의 철폐 등이 '역사적 합의'가 낳은 긍정적 결과물이었다.

베를링게르

두 번째 정황은 산업구조 전체의 변화였다. 공공기업의 재정적자가 커지고, 민간기업들도 기업의 생산성과 이익창출에서 고전을 면치 못하면서, 중북부의 중소기업들을 중심으로 새로운 경영 방식과 노조정책이 등장하였다. 가내수공업 형태에서 벗어나지 못하고 있던 이들 작은 기업들은 가족중심 경영방식을 도입하여, 다소 편법적인 운영을 통하여 기술 축적과 상품 경쟁력을 제고시켰다. 오늘날 성공 모델로 평가받고 있는 이탈리아 중소기업들의 성공은 역설적이게도 노동자들의 희생과 편법을 통해 얻어졌고, 이들의 경쟁력은 이때부터 싹트게 되었던 것이다.

세 번째 상황 전환은 1960년대 말부터 사회 전반에 불어 닥쳤던 의식개혁 운동이었다. 오랜 기존 정치체제의 개혁과 변화를 바라는 국민들에게 그 당위성과 제도개혁의 필요성을 심어주었다. 집권 여당인 기민당뿐만 아니라 야당이던 공산당에게도 실망한 국민들은 국가체계 전반에 대한 변화와 개혁을 요구했다. 이를 추진하기 위해서는 제도 개혁과 함께 인식 전환이 시급하다는 것을 깨달았다. 부패하고 낡은 정치사회를 대신할 새로운 주체는 시민과 노동자였다. 이를 토대로 시민사회와 노동권리, 그에 합당한 역량을 위한 새로운 움직임이 요구된다는 사실을 인식했다. 소비자, 여권, 성 평등, 사회보장, 주택, 환경문제, 국가권력 등과 같은 개념이 새롭게 등장하거나 재해석되었던 것도 바로 이 시기였다.

국내적으로 변화된 정치·경제적 환경은 곧이어 전개되는 세계경제의 활성화 기운을 타고 동반 상승하게 되었다. 1983년을 고비로 이탈리아 경제는 또다시 도약하게 되었다. 흔히 이 기간을 '제2의 경제기적'이라고 칭할 정도로 이탈리아의 경제는 놀라울 정도로 빠르게 도약했다. 그러나 그 이면에는 노동계급의 일방적 희생을 통한 이탈리아 자본의 성장일 뿐이라는 구조적 허약성이 존재했다. 구조조정이라는 명목으로 1980년에 들어와 피아트사를 비롯한 수많은 기업들이 노동자를 감원하였고, 노동자들의 임금은 1960년대로 하향조정 되었다. 또한 노동자 희생의 대표적 모델이었던 기계, 섬유, 가구 산업 분야의 중소기업들이 이러한 고성장을 주도했다는 사실도 장기적으로 구조적 문제가 불거질 수 있는 요인이었다.

이탈리아 중소기업형 지역개발 정책과 관련하여 세계적으로 주목받았던 사례가 제3의 이탈리아(La Terza Italia)라고 하는 것이다. 1980년대 중반 이후 지역을 거점으로 한 지역경제개발정책의 성공사례로 주목을 받았다. 이러한 성공을 경제학에서 이야기하는 산업지구론으로 설명하거나, 보다 직접적으로 이탈리아 모델로 주장하기도 한다. 또한 최근에는 신산업지구, 신산업공간, 산업클러스터, 기술지구, 지역혁신체제 등의 새로운 개념과 이론으로 설명하기도 한다.

이러한 논의들과 이론화는 무엇보다 이탈리아 산업발달 과정의 경험과 특화와 전문화 수준에서의 관련 산업 간의 연계라는 독특한 특성들의 결과물이다. 더군다나 이탈리아라는 지정학적 특수성은 기존의 산업지구이론으로 설명하기에는 다소 무리가 따르는 것도 사실이다. 이탈리아의 경우 중앙정부의 종합적이고 체계적인 정책에 의해 이러한 지역개발정책이 작동하는 것도 아니기 때문에 산업지구론만으로는 설명하기 힘든 다른 요인들이 존재한다.

이탈리아의 경우 지방자치단체, 지역의 중소기업, 해당 산업의 전문성의 존재, 생산 자동화의 문제, 여성인력의 활용, 산학연계와 생산네트워크의 연결 등의 여러 문제들을 총체적으로 작동하면서 만들어진 결과물이었다. 무엇보다 중요한 사실은 '제3의 이탈리아'를 통해 이탈리아가 중소기업이 강한 글로벌 경쟁체제를 완전하게 구축했다는 점이다. 결국 이러한 역량이 축적되어 1990년대의 새로운 시대를 열 수 있는 기반이 구축되었고, 그것은 새로운 이탈리아를 만들어 가는 과정이었다.

사회주의의 몰락과 부패한 사회 구조

1989년 '베를린 장벽의 해체'라는 역사적 사건은 제1공화국의 종료를 더욱 가속화시켰다. 1989년 11월에 발생한 '베를린 장벽' 해체 사건은 당시 이탈리아 공산당 지도부에게는 커다란 충격이었다. 1921년 사회당 전당대회가 열렸던 리보르노에서 그람시와 보르디가가 주도하여 창당했던 이탈리아 공산당의 운명이 다하는 순간이었다. 베를린 장벽이 무너진 다음 날 갑자기 결정된 당명 개정은 노선과 원칙에 대한 철저하고 계획이나 특별한 준비 없이 이루어진 것이었다.

1990년 3월 갑자기 소집된 특별 전당대회는 이탈리아 공산당 당수였던 오케토가 제안한 당명 개정과 노선 변경안에 대하여 2/3 이상이 찬성함으로써 공산당의 분열은 피할 수 없는 대세가 되었다. 여러 달의 논의 끝에 오케토의 제안은 받아들여졌지만, 약 11%(15만 6,440여 명)에 달하는 당원들은 탈당하는 최악의 사태가 벌어졌던 것이다.

1991년 1월이 되면서 이탈리아 공산당의 당명개정과 노선변경 문제를 최종적으로 결정하기 위한 전당대회가 리미니(Rimini)에서 열렸다. 68%의 대의원이 찬성한 가운데 이탈리아 공산당은 좌익민주당(Partito Democratico della

Sinistra)으로 개명하였다. 자본주의 사회 안에서의 개혁과 진보라는 기본적 원칙이 표명되었다. 반대표를 던졌던 27%는 소비에트 사회주의를 신봉하던 아르만도 코수타(Armando Cossuta) 파와 늙은 공산당 지도자 피에트로 잉그라오(Pietro Ingrao)를 따르던 소수 분파였다. 이들은 후에 공산주의 재건당(Rifondazione comunista)을 창당하였다.

변화된 정치 상황에 더욱 상황을 악화시킨 것은 1990년 7월에 있었던 무디스의 발표였다. 세계 국가신용도 평가에 막강한 영향력을 끼치고 있던 무디스는 이탈리아의 경제 상황, 특히 국가 공공부채 비율의 과다를 부정적으로 평가하는 결과를 발표하였다. 발표 내용은 이탈리아가 유럽단일통화연합국에서 제외될 것이라는 결론이었다. 이탈리아 국민들은 커다란 충격에 휩싸였고 정부는 대책 마련에 고심하게 되었다.

이에 정부는 공공지출을 줄이고, 재정적자를 축소하는 방향으로 정책을 수립하였다. 산업계와 사용자들은 고임금 정책의 지양과 함께 1992년부터 오랫동안 노동자들의 실질임금 보장의 보호 장치였던 임금연동제의 완전한 폐기를 결정하였다. 이렇게 하여 경제위기와 국제정치적 상황 변화 등이 맞물리면서 이탈리아 사회 전반에 변화의 바람이 일었다. 이탈리아뿐만 아니라 세계를 경악시킨 또 다른 사건이 터졌다. 바로 마니풀리테(Mani Pulite)였다.

그러나 무엇보다 이탈리아는 사회 구조 자체의 불투명성과 부패한 요인들이 자리하고 있었다. 오래 역사적 경험과 사회적 인식 등을 통해 하나의 문화현상으로까지 발전된 부패의 문화적 요인들은 다음의 몇 가지 요소들로 설명할 수 있다. 파시즘이라는 역사를 제대로 청산하지 못한 문제, 가족주의와 후견인주의로 대표되는 사회적 분위기, '교환의 논리(la logica dello scambio)'라고 하는 상호호혜적인 문화인식, 그리고 사회 곳곳에 자리하고 있는 마피아의 문제 등이었다.

가장 먼저 이야기할 수 있는 것이 가족과 지역 문제의 구조적 폐해이다. 흔히 가족주의(familismo)와 후견인주의(clientelismo)라고 불리는 이 폐해는 이탈리아의 가부장적 대가족 제도와 남부의 시민사회 허약성 때문이라고 볼 수 있다. 이탈리아가 내세우고 있는 가족중심의 기업경영의 신화 속에도 이러한 가족주의 원칙이 작용하고 있는 것이다.

가족주의와 함께 또 다른 사회 작동의 원리가 바로 후견인주의이다. 가족주의가 비교적 비공식적인 관계를 규정하는 용어인데 비하여 후견인주의는 공식적인 관계를 나타내고 있다는 점에서 보다 분명한 사회 작동의 원리라고 할 수 있을 것이다. 여기서 의미하는 '공식적인'이라는 것은 개인과 개인 차원뿐만이 아니라 개인과 정치인, 정치인과 정당, 정당과 정부와의 관계까지도 후견인주의라는 원칙이 작용된다는 것을 말한다. 후견인주의를 뒷받침하고 있는 가장 중요한 요인은 정서적이고 심리적인 것들이다. '친분관계(amicizia)' '추천(racommandazione)' '호의(favore)' '사적인 관계(rapporto privato)' 등의 정서들을 통하여 지역 유지와 중앙정부의 유력한 정치가들이 개입하는 것이었다.

국가의 입장에서 보면 지방에서 정부에 대한 우호적 여론을 형성하거나 정부의 정책시행에 대한 협조와 성공을 이와 같은 후견인주의를 통해 해결할 수 있었다. 지방의 유지나 중앙 정치가들 역시 지역에 기반한 정치적 세력을 항상 유지할 수 있었고, 그러한 정치적 관계를 통해 기존의 권력을 관리할 수 있다는 원리가 작동했다. 상호공존과 필요성에 의해 자동 조절되면서 작동하였다.

두 번째 요소는 '교환의 논리'였다. 특히 돈은 권력 행사의 윤활유 같은 역할을 하였으며, '교환'의 전제조건이자 최종적인 귀결점이었다. '교환'이 작동하는 메커니즘 속에는 정치권력이 매개자의 기능을 한다. 이러한 구조 속에서 가장 유용하게 교환의 논리를 달성시킬 수 있는 것은 국가가 발주하는 여러 사업이나 용역의 입찰을 받아내는 것이다.

정치가에게 불법적인 정치자금이나 낙찰자 선정의 대가로 지급되는 검은 돈은 이탈리아 정계에서 하나의 공식으로 굳어져 있었다. 한 가지 특이한 사실은 주요 야당인 공산당과 다른 군소 정당들에게도 일정한 비율의 돈이 항상 지급되었다는 사실이다. 부정부패의 수준이 정치권 전반에 걸쳐 광범위하게 확산되고, 하나의 규범과 규칙으로 고착화되었다. 이와 같은 교환비율에 의해 검은돈과 국가 사업의 낙찰 혹은 선거에서의 입후보자의 확정 등의

좌익민주당의 엠블럼(왼쪽)과 공산주의 재건당의 엠블럼(오른쪽)

불법거래가 있었고, 더 나아가 매관매직을 통한 '교환의 논리'를 철저하게 지켜왔다.

세 번째 요소는 이탈리아 범죄조직이다. 마피아는 지방(주로 남부나 시칠리아와 같은 섬 지방)의 입후보자나 득표까지도 통제할 수 있을 정도의 막강한 지방권력을 가지고 있다. 이들 마피아는 후견인주의와 정치적으로 연결되고, 정책적으로는 1950년대 이후 남부문제의 해결책으로 국가에서 시행하였던 남부개발정책들과 연계하면서, 현재에는 공식적인 사업체를 갖추고 중앙정치세계에까지 더욱 많은 영향력을 미치고 있다.

마피아 역시 국가와 시민사회 등으로부터 불법 폭력단체와 범죄의 온상으로 지목되면서 공권력으로부터 해결하여야 할 '국가의 적'이자 '공공의 악'이 되었다. 이렇게 하여 1970년대부터 시작된 마피아 수사들이 1980년대까지 이어졌고, 1980년대 후반 대마피아 전쟁을 통해 마피아가 오랫동안 정치권과 연결되어 왔다는 사실이 밝혀졌다. 이에 따라 정치권에 대한 폭넓은 개혁의 필요성이 제기되었다. 이전까지는 마피아가 국가의 적대적 세력의 하나였지만, 이제는 국가 정치권력 구성의 주요 세력의 하나로 인식되면서 자연스럽게 국가권력 안으로 스며들었다.

결국 이탈리아가 더 이상의 정상적인 국가로 발전할 수 없었던 구조적인 문제가 있음이 온 세계에 알려졌다. 그 계기가 바로 마니풀리테(Mani Pulite)였

으며, 이 사건은 1948년 수립된 이탈리아 공화국이 막을 내리는데 결정적인
역할을 하였다.

제14장
제2공화국과
베를루스코니

ITALY

마니풀리테(Mani Pulite)와 제1공화국의 종료

1992년 2월 17일 우연찮게 터진 밀라노 사회당 지부 위원장이었던 마리오 키에자(Mario Chiesa)의 뇌물수수 사건에 의해 시작된 마니풀리테는 이탈리아를 바꾼 결정적 사건이었다. 전후 최대의 정치 스캔들이자 정치개혁의 촉매가 되었던 이 사건은 26년이 지난 현재까지 계속되고 있다. 비록 초기 마니풀리테의 정치적 의미가 많이 축소되었다 할지라도 여전히 사회구조를 바꾸려는 진행형인 사건이다.

마리오 키에자는 크락시의 절친한 친구로 당시 밀라노의 요양원 비오 알베르고 트리불치오(Pio Albergo Trivulzio)의 책임자였다. 사건의 전말은 조그마한 청소 용역 회사의 사장이었던 루카 마니(Luca Mgni)가 키에자에게 사업청탁의 대가로 7백만 리라를 건네주는 자리였다. 루카 마니는 디 피에트로 검사의 요청으로 펜형 녹음기를 상의 안에 넣고 대화내용을 녹음하였다. 7백만 리라 지폐 위에 표시해두고 검찰 측에 결정적인 증거를 남겼다. 이 사건을 통해 심증뿐이던 부패한 정치자금 수사가 물증을 통한 전방위적 수사로 확대되었다. 밀라노의 검사그룹은 뇌물의 연결고리가 키에자 한 사람에게 국한된 것이 아니라 당시 수상이었던 크락시까지 연계가 되었다는 사실을 알

디 피에트로 검사와
수사단

게 되었다. 크락시는 이를 개인적 뇌물수수사건으로 축소시키고 TV 방송에
까지 출연하여 이를 담당하던 디 피에트로(Di Pietro) 검사그룹을 비난하였다.

사건은 이렇게 묻히는 듯했다. 곧 다가올 총선으로 이 사건은 언론의 커다
란 주목을 받지 못하였다. 그러나 디 피에트로 검사를 비롯한 밀라노 수사팀
은 이 사건의 경위를 철저히 밝히는 데 수사력을 집중하였다. 키에자를 설득
하여 오랫동안 하나의 관행으로 정해진 불법정치자금 시스템을 규명하는 데
성공하였다.

사건의 전모가 밝혀지면서 밀라노 검찰청의 대응도 빨랐다. 유능하고 청
렴한 검사들이 보강되어 밀라노 풀이 만들어졌다. 밀라노 시민들을 중심으
로 한 국민들의 지지도 행동으로 표출되었다. 시민과 시민단체와의 연계는
정치자금 수사에 대한 정당성과 국민적 공감대를 확산시키는 원동력이 되었
다.

5월 12일부터 밀라노 지검청사에 모인 2만여 명의 시민 지지집회를 시작
으로 시민들의 자발적인 지지집회는 연일 계속되었고, 언론과의 협조와 공
조체계도 이루어졌다. 수사를 취재하던 주요 언론들 역시 하나의 풀을 만들
어 정보를 공유하면서 사건의 진상을 알렸고, 특종을 위해 사전정보 유출이
나 보도경쟁을 자제하는 등 국민과 검찰 편에서 중요한 역할을 담당하였다.

이와 같은 국민적 지지와 발 빠른 대응으로 4월 22일에는 1차로 여덟 명의
사업가가 구속되었는데, 이들은 모두 키에자에게 뇌물을 주고 입찰공사를

따낸 사업가들이었다. 이후 수사는 전방위적으로 확장되었고 결정적인 기여를 한 것이 바로 7월 16일 체포된 밀라노의 건축업자 살바토레 리그레스티(Salvatore Ligresti) 사건이었다.

리그레스티는 당시 밀라노의 유력한 사업가였다. 자신의 사업을 위해 주요 정치가들에게 불법적으로 정치자금을 제공했다는 혐의로 기소되었다. 그의 사건을 계기로 부패한 정치자금 수사가 전국적으로 그리고 전방위적으로 확대되었다. 안드레오티의 처남이었던 필리테리(Pillitteri)의 10억 리라 수뢰사건, 안드레오티 정부 시절 각료를 역임했던 토뇰리(Tognoli)의 5억 리라 수뢰사건 등이 연이어 밝혀졌다.

뒤이어 로마 시의 차관보였던 만치니(Mancini)의 수뢰사건(2천 800만 리라 규모)이 드러났고, 베로나의 로디지아니(Lodigiani) 기민당 지역위원장의 수뢰사건이 불거졌다. 레지오 칼라브리아의 시장이었던 리칸드로(Ricandro) 사건, 마스트리흐트 조약에 서명했던 외무부장관 디 미켈스(De Michels)의 사건 등이 연이어 세상에 알려졌다. 결국 정치자금 수사를 통해 기존 정당과 정치가들이 모두 범죄혐의로부터 자유롭지 않게 되었다. 이는 새로운 정치와 기존 정치가를 바꾸어야 할 동력을 만들게 되었고, 그렇게 제1공화국은 퇴장하고 있었다.

제2공화국의 출범

부패한 정치차금 사건이 확대되면서 더욱 주목받은 것은 다가올 총선이었다. 당시 집권 여당의 주요 인물들은 수상이었던 크락시를 비롯하여 안드레오티(Andreotti) 전 수상, 그리고 기민당의 포를라니(Forlani)였다. 이들은 키에자 사건이 발발한 뒤에도 여전히 향후 정국운영에 대하여 낙관하고 있었다. 4월의 총선에서 승리를 확신했지만, 이들의 예상과 정반대의 결과가 나왔다.

이전 선거에서 기민당은 34.3%의 득표율을 기록했지만, 1992년 총선에서는 최초로 29.7%의 지지율을 얻는 데 그쳤다. 그나마 남부를 중심으로 한 지지였다. 주요 지지 기반인 북부에서는 10%대의 지지를 얻었다. 18%의 비첸차(Vicenza)와 12% 미만의 베로나와 파도바, 13% 미만의 벨루노(Belluno) 등이 대표적 지역이었다. 연립정부의 한 축이었던 사회당 역시 득표율이 저하되었다(14.3%에서 13.6%).

이와 같은 상황에서 야당이었던 좌익민주당DS이 집권 여당의 표를 흡수해야 했지만, 사정은 그렇지 않았다. 부패한 정치자금에서 자유롭지 못한 좌익민주당도 16.6%를 얻는 데 그쳤다. 공산주의 재건당은 5.6%의 지지율에서 벗어나지 못했다. 결국 새로운 정치적 변화의 흐름은 전혀 다른 방향에서 나타났다. 북부 독립을 주장하며 3차 산업 종사자들과 전문직과 자영업자를 지지 기반으로 하였던 북부동맹(Lega Nord)과 파시즘적 민족주의를 표방하던 국민동맹(AN)으로 귀착되었다.

새로운 3차 산업종사자들 중심으로 동북부 지역에서 두드러진 세를 확산한 북부동맹의 선전은 의미심장한 것이었다. 당수인 움베르토 보시(Umberto Bossi) 역시 부패한 정치자금 사건에 연루되었다는 사실이 밝혀지긴 하지만, 이전의 선거에 비해 무려 8%가 넘는 지지 증가율(0.5%에서 8.7%)을 기록했다. 아울러 기존 기민당 지지 지역이었던 북부에서 10%대와 20%대의 지지율을 획득한 것이었다. 롬바르디아 주에서는 무려 25.1%를, 피에몬테 주에서는 19.4%, 베네토 주에서는 18.9%, 리구리아 주에서는 10.6%를 획득하였다.

이는 정치적으로 여러 의미로 해석될 수 있는 것이었다. 새로운 변화의 열망이 정치적 지형변화로 표출되었다고 볼 수도 있으며, 기존 정치세력의 이념 노선을 대체하려는 현상일 수도 있었다. 인종이나 경제적 이해를 제1차적으로 표방하는 지역 기반 정치세력의 등장이라는 새로운 정치현상이기도 했다.

선거가 끝나자 기존의 정당들은 다시 한번 연립정부를 구성하는 데 합의했다. 빠른 시간 안에 정치자금 수사 사건의 정치적 해결을 도모했다. 그러나 대통령이었던 코시가(Cossiga)가 임기를 한 달 앞두고 사임하면서 상황은 전혀 예기치 않은 방향으로 흘렀다. 가장 유력했던 후임 대통령 후보는 안드레오티와 포를라니였다. 그런 와중에 밀라노로부터 키에자 사건이 보도되었고, 이 사건은 이탈리아 정치적 방향과 흐름을 역류시켰다.

수많은 정치가들, 특히 크락시를 비롯한 안드레오티와 같은 유력 정치가들의 부패한 정치자금 수뢰연루 의혹은 정국을 뒤흔들었다. 이를 수습하기 위해 기민당에서는 포를라니를 대통령으로 추천하여 새로운 내각을 출범시키고자 했다. 그러나 대통령 인준에 필요한 508표의 찬성을 얻는 데 실패했다. 다시 바살리(Vassali)를 지명했지만, 포를라니보다 참담한 결과를 얻었다. 대통령이 선출되어야 정부를 구성할 총리를 지명할 수 있는데 그러지 못한 상황이 되었다. 더욱이 마피아 범죄수사로 신망받던 팔코네 검사가 폭탄테러로 사망하고, 보르셀리노 검사 암살사건이 터지면서 국가질서 자체가 위협받는 상황에 이르렀다. 결국 모든 정당들이 추천한 스칼파로(Scalfaro)를 공동 추천하여 대통령 선출에 합의하여 국회에서 인준이 통과되었다.

혼란스러운 정치적 상황을 수습하려고 했던 기존 정당과 정치인들의 기대와 달리 사태는 예상과 다른 방향으로 흘렀다. 새로이 선출된 스칼파로 대통령은 정치자금 수사에 중립적 입장을 취하였다. 키에자 사건과 밀라노 검사팀에 대한 지지를 표명하여 사건이 전국적으로 확대할 수 있는 역할을 하였다. 시민과 시민단체의 지지집회, 언론과의 공조체제 구축, 대통령의 중립적 입장 표명은 정치 자금 수사의 정당성과 보다 철저한 수사 필요성을 강화시켜주었다.

'깨끗한 손' 운동으로 알려진 이 부정부패 척결운동은 당시 재판에 회부된 사람의 수가 무려 3천 200명에 달하였다. 주요 정치가와 경제인들이 연루되는 사상 초유의 부패사건이었다. 국민들은 정치 개혁과 새로운 정치를 열망했다. 결국 이 사건으로 인해 50년간 수권 정권이었던 기민당과 사회당 등 주요 정당들은 몰락하였다. 이어 전문적 행정 관료들이 수반이 된 과도정부가 구성되었다.

이탈리아 전역을 뒤흔든 이 사건은 정치적인 결과 외에도 경제적으로나 사회적으로 적지 않은 파장과 결과들을 가져왔다. 직접적인 결과로는 이탈리아 전역에 만연해 있던 부패 시스템이 만천하에 드러나 전면적인 개혁의 필요성이 대두되었다. 이를 뒷받침하고 있는 정치세력의 교체가 제기되었다. 간접적인 결과로는 이탈리아 경제와 사회 전반의 점검과 근본적인 정치지배세력의 변화를 수반하게 되었다.

가장 먼저 가시적인 결과를 보인 것은 선거제도와 기존 지배세력의 퇴진이었다. 이는 새로운 정치와 제도가 필요했음을 의미했고, 이를 가시화한 것이 바로 선거제도의 전면적 개정이었다. 기민당이 해체되고 사회당이 수세적 국면에 몰리면서 모든 정당들은 새로운 선거제도에 합의하게 되었다. 기존의 정당명부식 비례대표제 100%를 주축으로 하던 선거법이 개정되었다.

1993년 국민투표에 의해 확정된 개정된 선거제도의 핵심은 소선거구에서

베를루스코니

는 다수대표 원칙으로 의원을 선출하고(75%), 기존 비례대표제를 동트식 비례대표제(25%)로 전환하였다. 기존의 비례대표제에서 다수대표제로의 변화는 새로운 정치세력의 등장을 용이하게 하였으며, 야당에 의한 정권교체 가능성이 높아진 획기적 변화였다. 오랜 집권으로 부패했던 기민당과 사회당 등이 몰락할 수 있는 제도적 기반이 완성되었다. 새로운 정치세력의 대두와 함께 야당의 집권 가능성이 그 어느 때보다 높아졌다.

선거법 개정의 정치적 중요성은 이를 전후로 하여 제1공화국과 제2공화국으로 구분할 정도였다. 1948년 제헌헌법을 통해 공화국이 수립된 이후 한 시대를 마감하고 새로운 시대를 의미하는 '제2공화국'이 들어서게 되었던 것이다. 먼저 수립된 정부는 과도정부의 성격을 갖는 아마토(Amato) 내각이었다. 새로운 선거법에 의해 집권하게 된 이는 신흥 이탈리아 자본가를 대표하는 베를루스코니(Berlusconi)였다. 당시 기득권 정치세력들은 자신들의 정치적 영향력과 세력을 유지하기 위한 차선책으로 베를루스코니를 내세웠다.

1992년 불어닥친 유럽의 재정위기 타개를 위해서도 성공한 사업가 출신이었던 그는 적임자처럼 보였다. 베를루스코니야말로 짧은 기간에 성공한 기업가였고, 당시 마니풀리테의 직접적 타격을 받은 정치가도 아니었다. 베를루스코니 역시 자신이 기존 정치세력과 연계되었고. 마니풀리테의 화살이 직접 자신과 자신의 기업들을 겨냥하자 정치무대 등장의 필요성을 느꼈다. 기득권과 베를루스코니 양측의 이해가 맞아떨어지면서 베를루스코니는 이탈리아 정치 무대에 성공적으로 등장하였다.

베를루스코니의 등장과 새로운 정치구조

베를루스코니는 이탈리아의 눈부신 경제성장기였던 1960년대 사업을 시작한 이로 처음에는 조그마한 건설회사로 시작하였다. 이후 밀라노 주변에 대규모 주택단지를 지으면서 세상의 주목을 받기 시작했다. 이를 바탕으로 금융과 방송 및 프로축구 사업으로까지 영역을 확대하여 이탈리아에서는 보기 드문 재벌그룹을 이룩한 신흥자본가를 대표하는 인물이었다. 그가 집권하게 된 가장 커다란 이유는 당시 국민들은 기민당뿐만 아니라 연정 파트너였던 사회당 소속의 국회의원은 물론이고 야당이던 공산당 의원들까지 부패한 정치자금의 사슬에서 벗어나지 못하고 있다는 사실에 충격을 받았다. 이에 새로운 대안세력과 정치세력의 등장을 원하고 있던 상황이었다. 이때 등장한 베를루스코니야말로 성공한 사업가로서 국민의 시선을 사로잡을 만한 인물이었다.

그러나 이와 같은 성장의 배경에는 경제적 수완 못지않은 정치적 보호와 연계가 있었다. 1969년 이후 유력한 정치가들과 관계를 맺으면서 전형적인 정경유착 기업가가 되었다. 특히 크락시가 수상이었던 시절 크락시와의 후견인 관계를 통하여 눈부신 성장을 하게 되어 이탈리아 경제계의 기린아가 되었다. 주요 회사로는 에딜노르드Edilnord(건설), 이탈칸티에리Italcantieri(조선), 임모빌리아레 산마르티노Immobiliare San Martino(부동산 및 투자), 핀인베스트Fininvest(방송 및 금융) 등이 있다. 새로운 선거법에서 자본의 위력을 통해 1994년 잠시 수상에 올랐다. 그러나 연금 정책 실패와 정경유착을 통한 정치적 부담으로 연정 파트너인 북부동맹의 반대로 실각했다.

정치자금 수사에 의해 새롭게 조성된 정치적 환경에서 기존 정당들의 몰락과 새로운 정당의 등장이 있었다. 그러나 베를루스코니를 정점으로 한 정치세력의 교체는 다시 한 번 정치자금 수사에 방해가 되었다. 정치 지형 변화 속에서도 수많은 정치가들과 경제인들을 구속하고 재판에 회부하던 밀라노 검사들은 1994년 베를루스코니의 등장 이후 곳곳에서 암초에 부딪혔다. 정권을 잡은 베를루스코니는 자신과 측근들을 겨냥한 정치자금 수사를 피하기 위해 정치권력을 활용했다. 총리직은 많은 면에서 유용했다. 검사와 판사들을 매수하는 일에서부터, 부패한 정치자금으로 사용된 기업자금을 감추기 위한 분식회계를 자행하였다.

디 피에트로를 비롯한 밀라노 풀은 굴하지 않고 자신들의 의지대로 수사를 진행시켰다. 밀라노 검사들은 여러 가시적인 수사 성과들을 토대로 베를루스코니 소유 기업들까지 수사하였다. 베를루스코니의 측근들인 쿠자니(Cusani), 프레비티(Previti), 베를루스코니 동생들의 혐의 사실들을 밝혀내는 성과를 거두었다.

상황이 이렇게 되자 베를루스코니 직접적으로 밀라노 풀을 매수하고 회의하려는 공작을 시도하였다. 실제로 1994년 베를루스코니 정부가 출범할 당시 다비고 검사와 디 피에트로 검사를 포르차 이탈리아(Forza Italia) 당의 국회의원으로 입후보하려 했다. 디 피에트로 검사에게 베를루스코니가 직접 내무부 장관직을 제시하기도 했다. 1995년에는 디 피에트로를 기소하는 사건이 발생하였다.

디 피에트로를 직권남용과 뇌물수수 혐의 등의 혐의를 적용하여 기소한 이 사건은 베를루스코니와 가까운 일군의 검사들이 진행시킨 사건이었다. 디 피에트로는 1995년 한 해 동안 무려 54번이나 조사를 받았다. 베를루스코니는 언론을 호도하며 밀라노 풀의 도덕성에 치명타를 가하기도 하였다. 정치자금 수사가 시작된 이래 가장 커다란 위기 시기를 맞았다. 결국 디 피에트로가 법복을 벗고 현실 정치로 뛰어들게 만드는 데 성공함으로써 이후 정치자금 수사가 새로운 차원에서 전개되는 계기가 되었다.

그럼에도 베를루스코니를 겨냥한 수사는 계속 진행되었다. 1996년 이후 피닌 베스트 그룹의 분식회계와 정치자금 위반 사건, 알 이베리안(All Iberian) 항공사 사건, 몬다도리(Mondadori) 출판사 사건 등이 속속히 밝혀졌다. 2001년 총선으로 재집권한 베를루스코니가 현직 총리였음에도 기소되는 상황까지 이르렀다. 베를루스코니는 기소 이후에도 계속 총리직을 유지했으며, 이탈리아 정치사회를 대표하는 인물이 되었다. 이는 이탈리아의 현대 정치사회를 이해하는데 베를루스코니를 빼고 이야기할 수 없다는 의미이다. 따라서 베를루스코니의 이해는 이탈리아 현대정치사회와 이탈리아의 사회구조를 알 수 있는 요인이다.

좌파정당의 집권과 프로디

국민들의 새로운 정치에 대한 정권 교체의 열망이 현실로 구현된 것은 1996년 총선거였다. 오랜 야당생활을 하던 좌익민주당은 여러 좌파 세력을 묶고 국영기업체 IRI 사장을 역임했던 교수 출신 프로디(Prodi)를 영입하여 올리브(Ulivo) 연합을 결성하였다. 전 수상이던 베를루스코니 역시 포르차 이탈리아를 중심으로 우파 연합(Polo delle Libertà)을 결합하여 선거에 임했지만, 변화를 열망하는 국민들은 오랜 야당이었던 올리브 연합에게 표를 던짐으로써 전후 처음으로 선거에 의한 정권교체가 이루어지게 된 것이었다.

프로디는 1939년 8월 9일 이탈리아 볼로냐 지방의 스칸디아노라는 조그마한 도시에서 태어났다. 중산층 가정에서 자란 프로디의 꿈은 총리였다. 그가 총리라는 정치가가 되길 원했던 이유는 비교적 단순했다. 총리가 되면 보다 많은 사람들에게 다양한 혜택과 가난을 물리칠 수 있게 할 수 있을 것이라는 다소 막연한 생각이었다. 그가 어렸을 때부터 많은 사람들에게 사랑을 베풀고 나누어줄 수 있는 직업으로 총리를 매력적으로 생각했고, 실제 그가 총리가 되게 하는 데 중요한 동기를 제공했다.

볼로냐 대학의 경제학 교수였던 프로디를 정계로 이끈 것은 복잡하고 혼란한 이탈리아의 정치 사정과 새로운 시대를 갈망했던 변혁의 시대정신이었다. 조용하고 부드럽지만 결단력과 실천력을 겸비했던 프로디는 안드레 오티의 네 번째 내각 출범과 함께 1978년 11월 산업부 장관을 맡으면서 본격적으로 정계에 발을 들여놓았다. 비록 4개월의 짧은 기간 동안 장관직을 수행했시만 위기를 맞이한 기업들을 위한 회생 법안을 제출하기도 했다. 이탈리아의 경제와 산업을 담당했던 프로디의 능력이 검증된 것은 이탈리

로마노 프로디

아 최대 국영기업인 '이탈리아 산업재건공사(IRI)'의 사장직을 맡았던 1982년부터였다.

프로디가 취임할 당시 IRI 관계자가 '쓰레기통'이라 표현할 만큼 공사의 재정 상태는 엉망이었다. 240억 달러의 채무가 있었으며 매일 500만 달러의 손해가 나는 상황이었다. 취임하고 나서 프로디는 IRI의 많은 것들을 변화시켰다. 그는 재임 4년 동안 IRI가 건전한 수익구조로 돌아설 수 있도록 바꿔놓았다.

프로디의 노력에 힘입어 IRI는 1986년까지 손익분기점을 맞출 수 있었으며, 1987년에는 처음으로 이익을 냈다. 만년 적자에 허덕이던 국영기업을 흑자구조로 전환시키는 데 성공한 것이었다. 불과 수년 만에 이룩한 그의 경영능력과 공기업 혁신방안 등은 당시 이탈리아뿐만 아니라 유럽의 여러 국가들에서도 주목했다. 그러나 1989년 프로디는 이해관계가 얽혀 있던 여러 정당과 정치가들의 압력으로 사임했다. 하지만 정치적 위기 상황이었던 1993년부터 1994년까지 다시 한번 IRI 사장직을 역임하였다.

정권교체를 이룬 프로디 정부는 이탈리아를 유럽통합에 포함시키기 위한 경제 개혁 작업에 착수하였으며, 이는 노동계 전반의 합의에 기반한 것이었

다. 이탈리아가 유럽연합국의 회원이 되기 위해서는 마스트리흐트 조약에서 규정한 '재정적자 비율 3% 이하와 국가부채 비율 60% 이하'라는 조건을 충족시켜야 했다. 그러나 1995년까지 이탈리아는 재정적자 7.7%와 국가부채 122.9%를 기록하고 있어서 이탈리아 유럽연합 가입은 어려울 것으로 전망되었다. 예상과는 달리 프로디 정부는 긴축재정과 과감한 정부 개혁을 통하여 1997년에 2.7%라는 재정적자 비율을 달성함으로써 1998년 유럽연합 회원국이 되었다.

유럽연합 가입이라는 일차적 목표가 완성된 이후 1998년에 들어서면서 국민적 합의는 다시 한번 갈등과 대결 국면으로 내몰리게 되었다. 국가 목표였던 유럽연합 가입이 달성되자 노동자들은 그동안 미루었던 노동정책에 대한 전면적인 실시를 주장하며 정부와 갈등관계를 유지하였다. 노조 입장에서 가장 큰 문제는 안정된 일자리 보장과 주 35시간제 노동시간 및 연금관련 연령 조정 문제였다. 이에 반해 정부는 국영기업과 정부경영의 효율성을 이유로 각종 공사의 민영화를 추진하고 재정적 부담을 줄이는 방향으로 정책을 추진하려고 하였다.

정부와 노동계의 대립을 이해하기 위해서는 집권 연립세력인 올리브 연합의 정치적 역학관계를 살펴볼 필요가 있다. 올리브 연합의 가장 커다란 세력은 좌익민주당이었으며, 프로디는 특정 정치세력을 거느리지 않은 독자적 인물이었으며(프로디 지지세력은 후에 마르게리타라는 정당으로 결집된다), 녹색당과 이탈리아 인민당 등 여러 소규모 정당들이 연합한 정치세력이었다.

연정 안에서 정책 관련 주도적 역할을 하고 있던 세력은 좌익민주당이었다. 이렇듯 복잡한 세력구조와 역학관계는 노동정책과 복지정책을 두고 집권연합 내에서도 종종 이견과 갈등이 벌어지는 원인이 되었다. 연금정책이나 국가경영의 효율성을 내세우는 프로디 중심의 경제전문가들 그룹과 정치적 주도 세력인 좌익민주당의 충돌은 어느 정도 예견된 것이었다. 결국 프로디 정부는 이와 같은 역학구도에서 충분한 정치적 역량을 발휘하지 못하고 퇴장하였고, 좌익민주당의 당수였던 달레마를 수반으로 하는 제2기 좌파정부가 들어서게 되었다.

유럽통합과 이탈리아

경제적인 성공을 이루어야만 했던 프로디 정부에 있어 가장 가시적인 결과물은 유럽통화동맹(EMU) 가입이었다. 1999년 EMU에 가입하려면 국내총생산의 3% 이내 재정적자와 국내총생산의 60% 이내 공공부채, 가장 안정적인 3개국 평균보다 1.5% 이상 높지 않은 인플레이션율을 유지해야 했다. 이탈리아는 이미 1992년 재정적자를 해소하지 못해 유럽통화제도(EMS)에서 떨어져 나온 수모를 겪었다. 이는 리라화에 엄청난 압력으로 작용했고 특히 향후 이탈리아의 EMU 가입을 대단히 어렵게 만들었다. 이러한 일련의 국가 경제의 위기 상황 때문에 EMU 가입이 절실했던 이탈리아는 가입을 위한 조건을 달성하는 데 자연스럽게 사회적 합의를 이룰 수 있었다.

아마토 정권 이후 참피, 베를루스코니, 다니 정권을 거치면서 재정적자를 줄이려는 노력은 계속되었지만 1996년 상황은 열악하였다. 1995년 재정적자는 7.7%를 기록해 EMU 가입 기준인 3%와는 차이가 너무 컸다. 국가부채는 국내 총생산의 122.9%를 기록한 상황이어서 60% 기준선을 크게 웃돌고 있었다. 마스트리흐트 조약의 조건을 충족시키는 것은 불가능해 보였다.

프로디 내각은 EMU 참여를 위해 이탈리아 사회의 고질적 병폐였던 탈세

마시모 달레마

를 줄이는 데 집중했고, 예산부를 재무부에 편입시키는 제도 혁신도 단행했다. 정부의 지출을 줄이면서 '유로세'를 도입해 세수를 증가시키는 방안도 활용했다. 정부의 수입을 늘리는 방편으로 민영화 정책을 실시했다. 1990년대 말 전기, 철강, 철도 등 많은 부분에서 민영화가 진행되었다. 민영화를 통한 재정수입 확대는 성공적이었다. 1997년 말 재정적자 2.7%, 인플레이션 2.0% 등 EMU 참여를 위한 기준을 충족시킬 수 있었다. 국가부채는 기준에 근접하지 못했으나 분명한 감소 추세를 보이고 있었다. 1998년 5월 이탈리아는 유럽연합 창설 회원국으로 확정되었다.

프로디 정부에 이어 탄생한 달레마 정부는 1998년 고용창출과 경제발전을 위한 협약을 노사정 합의로 체결했다. 협약의 주요 내용은 낙후된 남부 이탈리아 문제를 해결하기 위한 발전기구의 설립, 노동비용 삭감을 위한 제도적 장치 마련, 노사정 삼자협의체를 중앙정부뿐만 아니라 지방정부와 지역 단위로 설치하는 문제 등이었다. 달레마 정부의 노동정책과 복지정책은 노동자 중심으로 크게 바뀌었으며 노동조합의 역할과 위상이 높아졌다.

노동조합은 임금인상과 노동권 등의 기본권을 사용자와의 직접 협상으로 해결할 수 있게 되었다. 국가는 중재자 역할을 벗어나 노사와 대등한 입장에 서게 됨으로써 정책 입안과 제안을 통해 노사와 소통하였다. 이탈리아의 노동정책은 새로운 시대를 맞이하였지만, 2001년 5월 총선에서 베를루스코니의 우파연합이 승리하면서 다시 위기에 처했다.

이탈리아 내부 위기에 반해 유럽연합 안에서의 이탈리아 위상은 매우 높은 편이었다. 특히 1996년 좌파연정을 이끌었던 프로디 전총리가 유럽집행위원회 위원장이 되었다. 그는 위원장으로서 회원국가 간 이해관계를 조율하는 데 노력했으며, 유로화 도입에 따른 유로존 창설을 주도했다. 2002년 1월 1일 그리스와 핀란드를 시작으로 '유로존' 12개국의 공용통화로 사용된 것이다. 또한 유럽연합 가입국의 확대를 주도했다.

유럽통합의 논의가 시작되면서 체결되었던 단일유럽의정서(1986), 마스트리흐트 조약(1992), 암스테르담 조약(1997) 그리고 니스 조약(2001)까지 EU가 체결했던 여러 조약을 하나로 포괄하면서 EU의 역할과 권한을 규정하는 유럽헌법이 만들어졌다. 니스 조약을 만들어 체결을 주도했던 이도 프로디였다. 니스 조약은 만장일치의 적용범위를 축소하고 다수결 제도를 채택하여 유럽연합 가입의 폭을 넓혔다. 유럽연합의 집행기관인 유럽집행위원회 위원 수를 제한하고 순번제를 도입해 회원국들이 번갈아가며 집행위원을 할 수 있도록 했다. 또한 동유럽의 신규 회원국 가입을 위한 길을 확대했다.

프로디는 유럽연합의 확대와 내부기구 개혁, 유럽의회 의석 재할당 등을 통해 유럽연합조직체를 재정비했다. 니스 조약으로 10개국이 추가 가입되면서 유럽 연합 가입국은 25개국으로 확대되었다. 또한 유럽헌법이라 할 수 있는 유럽헌장에 대한 회원국 정상들의 서명을 이끌어낸 것도 집행위원장이던 프로디였다.

2004년 EU 집행위원회 위원장의 5년 임기를 성공적으로 마친 프로디는 이탈리아로 돌아왔다. 2001년 선거에서 베를루스코니가 승리했지만, 이라크 파병에 대한 국민의 불만이 높았고 경제는 침체일로의 상황이었다. 선거과정에서 나왔던 세금 감축과 대규모 건설사업에도 불구하고 지속적인 경제부진은 국민의 고통을 가중시키고 있는 상황이었다. 결국 2006년 총선에서 로마노 프로디는 이탈리아 국내 정치로 다시 복귀하였다.

제15장

21세기의 이탈리아와 유럽통합

ITALY

21세기에 부활한
베를루스코니와 우파정당들

중도좌파 연정은 절반의 성공과 절반의 실패라는 결과를 보임으로써 재집 권에 성공하지 못하고, 2001년 선거에서 또다시 베를루스코니가 집권할 수 있었던 원인을 제공하였다. 좌파민주당의 능력부족과 분열이라는 반사이익 을 방송과 언론을 통한 이미지 정치로 집약시키는 데 성공한 베를루스코니 는 재집권을 달성하였다. 그러나 베를루스코니 정권이 갖는 비민주성과 자 본적 특성은 이탈리아 특유의 정치가일 뿐이다.

베를루스코니는 집권하자마자 국가의 효율적 운영과 세계화라는 기치 하 에 무려 40여 개에 달하는 법률의 '개혁'을 목표로 삼았다. 그중에도 가장 심 각한 문제는 노동법 개정이었다. 노동법 개정을 둘러싼 정부와 노동단체들 의 힘겨운 협상이 현재까지 계속되고 있다. 문제가 되는 노동법 18조는 노동 자의 해고 문제를 다루고 있는 것으로, 특히 해고의 사유 등에 대한 기본 조 항이다. 베를루스코니 정부는 이 해고 조항을 개정하려는 것으로 아무런 사 유 없이 해고가 가능하도록 법률을 수정하였다.

이에 대하여 노동단체의 입장은 명확하다. 절대로 이에 대한 개정은 있을 수 없는 일이며, 반대 투쟁을 정권퇴진 차원으로까지 확대시켜 전개하겠다는 입장이었다. 이후에도 베를루스코니는 몇 가지 눈에 띄는 실정과 악재를 두어왔다. 이탈리아는 지난 2001년 G8 정상회담을 제노바에서 개최하였는데, 회담기간 중 진압경찰이 시위대의 젊은이 한 사람을 총으로 쏘아 사망하게 사고가 발생하였다.

이에 대한 국민들의 반응은 2002년 지방선거에서 분명하게 나타났다. 특히 제노바에서는 좌파연합 후보가 66.4%를 득표하여 18.7%의 득표에 그친 우파연합 후보를 세 배가 넘는 득표 차를 내면서 승리하였다. 그는 이탈리아 헌정 사상 최악의 법안으로 평가받은 치라미 법안을 제안하여 국회에서 통과시켰다. 이 법안은 사건 피의자가 심정적인 이유만으로도 재판부나 판사의 관할지까지 바꿀 수 있는 악법 중의 악법이었다. 이 법안 덕분에 베를루스코니는 자신이 연루된 여러 재판을 옮겨가며 받음으로써 시간을 끌었다. 결국 공소시효를 넘기는 데 성공하여 자신의 범죄사실에 면죄부를 받을 수 있었다.

베를루스코니의 악법 제정은 여기서 끝나지 않고 면책특권을 악용한 새로운 법안을 제정하였다. 새로운 법은 국가의 5대 고위직(수상, 대통령, 국회 상원의장, 하원의장, 헌법재판소장)에 대한 면책권을 악용한 것으로 재위 중 여하한의 범죄로 기소되지 않는다는 법안이었다. 이 사건은 전 유럽을 경악하게 하였고, 당시(2003년 하반기) EU 의장국이었던 이탈리아를 불안의 눈초리로 쳐다보게 된 결정적 계기가 되었다.

더군다나 최근(2003년 12월 3일)에는 이탈리아 정보통신부 장관인 가스파리에 의해 제안된 법안이 제정되었다. 이 법안은 언론의 독점과 사유화를 막기 위해 소유 지분 제한을 두고 있던 이전의 법을 소유 지분 철폐와 함께 광고시장의 독점을 허용하는 법이었다. 이는 언론재벌 베를루스코니의 입지를 강화해주고 공영방송까지도 베를루스코니 소유가 될 수 있게 하는 법이었다. 간단히 말해 이탈리아의 모든 언론을 베를루스코니가 소유할 수 있도록 하는 법안이었다.

국가경쟁력 순위 역시 2002년 32위에서 2005년 53위로 주저앉았다. 노동조직의 탄압과 메를로니 법안 등은 국가경쟁력 약화를 불러왔다. 메를로니

법은 침체된 국내경기의 활성화를 위해 사회간접자본에 대한 투자와 활성화를 촉진하는 법안이다. 이 법의 혜택은 베를루스코니 소유의 기업들이 누릴 수 있는 것이었다. 게다가 피아트사가 기업경영의 어려움에 빠짐으로써 이탈리아 국가 경쟁력이 전반적으로 하락하였다.

베를루스코니가 이끄는 우파 연합의 승리 배경은 앞서 이야기한 북부동맹과 민족연합이라는 우파 정당 세력의 존재이다. 가장 먼저 이야기할 수 있는 정당은 AN(민족연맹)으로 현재 이탈리아형제당이라는 당명을 갖고 있다. 민족연맹은 후기 파시스트 정당인 MSI가 해체하여 만든 정당이다. 주요 노선으로는 자유 시장 체제에서 회적 경제 도입, 애국주의와 민족주의의 진흥, 가족의 역할과 가치 고양, 법치와 질서 및 안전과 관련한 국가 정의 수호 등이다.

다음의 우파 정당은 삼색횃불사회운동당(Movimento Sociale-Fiamma Tricolore, MsFt)이다. 민족동맹(AN)에 비해 보다 이탈리아 민족주의와 민족을 강조하는 정당이다. 이탈리아 언어와 문화 정체성 확립, 강력한 민족 국가의 성장과 발전모색, 이탈리아 역사와 전통 보존, 이탈리아 공동체 사회의 정통성 보호 등을 주요 노선으로 내세우고 있다.

세 번째 우파 정당은 북부동맹으로 북부 분리주의를 주창하는 정당이다. 특히 이탈리아 특유의 지역문제인 남부문제의 반작용으로 탄생한 정당으로 현대 이탈리아 정치 환경이 복합적으로 작동하여 발전된 정당이다. 북부동맹의 주요 이념 노선들은 다음과 같다. 파다나 평원을 중심으로 분리하여 독립을 추진하는 정당이다. 독립수준의 자치를 추구하는 분리독립주의, 연방주의, 반이민자정책, 인종차별주의, 세계화 반대, 유럽통합회의주의, 유럽통합 반대 등을 주요 노선으로 내걸고 있다.

이들 세 개의 우파 정당들이 베를루스코니 정당과 연합하여 우파연정을 이끌었다. 결국 2006년 총선에서 이탈리아 국내 정치 무대로 복귀한 프로디를 앞세워 좌파연합이 다시 한번 승리하였다. 그러나 프로디의 집권은 오래 이어지지 못하였다. 2008년 1월 23일 프로디 총리에 대한 불신임안에 의해 실시된 2008년 총선에서 베를루스코니가 다시 승리하였다. 어려운 경제 상황이 프로디 내각의 발목을 잡았다. 2년 만의 총선에서 총리로 복귀한 베를루스코니는 '경제 살리기'라는 국정 목표를 통해 경제위기를 극복하고자 했다. 그러나 이 시기 이탈리아는 이미 글로벌 경제위기의 소용돌이 속에 빠져들고 말았다.

글로벌 경제위기와
이탈렉시트(Italexit)

2008년 총선에서 베를루스코니가 재집권에 성공하였지만, 2008년 말 미국으로 불어 닥친 글로벌 경제위기는 이탈리아의 유럽연합 탈퇴 직전의 상황으로 이어졌다. 이탈리아 정부는 경제위기 상황 타개를 위해 직접적인 현물보상과 고용 증대에 초점을 맞추어 노동정책을 운용하였다. 정부에서는 총 320억 유로에 해당하는 고용안정 기금을 2009~2010년까지 2년에 걸쳐 마련함으로써 이탈리아 고용시장 안정화 대책을 수립하였다. 고용 위기에 따른 안정화를 위해 2008년까지 시행되던 각종의 실업수당과 혜택을 확대하였다. 실업수당 외에도 국가가 지급보증을 해주는 공공대출 역시 주요한 사회 안정화 대책으로 적극적으로 활용하였다.

그러나 이러한 노력에도 불구하고 유럽연합의 새로운 정치적 출발을 알리는 리스본 협약 이후의 노동시장 개입 정책에서 실제 실행 비율은 하락하였다. 유럽 주요 국가 이행률에 비해 이탈리아는 10% 이상 차이가 났다. 이탈리아 경제 구조의 허약함은 이미 글로벌 경제위기 시 PIGS(포르투갈, 이탈리아, 그리스, 스페인) 국가의 하나로 분류되면서 유럽연합에서 탈퇴할 가능성이 높은 국가의 하나였다. 이탈렉시트(Italexit)의 가능성은 그렇게 시작되었다.

2009년부터 이탈리아는 경제위기 해소를 위한 다양한 노력과 정책을 시행하였지만, 이탈리아 경제 구조의 허약함은 정책적 효용성에 있었다. 특히 70%가 넘는 서비스업의 비중은 관광객 감소로 겪게 되는 국가경제 전반의 타격을 넘어서지 못했다. 무엇보다 심각한 문제는 조세회피율과 비효율적인 국가행정 분야였다.

특히 조세회피율은 선진국에서 보기 힘든 수준으로 20%가 넘었다. 많은 이들이

엘사 포르네로

제대로 세금을 내지 않으면서 국가재정이 허약해지고, 비효율적인 행정 분야는 국가재정을 더욱 약화시켰다.

게다가 분식회계 등의 혐의로 재판이 진행 중이던 베를루스코니에게 유죄가 선고되고, 성 추문 사건 등이 겹치면서 베를루스코니가 실각하였다. 베를루스코니가 유로존 경제위기의 책임을 지고 총리직에서 물러나자 대통령 조르지오 나폴리타노(Giorgio Napolitano)는 마리오 몬티(Mario Monti)를 과도 내각의 후임 총리로 지명했다. 유럽연합 집행위원을 지낸 저명한 경제학자 몬티는 정치인 출신 인사들을 배제하고 각 분야의 전문가들로 정부를 구성하여 사회 각 분야에 걸친 강력한 개혁 정책을 추진했다.

몬티가 추진한 개혁 조치 중 사회적으로 가장 많은 논란을 야기한 것은 '포르네로 법'이라고 불리는 노동시장 개혁안이었다. 개혁안은 해고를 자유롭게 하는 대신 노동시장 진입을 용이하게 하고 실업자에 대한 완충조치들을 시행함으로써 노동시장의 유연성과 안정성을 동시에 도모하는 것을 목적

으로 한다. 해고를 용이하게 하기 위해서는 노동자 헌장 18조가 개정되어야만 했고, 이와 같은 시도가 노조와 좌파 정당의 반발에 부딪힌 것은 당연한 일이었다.

그러나 2012년 6월 28일과 29일 브뤼셀에서 열린 EU 정상회의가 다가오며 분위기가 바뀌었다. 이전부터 EU와 해외 투자자들은 지속적으로 이탈리아에 긴축정책과 노동시장 유연화를 요구해오고 있었다. 몬티로서는 그들이 만족할 만한 수준의 개혁 프로그램을 제시함으로써 자신의 요구를 관철시키고 투자자들의 신뢰를 회복할 필요가 있었다. '포르네로 법'은 정상회의 직전 의회에서 속전속결로 승인되었다.

'포르네로 법'이 시행되고 난 뒤에도 이탈리아 실업률은 계속 상승하였다. 이탈리아 통계청(Istat)에 따르면 포르네로 법안의 시행 이후 이탈리아의 실업률의 상승세가 지속되고 있다고 발표했다. 이에 따르면 2012년 11월 실업률은 11.1%, 12월에는 11.3%, 그리고 2013년 1월에는 11.7%로 사상 최고치를 기록했다. 그리고 청년 실업률 역시 11월과 12월 37.1%, 올해 1월에는 38.7%로 가파르게 증가하고 있다. 과도 정부를 이끌었던 몬티 정부는 이런 상황에서 2013년 총선에 임하였다.

2013년 총선 직전 이탈리아 언론들은 '포위된 몬티'라는 표현을 사용했다. 노동시장 관련 이슈는 이번 총선의 가장 중요한 아젠다였고, 이 논의에서 몬티는 철저하게 고립되어 있었다. 개혁 지속의 필요성을 주장하는 몬티에 대해 좌파 정당은 노조와 연대하여 연일 강도 높은 비판을 쏟아냈고, 베를루스코니 전 총리 역시 몬티의 정책을 비판하며 정계에 복귀했다. 이탈리아 국민들은 총선을 통해 개혁정책에 대한 적대감을 드러냈다. 무엇보다 반개혁 노선을 표방한 베를루스코니의 자유국민당(PDL) 그리고 베페 그릴로가 이끄는 오성운동(M5S)의 약진이 두드러졌고, 몬티는 상원에서 9.1%, 하원에서 10.6%의 득표에 그치고 말았다.

결국 몬티 정부는 총선에서 국민들의 재신임을 받지 못하고, 경제위기 타개를 위한 개혁 조치 역시 큰 효과를 보지 못하였다. 2015년 몬티 정부에 이어 등장한 렌치 정부는 보다 분명한 노동개혁을 추진하기 위하여 가시적인 정책과 방향을 설정하였다. 특히 브렉시트를 준비 중인 영국과 이탈리아의 재정 적자 증가 등은 렌치 정부로 하여금 노동개혁을 서두르게 하는 배경이 되었다. 가장 핵심적인 법안이자 정책은 잡스액(Jobs Act)이었다.

이 법안은 2015년 렌치(Renzi) 정부에서 진행하던 노동개혁의 일환으로 도입된 법안이자 렌치정부 노동정책의 핵심적인 내용을 담고 있다. 특

마테오 렌치

히 미국 오바마 정부의 노동정책을 모델로 하여 입안된 법안으로 노동시장의 유연화와 청년실업 대책 수립 등의 노동 및 사회보장 정책의 전반적인 변화를 예고한 법안이었다.

2015년 3월 7일 발효된 잡스액은 렌치 정부의 노동법 개혁 의지를 가름하는 기준이자 종합 전략의 의미를 담고 있다. 이 법안의 주요 목적은 근거 없는 해고나 불법 해고 관련 규정에 대한 재정비였다. 이는 시간과 비용 면에서 효율적인 장외 합의절차를 도입함으로써, 근거 없는 불법 해고에 관련한 원칙의 개정보다는 근거 없는 불법 해고 판정 시 적용되는 구제책 및 배상방식을 재정비하였다는 사실을 의미한다.

2015년 렌치 정부의 노동법 개정은 여러 가지 측면에서 노동시장의 유연화 가능성을 현실화했다는 효과도 있다. 그러나 이전 법과의 혼용에 따른 혼란 초래 가능성이 있다는 점에서 다양한 평가가 존재한다. 정리해고를 명확히 함으로써 기업의 구조조정을 법으로 명확하게 규정하고 있다는 점은 경

영자 측에서는 환영할 만한 조치이지만, 노동자의 입장에서는 무분별한 정리해고의 가능성을 걱정하지 않을 수 없는 상황이 되었다. 그럼에도 불구하고 잡스액 규정 중에서 정리해고 관련 구체적 규정 적용은 이탈리아 노동 시장에 있어 고용 유연화 증대라는 점에서 긍정적 효과를 예상할 수 있었다. 렌치 정부의 노동개혁은 다양한 논의에도 불구하고 2016년 12월 4일 국민투표 부결로 인해 제대로 실행되지 못했다.

새로운 정치질서와 오성당의 등장

　2013년 총선에서 가장 주목받았던 상황과 인물은 베페 그릴로라는 코미디언과 오성운동당(5SM)이었다. 베페 그릴로가 주도하여 2013년 총선에서 새롭게 결성된 정당이었다. 오성운동당이 내걸고 있는 정치개혁의 주요 내용은 의원 수의 축소나 긴축재정의 반대 및 기존 정치세력의 전면적 교체 등이다. 이탈리아 국민들의 지지도와 총선에서 획득한 득표율 등을 보면 이들의 주장이 어느 정도의 공감대를 형성하고 있기는 하지만 전면적인 정치개혁이나 새로운 이탈리아 정치의 탄생을 이야기하기에는 여러 난제가 존재한다.

　2013년 2월 24일~25일 이틀간 치러진 총선은 우려했던 결과를 낳고 말았다. 대부분의 전문가들이나 여론조사 결과들이 예측한 대로 하원에서는 베르사니가 이끄는 민주당과 좌파연합이 제1당이 됨으로써 안정적인 과반수를 340석을 확보하였다. 그러나 상원에서는 정국 운영에 필요한 과반수 의석(159석) 확보에 실패했을 뿐만 아니라 베를루스코니가 이끄는 우파 정당연합(116석)보다도 적은 113석에 그침으로써 연정이냐 재선거냐의 어려운 결정에 직면하고 말았다.

　선거 결과를 통해 나타난 정치적인 의미와 역학관계는 다음과 같이 네 가

베페 그릴로

지 정도로 정리할 수 있을 것이다. 첫째는 민주당의 수권 능력과 정치적인 역량이 국민들의 절대적인 지지와 열망에는 못 미쳤다는 점이었다. 특히 '새 정치'를 표방하고 나선 민주당의 총리후보 예비경선에서 렌치라고 하는 약관 38세의 피렌체 시장의 등장이 실패로 돌아가면서 많은 민주당 지지자들이 베페 그릴로에게 투표했다는 점이다.

둘째는 베페 그릴로가 이끄는 오성운동당이 약진과 성공을 어떻게 해석해야 하느냐의 문제였다. 그릴로의 예상을 뛰어넘는 성공은 이탈리아 국민들의 정치 불신이 너무나 크다는 점과 새로운 정치를 바라는 여망이 강하다는 점을 보여주고 있다. 이탈리아 국민들이 원했던 정치지도자 렌치가 민주당 총리후보가 되지 못하고 난 뒤 많은 이들이 그 대안으로 그릴로를 선택했다는 사실은 현재의 이탈리아 정치계가 안고 있는 수많은 문제 해결이 쉽지 않다는 사실을 의미하는 것이다.

셋째는 2008년에 이어 안토니오 잉그로이나(Antonio INGROIA)가 이끄는 정통 좌파 정당인 시민혁명(Rivoluzione Civile)이 3%에도 못 미치는 득표율(2.25%)을 기록했다. 아울러 피니(Fini)나 카시니(Casini)와 같은 기존 정치인들의 퇴조로 원내 진입에 실패함과 동시에 북부분리주의 정당인 북부동맹을 비롯한 극우 정당의 지지율이 하락했다는 점이었다.

넷째는 국민들의 정치적 선택의 기준이 이데올로기적인 기준이나 정책을 통한 선택보다는 경제 요소와 기준이 크게 작동한 선거였다. 실제로 몬티는 많은 전문가들의 예상과 달리 하원에서 8.3%의 득표에 그쳤다. 반대로 긴축 재정을 반대하고 수많은 장밋빛 공약을 내세운 그릴로나 베를루스코니가 예상보다 훨씬 많은 지지를 받은 것은 이탈리아 국민들의 경제회복과 경제적 이해관계에 따른 지도자와 정당 선택이었다는 사실을 잘 설명하고 있다.

여기서 오성운동당이 갑자기 이탈리아 정치무대의 전면에 나서게 된 이유와 배경이 중요하다. 오성당운동의 공식 블로그에 규정된 오성운동의 정의는 다음과 같다.

> "오성운동은 시민들의 자유결사체이며, 정당은 아닐뿐더러 미래에 정당으로
> 만들려는 의도도 없다. 또한 좌파 혹은 우파라는 이데올로기를 지향하지 않지만
> 우리의 이상은 있다. 우리는 소수에게 집중되어 있는 정치권력과 정부의 역할을
> 시민들 모두에게 돌려주어 진정한 의미의 시민들의 직접적인 통치권력과 민주주의
> 정신의 회복이라는 목적을 달성하고자 한다."

이러한 오성운동의 성격 규정이 특정한 정당이라는 현실적인 형태나 정당 설립 목적을 부정한다고 말할 수는 없다. 그러나 정당 규정 관련 이탈리아의 정치 현실로 인해 2012년 총선에 정당으로 등록하여 참여했다. 그럼에도 이러한 성격 규정을 바꾸지 않고 있다는 사실은 여전히 기성정치와 정당에 대한 불신이 크다는 점을 명확히 하고 있다.

더군다나 오성운동의 역사가 공식적으로는 7년도 안 되었다는 점과 이들이 지향하는 정치적 운동의 목적과 목표가 기존 정당과는 다르다. 이점 때문에 2016년 6월 이탈리아 지방선거에서 로마와 토리노 시의 시장에 약관 30대의 여성 변호인 출신의 오성운동당이 승리했던 결과는 놀라운 것이었다.

그렇다면 어떻게 오성운동이 오랜 이탈리아 정치와 정당의 구조와 기반을 흔들면서, 기존 정치제제의 변화를 수반하고 있는지에 대한 진지한 고민과 성찰이 필요하다. 이는 오성운동의 비약적인 발전이나 진화가 우리가 원하

던 정치의 혁명인지, 아니면 기존 정치에 대한 반감에서 비롯된 단순한 이단 현상에 불과한 것인지에 대한 분석의 성격이기 때문이다.

오성당과 이탈리아의 미래

　오성당의 설립은 2009년 10월 4일 밀라노에서 베페 그릴로라는 코미디언이자 배우에 의해 시작된 것이라고 알려져 있다. 창립자는 두 명으로 당시 쟌로베르토 카살레지오(Gianroberto Casaleggio)라는 인터넷 사업가 역시 오성운동의 중요한 한 축이다. 이 두 사람의 결합이야말로 기존 정당과는 전혀 다른 방식의 화학적 결합을 이루어냈다. 베페 그릴로는 원래 라이(Rai)라고 하는 이탈리아 국영 방송국 만평 프로그램의 사회자이자 만평가로 유명했다.

　그러던 중 베를루스코니(Berlusconi)라는 재벌 출신의 정치가가 등장하면서 베를루스코니를 시사 개그 프로그램의 주요 단골 소재로 활용하였다. 이를 못마땅하게 여긴 베를루스코니는 집권하자마자 그릴로를 프로그램에서 하차시키고 방송국에서 퇴출시켰다. 이후 베페 그릴로는 특이한 방식으로 정치에 입문하였다. 전국 각지를 순회하면서 베를루스코니뿐만 아니라 기성의 정치계를 신랄하게 풍자하는 정치개그를 일반 국민들을 대상으로 전개하였다. 이러한 시도는 선풍적인 성공과 그릴로에 대한 국민적 사랑을 확인시켜 주었다. 베페 그릴로라고 하는 인물을 전국적인 관심과 사랑을 받는 정치가로 각인시킬 수 있는 계기였다.

그릴로는 이러한 국민적 관심과 자신에 대한 열망을 확인하면서 새로운 정치와 조직의 필요성을 절감했다. 정치가와 유권자의 직접적인 만남을 통해 이슈와 정책을 만들어내는 방식으로 'Meetup'이라는 미국 민주당의 선거방식을 차용했다. 실제로 그릴로의 블로그에는 그릴로의 친구들(Amici di Beppe Grillo)이라는 40개의 Meetup이 존재한다. 이때부터 이슈와 주제별로 유권자들이 직접 참여하는 포럼과 위원회 활동들이 활성화되었다.

카살레지오라는 인터넷 웹사이트를 운영하는 사업가가 동참하면서 인터넷을 통한 유권자들의 직접 민주주의에 대한 열망과 조직이 전국적인 양상으로 발전하였다. 오성운동에 참여하고 있는 많은 유권자들은 그릴로의 현실정치 참여를 원했고, 실제로 좌파 정당의 후보자로 추천하기도 하였다.

2006년 11월 280개의 Meetup이 결성되었고, 유권자들이 직접 참여하는 직접 민주의의를 통해 이탈리아 정치를 바꾸고자 하는 시민운동을 정치적 조직으로 발전시켰다. 그렇게 하여 2007년 제노바에서 전국적 조직을 갖춘 조직으로 탄생하였다. 2007년 지방선거에서 이들 조직원들과 주요 지도자들이 시민추천 후보자로 확정되어 전국적인 선거에 참여하였다. 이미 오성당의 목적과 취지에 동감하는 수많은 정치가들이 동참하였다. 오성운동은 기존 정치인들과 기성 정당의 부패와 특권을 반대하는 V-Day(Vaffanculo Day: 이탈리아 욕인데, 기성정치를 혐오하는 의미로 받아들여야 하는 상징성을 갖는 운동이다)를 제안하면서 유권자들이 직접 제안하는 새로운 정치혁명을 시도하였다.

2008년 지방선거에 본격적으로 참여하여 23명의 지방의회 의원들을 탄생시킨 오성운동은 보다 분명하게 전국정당으로 발전시킬 필요성을 공감하였다. 단순히 시민추천 후보로서 선거에 참여하기보단 독자적인 하나의 조직으로 확대하기 위해 2009년 10월 밀라노에서 창립 행사를 진행하였다. 오성운동이 초기에 전면에 내걸었던 정치개혁의 가장 중요한 목표는 기성 정치의 부패 구조를 끊고 유권자에 의한 직접민주주의의 실현이었다. 이러한 그릴로의 목적과 목표는 당시 집권당이었던 민주당 소속 의원들에게도 공감했던 것이기에, 2009년 7월에는 그릴로를 민주당의 사무총장 후보로 추천하기도 하였다. 그러나 기성의 벽과 조직적인 정당 조직이라는 한계를 절감하면서 그릴로는 독자세력화하기로 결심했다.

오성당이 내세우는 정치적 목표는 다섯 개의 별로 상징되는 오성으로 표현되어 있다. 물, 환경, 운송, 에너지, 발전이라는 다섯 단어로 상징되는 오성은 인간의 기본적인 행복추구권을 지키

오성운동당의 엠블럼

고 정치참여의 영역을 설정해 놓은 것이다. 2010년 5개의 주와 10개 코무네 (Comune; 이탈리아 지방 행정조직 단위로 우리나라의 군 2~3개를 합쳐 놓은 수준의 지방자치 조직이다) 선거에 후보자를 내고 전국적인 선거에 참여하였다. 후보자 득표율은 5~7% 내외였고, 정당 득표율은 2~5%였지만 전국 정당화의 가능성을 확인한 첫 번째 선거였다. 이러한 출발은 연속되는 총선과 유럽의회 선거 등에서 오성운동의 존재를 더욱 부각시키면서 집권정당의 가능성을 이탈리아 국민들과 유럽인들에게 확실하게 각인시켰다.

오성당이 내세우는 정치혁명의 가장 중요한 내용은 두 가지이다. 하나는 기성 정당정치를 반대하는 반정당주의이며, 다른 하나는 디지털 민주주의를 통한 유권자의 직접참여이다. 이러한 정치혁명의 기치를 내건 것은 기존 이탈리아 정치 구조가 갖는 부패구조와 정치관료주의 및 후견인주의라고 하는 오랜 정치사회의 비정상적인 구조와 정치사회적 특징에 기인한다. 정치적 후견인을 중심으로 중앙정치와 지방정치조직이 연결되어 있으며, 마피아와 같은 범죄조직이 정치와 연결되어 있다. 게다가 권위적인 관료주의와 특권적인 기성 정당들이 정치권력의 기본 질서를 구성하고 있는 이탈리아 정치사회 구조는 국민들의 정치개혁과 부패청산을 항상 외면할 수밖에 없었다.

이러한 정치개혁의 실패와 기성정치 질서의 재편이 불가능했던 가장 중요한 이유는 기존 정당으로는 그러한 혁명적 변화를 도저히 달성할 수 없다

는 구조적 한계라는 점이다. 따라서 인터넷과 IT 기술이 발전하고 있는 현재의 정치 환경 변화를 제대로 파악하고 있던 그릴로의 새로운 정치 방식이 유권자들에게 충분한 공감을 이끌어내었다. 이를 바탕으로 오성운동은 새로운 정치적 혁명과 변화를 시도하고 있다. 오성운동이 추구하는 두 가지 전략과 다양한 영역의 세부 전략은 기존 정당이나 시민단체들이 제안했던 내용과 너무나 다른 혁명적인 방법과 내용을 담은 것은 아니다. 그러나 그것을 실천하는 지도자와 운동의 방식이 충분한 소통을 통해 공감과 참여를 이끌어 내었다는 점에서 유권자들이 응답했던 것이다.

2016년 지방선거에서 오성당은 말 그대로 정치혁명적인 결과를 보여주었다. 이탈리아 4대 도시 중 가장 커다란 상징성을 갖는 로마와 토리노 시장 선거에서 오성당의 30대 여성 후보가 모두 당선되었다. 이는 이탈리아 국민들이 바라는 정치개혁의 열망이 얼마가 크고 깊은 것인가를 보여주는 일대 사건이었다.

그러나 이러한 전환기적 사건이 이탈리아 국민들이 원하는 정치개혁, 나아가 기존의 부패한 정치질서와 구조를 완전히 바꾸어버리는 정치적 혁명으로까지 나아갈 수 있을지는 좀 더 지켜볼 필요가 있다. 오성당이 초기 충분한 파급력을 갖고 짧은 시간 안에 수권정당으로 성장할 수 있었던 요인은 단순하다. 기존 부패한 정치질서를 뒤집어엎고 유권자들의 직접적인 정치참여를 지속적으로 제기하면서, 실천적인 모습으로 일관성 있는 행보를 지금까지는 유지하고 있다. 그러나 궁극적으로 이러한 정치혁명에 준하는 목표를 달성하기 위해서는 기존 사회 질서와 정치·경제적 구조까지도 바꾸지 않으면 안 되는 딜레마가 존재한다.

주요 정책 기조와 방향이 현재 이탈리아의 정책이나 기조와는 비교적 큰 차이를 보이고 있다는 점이다. 이탈리아의 문제는 정책이나 방향에서 기인한다기보다는 운영하는 주체들과 부패한 정치사회구조에 기인한다는 점을 고려할 필요가 있다. 현재 오성당이 표방하고 있는 포퓰리즘이나 유럽통합 회의주의가 그러한 정치개혁이나 구조변화에 얼마나 중요한 요인이 될 수 있을 것인가에 대한 심각한 회의와 비관이 존재한다.

더군다나 토리노의 경우 아펜디노의 당선에 결정적으로 기여한 요인이 북부 동맹이라는 점은 오성운동의 당 정체성에 깊은 우려를 자아내고 있다. 아펜디노는 1차 투표에서는 경쟁자인 파시노에게 상당한 격차로 뒤졌지만, 결선투표에서 예상을 뒤엎고 극우정당인 북부동맹(NL)의 지지세를 끌어들여 외무장관 출신의 파시노에게 승리하였다. 이는 기성 정당의 도움, 그것도 신나치즘적인 요소까지 있는 극우정당의 도움으로 당선되었다는 사실이다. 기성질서와 기존 정당의 시스템을 바꾸겠다는 오성운동의 성격이나 목적에 부합하는지에 대한 근본적인 회의가 존재한다.

　오성당의 발전과 성장은 여전히 진행형이다. 특히 2013년 선거 결과는 집권당인 민주당에게 현재 논의되고 있는 이탈리아 공화국 헌법 개정 문제에 대한 우려와 근심을 초래했다. 오성당의 미래가 정치혁명의 아이콘과 주체가 될지, 아니면 현재 미국 대선이나 영국 등에서 불고 있는 다소 돌연변이 정치가들의 등장으로 이해되는 정치적 이단에 불과할지는 좀 더 지켜볼 필요가 있다. 그런 측면에서 2018년 총선 결과와 오성당과 북부동맹의 연립내각은 이탈리아 미래와 관련하여 흥미로운 전개이다.

이탈리아와 유럽연합

2018년 3월 5일 유럽과 세계의 이목을 집중시킨 총선이 이탈리아에서 진행되었다. 2016년 12월 4일의 국민투표 실패로 렌치(Renzi)라는 40대 젊은 총리를 실각시킨 이탈리아 국민의 선택이 2018년에는 어떤 모습으로 구현될 것인가에 대해 유럽과 세계는 주목하였다. 그것은 2017년 유럽의 주요 선거에서 나타난 공통되고 일관된 포퓰리즘과 극우주의의 부활과 강세가 이탈리아에서도 재현될 것인가에 대한 관심과 우려였을 것이다.

이탈리아 총선의 중요성은 여러 가지 측면에서 제기될 수 있는 것이었다. 2017년 실시된 유럽 국가들의 선거결과의 유사한 결과가 도출된다면 유럽에서의 극우부활이나 포퓰리즘 정당의 강세가 일시적인 것이 아니라 새로운 정치질서의 재편 가능성을 알리는 것이다. 총선 실시 전에 발표된 여론조사 결과는 집권당인 민주당의 패배와 우파연합과 오성당의 득표율 수준이 얼마나 될 것인가에 관심이 모아졌다.

예상대로 민주당이 참패하였지만, 그 어떤 정당이나 정당연합 역시 단독내각 수립의 최저요건인 40%의 득표율과 의석수 확보에는 실패하였다. 이는 향후 복잡한 연합정부 구성 문제와 함께 이탈리아 정치질서의 재편 가능성을 예상할 수 있는 상황이었다.

특히 온갖 추문과 부정부패한 전과 경력이 있는 베를루스코니가 이끄는 포르차 이탈리아(Forza Italia)가 15%를 득표하여 제4정당이 되었다. 우파연합의 한 축인 북부동맹은 17.6%를 획득하면서 제3당의 지위에 올랐다. 예상대로 제1정당에는 오성당이 32%가 넘는 득표율을 기록하였다. 반면 집권당이었던 민주당은 19% 득표에 그침으로써 제2정당으로 밀려났을 뿐만 아니라 우파연합과의 연정 이외에는 정부 참여가 불가능하게 되었다.

2018년 총선이 주목받았던 이유는 유럽연합의 미래와도 깊은 연관성이 있다. 더군다나 이탈리아의 지정학적 위치가 북아프리카나 지중해로부터 유입되는 난민들의 관문 역할을 하고 있었다는 점에서 이탈리아의 선거결과는 유럽통합의 미래나 유럽의 극우정당 부활 등과 충분한 상관성이 있다. 또한 100% 비례대표제로 치러졌던 2013년 총선에 비해 새로이 개정된 선거법에 의거 비례대표제 75%와 단순다수소선구제 25%의 기본 배분 비율로 선거가 진행됨으로써 선거 결과에 대한 해석이 새로울 수밖에 없는 선거였다.

2018년 이탈리아 총선 결과의 정치적 의미는 몇 가지 특징으로 요약할 수 있다. 첫째, 베페 그릴로가 이끄는 정당이 북부동맹과 연합하여 연립내각을 구성했다는 점이다. 무엇보다 오성당이 추구하고 있는 정치개혁에 인종차별적인 지향점이 있는 북부동맹이 함께하고 있다는 점이다. 더군다나 유럽연합 탈퇴를 주장하는 두 정당이 연립정부가 되었다는 점은 많은 유럽 국가들의 우려를 자아냈다. 이탈렉시트라는 EU로부터 이탈리아 탈퇴 가능성이 매우 커졌다.

둘째, 이탈리아형제당(Fd'I)과 북부동맹의 확장과 강화는 유럽의 극우정당 부활이 단순한 일시적 현상이 아니라는 증거일 수 있다. 자국중심주의와 과거 극우 파시스트 정당의 부활 가능성이 존재한다는 것이다. 이는 지역중심의 분리주의 운동이 보다 활발해질 수 있는 예상이 가능하다. 유럽연합의 미래에도 부정적인 현상으로 설명할 수 있다.

셋째, 반유럽통합 정당들의 연립내각이 EU의 입장에서 본다면 향후 유럽통합이나 유럽 경제의 잠재적인 위협요소로 작용한다는 점에서 유럽통합에 부정적이다. 더군다나 오성당과 북부동맹의 연립정부가 정치개혁이나 반유럽통합 정책에 성과를 낸다면 향후 유럽연합의 전반적인 미래 상황에도 긍정적일 수 없다. 2017년 주요 국가에서 나타난 반유럽통합주의가 이탈리아에서도 확인되었다는 점에서 충분히 우려할만한 상황이 되었다.

2015년 이후 유럽통합의 진전에 걸림돌이 될 수 있는 유럽 내부의 정치사회적인 변화는 주목할 만하다. 반유럽통합과 난민수용 불가 등을 기본 강령으로 내건 극우정당과 포퓰리스트 정당의 부상은 전유럽적인 현상이 되었다는 것을 의미한다. 그것이 구체적으로 드러나고 확인된 것이 2017년 유럽 주요 국가 선거 결과였다. 이탈리아 역시 2018년 총선을 통해 그러한 기조 위에 있다는 것을 증명하였다.

∷ 이탈리아역사 연표